經營顧問叢書 ⑳

低調才是大智慧

謝凱輝　黃憲仁/編著

憲業企管顧問有限公司　發行

《低調才是大智慧》

序　言

　　有一副對聯，可說是道出了低調的大智慧，上聯是：做雜事兼雜學當雜家雜七雜八尤有趣，下聯是：先爬行後爬坡再爬山爬來爬去終登頂，橫批是：低調智慧。

　　本書以獨到的人生視角、具体案例的思維方式深刻地闡述了低調的意義，為人們更好成就事業提供了有益的哲學啟示和思想指導。

　　商界鉅子李嘉誠在他兒子李澤楷踏足商界時，曾對他一番訓誡：「樹大招風，低調做人。」比起不知天高地厚、招搖過市的人來，那些真正事業有成、人生得意的人，反倒更多秉持的是一種低調的處世原則。**究其原由，其中蘊涵著很深的人生哲理。**

　　「木秀于林，風必摧之；行高於人，眾必非之。」古今中外，大凡功成名就、才華出眾之人，往往比普通人更容易惹人嫉恨，遭受攻擊。一個成熟、睿智的人，要能夠在志滿意得的同時，不要讓自己光鮮、輕狂的身影成爲他人瞄準、射擊的靶子，**從這個意義上説，低調為規避風險、明哲保身的良好策略。**

　　秦兵馬俑坑至今已經出土清理各種陶俑 1000 多尊，除跪射

俑外，皆有不同程度的損壞。而這尊跪射俑是保存最完整的，是唯一未經人工修復的，就連衣紋、髮絲都還清晰可見。跪射俑被稱為兵馬俑中的精華，中國古代雕塑藝術的傑作。

跪射俑何以能保存得如此完整？這得益於它的低姿態。首先，跪射俑身高只有 1.2 米，而普通立姿兵馬俑的身高都在 1.8 米之間。天塌下來有高個子頂著，兵馬俑坑都是地下坑道式土木結構建築，當棚頂塌陷時，高大的立姿俑首當其衝，低姿的跪射俑受損害就小一些。其次，跪射俑作蹲跪姿，右膝、右足、左足三個支點呈等腰三角形支撐著上體，增強了穩定性，與兩足站立的立姿俑相比，不容易傾倒、破碎，在經歷了兩千多年的歲月風霜後，依然能完整地呈現。

既然姿勢放低一點，可以「坐」得更穩，做人的姿態低一點，也可以讓人生之路走得更平穩，坎坷更少一些。

學會保持適當的低姿態，絕不是懦弱和畏縮，而是一種聰明的處世之道，是人生的大智慧、大境界。正所謂：「唯有埋頭，才能出頭。」種子只有經過在堅硬的泥土中掙扎奮鬥的過程，才能發芽滋長成一株參天大樹。

低調是一種修為，是成就大事的一種方式。**低調是我們在社會上立世根基的絕好姿態：在行為上保持低調，以韜晦之功可以規避「木秀于林」的風頭之險；在姿態上保持低調，以卑微之態可以消釋「紅眼病人」的嫉妒之心；在言語上保持低調，以謙和之辭可以滌除「禍從口出」的唇舌之患；在處世上保持低調，以淡泊之心可以彌合「世態炎涼」的沉浮之痛。**

有才華是好事，但我們不應過於炫耀自己的才華，炫耀易

流於自大，自大則不免招致輕視。展示也應以謙虛的態度流露，以免流於粗俗。露才過甚，爲智者所不屑，應該是無言勝有言，以漫不經心的態度去處理它。

必要的時候，學會掩飾自己的真實意圖。智而示以愚，強而示以弱，能而示之不能，用而示之不用。

要做到凡事不爭強好勝，不引人注目，謙虛忍讓，吃了虧也不吭一聲，不強出頭，與人和氣，與人爲善，少得罪人，多得人心，做到不露聲色，心中有數，這樣做人做事才是高明的選擇。

放低做人的姿態並不是消極，無所作爲，無所事事，而是要時刻注意「慎獨」，修養自己，磨煉自己，提高自己，腳踏實地，做好每件工作，自豪而不自滿，低調而不低沉。

本書中沒有太多的大道理，而是立足在現實，取材於我們熟悉的生活、歷史典故，以鮮明的故事告訴你，古今中外很多偉人就是低調的典範，他們也因此得到了社會各界廣泛的認同、支援和美譽。相反，也有一些人在無休止的張揚和賣弄中不知收斂，因樹大招風而招致詆毀和劫難，以致前功盡棄！在人生的競賽中，只有懂得低調，你才能走的更遠。

2011 年 9 月

《低調才是大智慧》

目　錄

第 *1* 章

出頭的椽子易爛

低調做人不僅僅是一種境界，一種修煉，更是一種謀略。低調做人不只是要在心態上調整好自己，更重要的是要調整好自己的行為：曲高者，和必寡；木秀於林，風必摧之；人浮於眾，眾必毀之。在行為上保持低調才能真正走好自己的人生之路。在社會上，那些才華橫溢、鋒芒太露的人，雖然易出風頭，惹人注目，可是他們也容易遭人嫉妒。因此說，我們在努力表現自己好的一面的同時，也要想到不利的一面，這樣才能走好人生路。

◎出頭的椽子易爛

一個人不僅要有才華、有能力，還要懂得藏鋒露愚的道理，這樣既能有效地保護自己，又能把自己的才華充分地發揮出

來。要知道做任何事情都不能太咄咄逼人、太張狂，所謂「花要半開，酒要半醉」，凡是鮮花盛開嬌豔的時候，不是立即被人採摘而去，就是衰敗的開始。人生也是一樣，當你志得意滿時，切不可趾高氣揚，目空一切，不可一世。

鄭莊公準備伐許。戰前，他先在國都組織比賽，挑選先行官。眾將一聽露臉立功的機會來了，都躍躍欲試，準備大顯身手。

第一個比賽項目是擊劍格鬥。眾將都使出渾身解數，只見短劍飛舞，盾牌晃動，鬥來衝去。經過輪番比試，選出來了 6 個人，為下一輪比賽做準備。

第二個比賽項目是比射箭，取勝的 6 名將領各射 3 箭，以射中靶心多者為勝。前 4 位有的射中靶邊，有的只有一箭射中靶心。第 5 位上來射箭的是公孫子都。他武藝高強，年輕氣盛，向來不把別人放在眼裏。只見他搭弓上箭，3 箭都連中靶心。他昂著頭，瞟了瞟最後那位射手一眼，就走了下去。

最後一位參賽的射手是個老人，鬍子花白，他叫穎考叔，曾勸莊公與母親和解，莊公很看重他。穎考叔上前，不慌不忙，連射三箭，也都射中靶心，竟與公孫子都射了個平手。

於是，莊公派人拉出一輛戰車來，對公孫子都和穎考叔說：「你們二人站在百步開外，同時來搶這部戰車。誰搶到手，誰就是先行官。」公孫子都輕蔑地看了一眼他的對手，那知跑了一半時，公孫子都腳下一滑，跌了個跟頭。等他站起來的時候，穎考叔已把車搶在手裏。公孫子在那裏不服氣，於是就來奪車。穎考叔一看，拉起車來飛步跑去，莊公忙派人阻止，宣佈穎考

叔為先行官。於是公孫子都就開始對穎考叔懷恨在心了。

　　果然，穎考叔沒有辜負大家的期望，在進攻許國都城時，手舉大旗率先從雲梯衝上城頭。眼見穎考叔大功告成，公孫子都嫉妒得心裏發疼，竟抽出箭來向城頭上的穎考叔射去，穎考叔從城頭栽下來。另一位大將假叔盈以為穎考叔是被許兵射中陣亡了，忙拿起戰旗，又指揮士卒衝城，終於把許都給拿下了。

　　花要半開，酒要半醉，顯示才能也要適可而止。學會藏鋒斂跡，裝憨賣乖，才不會被別人妒忌，才能更好地保護自己。

　　在現實生活中，存在著這樣一種自視清高的人，他們銳氣旺盛、鋒芒畢露，處事則不留餘地，待人則咄咄逼人，有十分的才能與聰慧，就十二分地表露出來，他們往往有著充沛的精力，很高的熱情，也有一定的才能，但這種人往往瞧不起別人，大有一種「一覽眾山小」的架勢，這種人常自以為是、高高在上，這種人的處世哲學是高調做人。他們有一點本領就覺得自己有七十二般武藝，到處張揚。殊不知，這種人在人生旅途中往往遭受波折，甚至釀成悲劇。其原因主要是不懂得低調做人的哲學，總認為自己精明，無所不知，無所不能。然而世界之大，天外有天，你又怎能窮盡呢？過於賣弄聰明，鋒芒畢露，覺得自己全知全能，肯定是要碰釘子的。

　　聰明是把雙刃劍，既可以成就你的一生，又可能把你絆倒。把聰明含蓄地包裝一下吧，記住，聰明是天份，大智若愚才是真智慧。

◎在「退」上欠火候，就要吃虧

常言道，君子好名，小人愛利。人一旦爲名利驅使，往往身不由己，只知進，不知退。不懂得適可而止，見好就收，無疑是臨淵縱馬。

自古以來，人的進退，原本就不是件容易處理的事，尤其是「退」字。但是不管個人的主觀願望如何，只知進不知退，在「退」上欠火候，可能就會使你的一生功績毀於一旦，身敗名裂，遺恨終生！

那些喜歡自我炫耀的人，必然會招致別人的反感。所以，一個有才華的人，要善於審時度勢。

老子認爲「兵強則滅，木強則折」「強梁者不得其死」。老子這種與世無爭的謀略思想，深刻體現了事物的內在運動規律，已爲無數事實所證明，成爲廣泛流傳的哲理名言。

對有大志向的人來說，低調做人並非苟且偷生，而是一種以退爲進的謀略。老子主張「無爲而民自化，我好靜而民自主，我無事而民自富，我無慾而民自樸」，說的就是這個意思。

古語云：木秀於林，風必摧之；堆出於岸，水必湍之。古往今來，確實有不少智者、仁人，因爲其才能出眾，技藝超群，行爲脫俗，招來別人的嫉妒、誣陷。於是，避招風雨就成爲一些智者仁人從實踐中總結出來的一種處世安身的應變策略。

戰國時代有一位叫商鞅的政治家，仕秦孝公時，以歷史上有名的「商鞅變法」的功績奠定了自己的地位，同時鞏固了秦

國的統治。然而，他後來卻以謀反罪遭到了五馬分屍的極刑，使一世榮華頓時化為烏有，死後仍罵聲不絕。晚年的商鞅最大的不幸，就是觸逆了原來是他強有力靠山的孝公。當初，他在孝公的支持下，斷然採取了極其嚴厲的政治改革措施，雖然為秦國政治清明、富國強兵做出了根本性的貢獻，但是，改革也觸動了新興地主階級的利益，一時間商鞅在朝野上下樹起了數不清的政敵。變法期間有孝公支持，政敵對他無可奈何。但是危險仍是很大的，尤其是當時他已使孝公感到了威脅。據說，孝公生前曾表示要傳位於商鞅，以試他心。

《戰國策》中有載：「孝公疾起，傳位商君，商辭而不受。」可見商鞅已見疑於主子；這時他本該主動從位子上退下來，隱遁避險。當時有位叫趙良的人引用「以德者榮，求力者威」之典故也力勸商鞅隱退，可是商鞅不以為然、固執己見，或許他想看看自己一手改革的政治局面是否能夠進展下去。他這樣的思考邏輯顯然過於天真。孝公已將他駕空，下面的政敵正伺機報復，他在台上一日，生命威脅就大一日。秦孝公駕崩後，新王即位，反對派們再也用不著「投鼠忌器」了，紛紛策謀陷害他，他最終被處以極刑。

也許，商鞅的例子比較特殊，也並非所有「商鞅式」的人物都要慘遭如此毒手，但是，凡是在進退上處理不當者，大多得不到好的下場。相反，處理得當者，卻能名垂千古。

清代中葉，曾國藩領一隻湘軍攻打太平軍。金陵收復了，可曾國藩與清廷的關係卻變得微妙而緊張起來。那時曾國藩集東南半壁江山軍政大權於一身，湘軍總數已達 30 萬，僅曾國藩

直接指揮的軍隊就有 12 萬之多，這是一隻誰也調不動、只聽命
於曾國藩的私人武裝。清政府感到最大的威脅就是手握重兵的
曾國藩，於是日漸疏遠冷淡他。曾國藩也感到了顧命大臣功高
震主的問題，對自己權位日隆頻添畏懼心理。現在擺在他面前
的只有兩條路：一是帶著這隻軍隊反清，取而代之；二是撤散
湘軍，自解兵權。第一條路，他不敢，也不願，那就只有第二
條路可走了。

　　曾國藩解散湘軍的目的是為了遠權避禍。但為了做得不露
痕跡，他找了一個理由說湘軍暮氣太重，銳氣全消，已不可用。

　　同治三年(1864 年)七月初七，即攻破金陵後 20 天，曾國藩
上《賊酋分別處治粗籌善後事宜折》，提出「臣統軍太多，即擬
裁撤三四萬人。」七月十三日，遣撤曾國荃部 25000 人，同日
撤蕭慶衍全軍 9000 人。十月中旬，奏報裁軍 20000 餘人。到同
治五年夏，除水師改編為經制兵長江水師，陸軍尚留下鮑超、
劉松山萬餘人外，其他曾國藩直屬湘軍先後撤裁完畢。其後，
鮑超部亦解散，僅留劉松山部奉命援陝，不再隸屬曾國藩。經
過如此乾淨徹底的裁軍，清廷的畏忌心理自然消除。

　　曾國藩遠權避禍的另一做法是勸曾國荃稱病回鄉。郭嵩燾
說：「侯相兄弟克復金陵，竟犯天下之大忌，群起而力詆之。」

　　其實，矛盾的焦點人物是曾國荃，群言囂囂，主要是針對
他的。曾國荃為人傲，自從帶吉字營出征，雖戰功累累，但與
諸將的矛盾也日益加深，如與彭玉麟、楊載福有事相商，往往
「聲色俱厲」。諸將極為不滿，又礙於曾國藩情面，於是不斷出
現「告去」的情況。曾國荃再一點就是貪。連曾國藩也說他「老

饕名遍天下」。這個問題不解決，早晚會生出事端。於是曾國藩苦心告誡曾國荃急流勇退，稱病回鄉。曾國荃總算聽了阿兄的勸告，在攻佔金陵兩個多月以後，就以「遺體溫瘡、徹夜不眠」為由，奏請開缺回原籍，帶著成箱的金銀財寶，回湘鄉自享清福去了。有此「遠權避禍」之策，曾國藩才有不敗人生。

任何人都不可能一生春風得意，人生最風光、最美妙的往往是最短暫的。「人無千日好，花無百日紅。」所以，見好就收便是最大的贏家。

在人生的道路上，只有那些登到頂峰而又安全下來的人才是最明智的。顧城曾對山頂上的人寫下這樣的詩句：下山吧／人生需要重覆／重覆是路……這是一位登頂而未下山者的華麗遺言。

◎風光時更要注意低調

一個人風光得意時，要他閉嘴不談自己的神勇也許不太容易。但你一定要想一想，你的受眾聽了，會是怎樣的感覺？

瑞典知名女影星英格麗‧褒曼，在獲得了兩屆奧斯卡最佳女主角獎後，又因在《東方快車謀殺案》中的精湛演技獲得最佳女配角獎。褒曼在領獎時，一再稱讚與她角逐最佳女配角獎的弗淪汀娜‧克蒂斯。她認為真正獲獎的應該是這位落選者，並由衷地說：「原諒我，弗淪汀娜，我事先並沒有打算獲獎。」

褒曼作為獲獎者，沒有喋喋不休地敘述自己的成就與輝煌，卻對自己的對手推崇備至，極力維護了對手落選的面子。

無論誰是這位對手，都會十分感激褒曼，會認定她是值得傾心相交的朋友。一個人能在獲得榮譽的時刻，如此善待競爭對手，如此與夥伴貼心，實在是一種典雅的風度。

　　一個人在混得不怎麼樣時，還不太看得出品性。混得風光時，才能看得更清楚。我們見到了太多苦心經營創業的人，他們行事謹慎、做人規矩，但人一闊臉就變了。兩隻眼睛朝天望，不可一世。我們稱這種人為「暴發戶」。得意忘形者並不知道：越是偉大的人，越是謙卑待人；越是謙卑待人，又越顯其偉大。

　　不要有了一點成就，就喋喋不休地訴說自己光輝的奮鬥史，不要因為腰包裏豐厚就盛氣淩人，有內涵有實力的人，最懂得低調。

　　山不炫耀自己的高度，並不影響它的聳立雲端；海不炫耀自己的深度，並不影響它容納百川；地不炫耀自己的厚度，但沒有誰能取代她承載萬物的地位。

◎低調做人不是「低人一等」

　　低調並不是低人一等，低調做人必須擺脫「低人一等」的感覺。低調與低人一等的本質區別就在於是否產生自卑心理，缺乏自信。低調的人雖目前處於「低人一等」的劣勢，但卻能強化自信，厚積薄發，積累經驗，成就大事。俗話講得好：「要想人前顯貴，必須背後受罪。」縱觀古今成大事者，無不是經過艱苦磨煉和低調歷練的，經過「低人一等」的磨難，最後一飛衝天、一鳴驚人的。

　　低調的人能夠正確認識、分析自我，正確認識自己的優勢與劣勢，不會以自己的短處與人家的長處相比，更不會以自己的劣勢與人家的優勢相論。他們能擺正自己的位置，擺脫「低人一等」的心理，發揮自己的所長，以平常之心對待，顯出足夠的自信，從而在處事過程中從容自如，遊刃有餘。

　　被稱為美國之父的佛蘭克林，年輕時曾去拜訪一位德高望重的老前輩。那時他年輕氣盛，挺胸抬頭邁著大步，一進門，他的頭就狠狠地撞在門框上，疼得他一邊不住地用手揉搓，一邊看著比他的身子矮一大截的門。出來迎接他的前輩看到他這副樣子，笑笑說：「很痛吧！可是，這將是你今天訪問我的最大收穫。一個人要想平安無事地活在世上，就必須時刻記住：該低頭時就低頭。這也是我要教你的事情。」

　　佛蘭克林從這一經歷中受益終身，後來，他功勳卓越，成為一代偉人。他在他的一次談話中說：「這一啟發幫了我的大忙。」

　　一個人要想洞明世事，練達人情，就必須時刻記住低頭。佛蘭克林記住了，佛蘭克林成功了。

　　低調做人不是低級做人，不是唯唯諾諾，更不是低聲下氣。它是人生的「過門兒」，是做人的「軟起首」，是生活的「瓊漿玉液」；它像曲子的過門是低調的，它像釘子的一邊是削小的，它像黃牛的頭是低著的，是憋足了勁的。

◎ 低調做人不是懦弱

低調的人，顯得老實厚道，柔弱退讓，常常給人一種懦弱的感覺。其實，低調絕不是懦弱，卻是聰明持久、頑強毅力的象徵。正因爲低調，才能保全自己，戰勝他人，才能成就大事。

商容是殷商時期的一位貴族，也是當時一位很有學問的人，老子就曾從他那求過學。當他生命垂危的時候，老子來到他的床前問候說：「老師您還有什麼要教誨弟子的嗎？」

商容說：「我的思想你已完全掌握了，現在我只想問你：人們經過自己的故鄉時要下車步行，你知道這是為什麼嗎？」

老子回答說：「我想這大概是表示，人們沒有忘記故鄉水土的養育之恩。」

商容又問道：「走過高大蔥翠的古樹之下，人們總要低頭恭謹而行，你知道其中的原因嗎？」

老子回答說：「也許是大家仰慕它頑強生命的緣故吧。」

商容張開嘴讓老子看，然後說：「你看我的舌頭還在嗎？」

老子大惑不解地說：「當然還在。」

商容又問道：「那麼我的牙齒還在嗎？」

老子說：「已全部掉光了。」

商容目不轉睛地注視著老子，說：「你明白這是什麼道理嗎？」

老子沉思了一會兒說：「我想這是剛強的容易過早衰亡，而柔弱的卻能長存不壞吧？」

商容滿意地笑了笑，對他這個傑出的學生說：「天下的道理已全部包含在這三件事之中了。」

低調就是一種顯示為柔弱，但是比剛強更有力的策略。

但如今，低調卻成了「無用」的別名，成了「懦弱」的標誌。為了不被別人看成無用的廢物，大家就去投機取巧；為了不被人看成是懦弱的笨蛋，大家就去逞能鬥強，人人都大唱高調。

我們生活的這個世界，到處充滿了機巧、險詐、說謊、欺騙、逞能、陰謀、鬥爭，而老實、忠厚、善良、退讓、柔弱等美德都逃得無影無蹤了。彼此逞能，暗算代替了友情；彼此都以為自己聰明，所以，彼此都愚蠢；彼此都想佔對方的便宜，所以，到頭來大家都挖了自己的牆腳。

◎低調做人不是怕人

早年的林肯出言尖刻，甚至到了與人決鬥的地步。後來，他接受教訓，在非原則問題上，總是避免與別人爭執。按他的話說：「寧可給一條狗讓路，也比與它衝突而被咬一口好。如果被咬傷了，即使把狗殺掉，也無濟於事，得不償失。」

林肯身材瘦高，腿長。一次，有位自命不凡的同事不無譏諷地問林肯：「一個人的兩條腿應該有多長？」

林肯沉穩地答道：「我認為至少應該碰得到地面。」

林肯低調的讓步，絕不是因為懼怕那位同事，而是通過這種方式巧妙地避免了一場無益的爭端，還顯示了自己的大度，

使對方陷入尷尬。直至他當上總統以後，此話仍被人們引爲美談。

　　美國有位總統馬辛利，因爲用人問題常遭到一些人強烈的反對。在一次國會會議上，有位議員當面粗野地譏罵他。他極力忍耐，沒有發作。等對方罵完了，他才用溫和的口吻道：「你現在怒氣應該平和了吧，照理你是沒有權利這樣責問我的，但現在我仍願詳細解釋給你聽……」他這種低調讓人的姿態，使那位議員頓時紅了臉，矛盾立即緩和下來。

　　試想，如果馬辛利得理不讓人，利用自己的職位和得理的優勢，咄咄逼人進行反擊的話，那對方絕不會服氣的。由此可見，當雙方處於尖銳對抗狀態時，得理者的忍讓態度，能使對立情緒「降溫」。

　　面對蠻橫無理者，得理者若只用以惡制惡的方式，常常會大上其當。這時候，平息風波的較好方式，莫過於得理者勇敢地站出來，主動承擔責任，以自責的方式對抗惡人惡語，以柔克剛。

　　要知道，低調讓人不是怕人，而是一種做人的大境界。

◎在低調中保全自己

　　人們常說：「水至清則無魚，人至察則無徒。」意思是指水太清了，魚就無法存身，人過於苛刻了，就不會有很多朋友。這是飽經滄桑的前輩留給後人的一個做人準則。

　　劉睦是東漢明帝的堂侄，自幼好學上進，喜好結交有學問

的名儒，長大後被封為北海敬王，他忠孝仁慈，禮賢下士，深受百姓的愛戴。

有一年歲末，劉睦派一名官員去都城洛陽朝賀。臨行前，他問這位官員：「如果皇上問起我現在的情況，你應該怎樣回答呢？」

官員不假思索地說：「您德高望重，忠心耿耿，是百姓的再生父母。下員雖然愚魯，但這種區區小事定能向皇上稟報清楚。」

劉睦聽後，連連搖頭：「你若這樣說，就把我給害了！」見官員一副迷惑不解的樣子，劉睦又接著說：「你見到皇上之後，就說我自承襲王爵以來，意志衰退，行動懶散，每日只知吃喝玩樂，對正業毫不用心。」為什麼要這麼說呢？原來，在封建時代，皇權是至高無上的，「君疑臣必死」。劉睦善於守拙，不想讓皇上知道他是一個精明的人。因為在當時，有志向的皇室成員，容易受朝廷的猜忌，弄不好就會招來殺身之禍。劉睦這樣做，實在是明哲保身的妙計。

明成祖時，廣東布政使徐奇進京朝見皇上，順便帶了一些嶺南的藤席準備饋贈給朝廷中的官員。不料，京城的巡邏官把這些藤席截獲，並將徐奇饋贈禮品的人員名單呈給了明成祖。

明成祖反覆看了幾遍名單，見好多朝廷大員在名單中，唯獨沒有太傅楊士奇的名字，覺得有必要問個究竟，於是立即召見了楊士奇。楊士奇解釋說：「當初徐奇受命赴廣東任布政使，臨行前眾官員都作詩為他送別，所以徐奇這次回京特用藤席回贈。那一次臣正好有病在身，沒有贈詩給徐奇，不然的話，我這次也在饋贈之列。今天眾官員的名字雖然都在禮單上，但他

們不一定會接受徐奇的禮物，再說藤席乃嶺南特產，徐奇饋贈藤席只是為了表達謝意，不會有別的目的。」

　　楊士奇這番話講得自然得體，明成祖對他的疑惑打消了，也原諒了徐奇，命人把名單燒了，從此再也沒有過問此事。

　　如果楊士奇借此機會炫耀自己的清廉，不僅不會得到讚賞，而且會加重明成祖對他的疑心。楊士奇故意將自己牽扯進來，說明自己與別人沒有什麼不同，從而贏得了明成祖的信任。更妙的是，楊士奇此舉不但挽救了自己，也免除了徐奇的禍事。

　　淡泊名利，寧靜致遠，就要經常進行自我心理調節，想遠一點，想開一點，從名利得失、個人恩怨中解脫出來，對已經過去的無關緊要的事物要糊塗一點，淡化一點，寬容一點，朦朧一點，我們的生命就會更亮麗。

◎成大事者皆能忍

　　誰不想功成名就，誰不想轟轟烈烈幹一番驚天動地的大事業？可是這世界上能幹事的人不少，成大業的卻不多，究其原因，方方面面，主客觀因素都有。例如要有良好的社會背景，有千載難逢的機遇，也要有智商、有文化、有修養等。其中，「忍」也是成就大業的必備心理素質。

　　日本前首相竹下登，在他的整個政治生涯中，無時無刻不得益於他的忍耐精神。竹下登在談到他的經驗時說，「忍耐和沉默」是他在協助老師佐藤榮做首相時所學到的政治風度。

　　孔子曰：「小不忍，則亂大謀。」也就是說想成大業、幹大

事，就得忍住那些小慾望，或一時一事的干擾。說白了，就是「放長線釣大魚」。

縱觀歷史，凡成就大事者莫不負重前行，忍字當頭。今人要想做一番事業，實現自己的人生理想，也必須學會忍耐。要忍得住一時的寂寞，耐得住一時之不公。具備了極大的忍耐力，方能戰勝自我，勇往直前，達到成功的彼岸。

據《史記·淮陰侯列傳》記載，韓信年輕時「從人寄食」，也就是說他沒有固定的工作與收入，以至於吃飯都只能到人家家裏去混飯吃、蹭飯吃；所以「人多厭之者」，即當地的人都很討厭他。想想也是，韓信作為一個血氣方剛的大男人，整天挎把劍，啥也幹不了，到處混飯吃，難免會招來輕蔑與侮辱。

在韓信經常去混飯人家中，最常去的是南昌亭長家(亭長的職位介於當今的鄉長與村長之間)。韓信因為經常去南昌亭長家裏混飯吃，亭長的老婆心裏開始不樂意了。但要怎麼樣才能將韓信這個無業遊民拒之門外呢？女人自然有女人的辦法，這個亭長老婆半夜爬起來做飯，天亮之前全家人就把飯一掃而光。韓信早上起床，空著肚子來亭長家吃飯，一看飯已經吃完了，當然明白了人家的意思。韓信一賭氣，就和南昌亭長絕交了。

在當地，大家都瞧不起韓信。有一天，淮陰市面上一個地痞看韓信不順眼，就挑釁韓信：韓信你過來，你這個傢伙，個子是長得蠻高的，平時還帶把劍走來走去的，我看啊，你是個膽小鬼！地痞這麼一說，呼啦啦就圍上來一大群人看熱鬧。地痞一見人氣正足，就想趁這個機會出出風頭，於是進一步挑釁：韓信你不是有劍嗎？你不是不怕死嗎？你要不怕死，你就拿你

的劍來刺我啊！你敢給我一劍嗎？不敢吧？那你就從我兩腿之間爬過去。

這一下子將韓信逼入了一個面臨兩難選擇的境地：殺或爬？無論那一個選擇，韓信都會很受傷。韓信是怎麼選擇的呢？司馬遷用三個字來描寫：「孰視之」，也就是盯著對方看。看了一陣子，韓信把頭一低，就從這個地痞的胯下爬過去了，惹得圍觀的眾人哄堂大笑。

正是這個人皆可辱的韓信，後來幫助劉邦成就了一番偉業，同時也成就了自己的功名。

相信司馬遷在寫到韓信遭受胯下之辱時，一定是思緒難平。因爲司馬遷也同樣受過「胯下之辱」，而且，他受到的侮辱比韓信的還要沉重。他遭到宮刑——這更是一個男人難以承受的奇恥大辱，但司馬遷還是忍下來了。他堅強地活著，因爲他要完成《史記》這部偉大的著作。

韓信能忍，劉邦也同樣能忍。蘇軾在《留侯論》中云：「觀夫高祖之所以勝，而項籍之所以敗者，在能忍與不能忍之間而已矣。」漢高祖劉邦是如何「忍」的：

西元前 203 年，韓信降服了齊國，擁兵數十萬，而此時劉邦正被項羽軍緊緊圍困在榮陽。這時早已重兵在手的韓信派使前來，要求漢王劉邦封他爲「假王」，以鎮撫齊國。劉邦大怒說：「我在這兒被圍困，日夜盼著你來幫助我，你卻想自立爲王！」張良、陳平暗中踩劉邦的腳，湊近他的耳朵說：「目前漢軍處境不利，怎麼能禁止韓信稱王呢？不如趁機立他爲王，安撫善待他，讓他鎮守齊國。不然可能發生變亂。」

漢王劉邦醒悟，又故意裝糊塗罵道：「大丈夫平定了諸侯，就該做個真王，何必做個假王呢？」於是就派遣張良前去宣佈韓信為齊王，徵調他的軍隊攻打項羽軍。劉邦忍住怒氣，立韓信為齊王，徵調韓信的部隊，很快就扭轉了漢軍的不利地位，同時也安撫住了擁兵數十萬的韓信。假如他不忍，把韓信大罵一通，不封韓信為齊王，這樣不但可能失掉韓信，而且可能給自己帶來禍殃。

在一個強手如林的競爭世界裏，忍是一種韌性的戰鬥，是一種低調做人的策略，是戰勝人生危難和險惡的有力武器。而忍是識大體、顧大局的表現。綜觀歷史，能成非常之事的人都懂得忍的意義，「必能忍人不能忍之觸忤，斯能為人不能為之事攻。」

匹夫見辱，拔劍而起，挺身而鬥，此不足為勇也。天下有大勇者，卒然臨之而不驚，無故加之而不怒，此其所以兵持者甚大，而其志甚遠也。

◎最高境界是唾面自乾

「唾面自乾」是唐代名將、大臣婁師德傳下來的一段佳話。

有一年，婁師德的弟弟被任命為刺史。臨行前來到婁師德的家中，向其辭行，並詢問哥哥有沒有要交代的事情。

婁師德語重心長地說：「我現在是宰相，你又要擔任一方大員，榮寵至極。但這並不是好事，必定有一些人嫉恨我們。想要免受其害，我們要做的就是學會忍耐。」

他的弟弟馬上跪在地上說:「大哥,你放心,就算有人往我臉上吐唾沫,我也會自己擦乾淨,絕不跟他們計較。」

婁師德聽後,暗暗搖了搖頭,告誡弟弟說:「別人發怒後把唾沫吐在你的臉上,你一擦了之,他的怒氣仍不會消,一定繼續嫉恨你。依我看,別人往你臉上吐唾沫,你自己不要擦掉,應該讓它自然乾了才是。」

臉上被吐了唾沫,是一件讓人噁心不已、極受污辱的事情,普通人往往勃然大怒,這是「是可忍孰不可忍」的事。但是,智者卻不這樣認為,唾面自乾似乎能產生更大的力量。

別人往自己臉上吐唾沫,沒有擦掉,讓唾沫自己乾了,表示受了侮辱,極度容忍,不加反抗。這樣做算了不起,有風度,有修養,高人一籌嗎?古人就是這樣認為的。

其實當別人向臉上吐唾沫時,一般有三種反應:第一種是以其人之道,還治其人之身,將一口唾沫吐回去;第二種是將吐到臉上的唾沫馬上擦掉;第三種不吐還回去也不擦,讓它自己乾了。第一種有一種不甘示弱,勇於自衛還擊的戰鬥精神;第二種充滿了悲情,也顯示一種忍辱負重的深厚修養;第三種不是簡單的大丈夫行為或英雄壯舉,有藐視天下的悲壯感,昭示出一種高超的做人境界和風骨。

放下、迴避,這是智者教給我們的處世之道。當人生的重負背不動時就放下,前面的路走不過去就迴避開,繞著走。有時一個人就是另一個人的路障,如果是一塊石頭,能搬走就搬開,如果是大山,或者是懸崖,就要繞開走,前面還有很長的路,不要糾纏。這繞開走路的心裏磨煉就要自己承受了,就像

唾面自乾，是一種極深厚的人生修養。

帝王以忍得天下；將相以忍得長久；商賈以忍得富貴；常人以忍得知己。

◎外圓內方，進退自如

小小的一枚銅錢，外圓內方，樸實無華，但古代先賢卻在這小小的錢幣中悟出許多道理。古人把「內外相應，言行相稱」的人稱作「方者」；而「圓」則具有圓滑世故、言虛行偽的意思。

古人認為：做人做事，應該「取象如錢，外圓而內方」。既要建功立業，封侯拜相，又要藏拙隱鋒，中庸保身。

「方」是做人之本，是堂堂正正做人的脊樑。人僅僅依靠「方」是不夠的，還需要有「圓」的包裹，特別是在人際交往中，需要掌握「方圓」的技巧，這樣才能無往不利。

人際交往中，我們要做到外圓內方，這樣，才能進退自如。

「方」，方方正正，有棱有角，指一個人做事有自己的主張和原則，不被人所左右。「圓」，圓滑世故，指一個人做人做事態度不鮮明，行為不果斷，止步不前，固步自封，永遠讓人琢磨不透。一個人如果過分方方正正，有棱有角，必將碰得頭破血流；但是一個人如果八面玲瓏，圓滑透頂，總是想讓別人吃虧，自己佔便宜，必將被眾人所拋棄。因此，與人交往時必須方外有圓，圓中有方，外圓內方。

著名教育家讚賞「外圓內方」的做人原則，他在給兒子寫的座右銘中就有這樣的話：「和若春風，肅若秋霜，取象於錢，

外圓內方。」實際上是對「外圓內方」一個很好的解釋,「圓」就是要「和若春風」,對朋友、同事、左鄰右舍要敬重、誠實、平易近人,和氣共事;「方」就是要「肅若秋霜」,做事要認真,堅持原則。「取象於錢」則是以古代銅錢爲形象比喻,啓發人們要把「外圓」與「內方」有機統一。真可謂言簡意賅,發人深省。

外圓內方之人,有忍的精神,有讓的胸懷,有糊塗的智慧,有臉上掛著笑的哭,有表面看是錯的……

商界有巨富,官場有首腦,世外有高人,情場有老手。他們的成功要訣就是精通了何時何事可「方」、何時何事可「圓」的爲人處世技巧。

「方」是做人之本,是堂堂正正做人的脊樑。人僅僅依靠「方」是不夠的,還需要有「圓」的包裹,無論是在商界、官場方面,還是在交友、情愛方面,都需要掌握「方圓」的技巧,這樣才能無往不利。

做人首先要在「內方」上下工夫。「方」是人格獨立、靈魂正直的表現,是立世之本。要真正達到「方」的有理、「方」的有志,同時還要做到堅持真理、愛恨分明。在原則問題上,不左右逢迎、隨波逐流,而面對錯誤行爲、不良傾向,要旗幟鮮明,敢於挺身而出,正直不阿。

同時,做人一定要「圓」。這個圓不是圓滑世故,更不是平庸無能,這種圓是圓通,是一種寬厚、融能,是大智若愚,是與人爲善,是居高臨下、明察秋毫之後的心智的高度健全和成熟。不要因爲洞察別人的弱點而咄咄逼人,不要因爲自己比別

人高明而盛氣凌人，任何時候也不要因為堅持自己的個性和主張讓人感到壓迫和懼怕，任何情況下，都要做到潛移默化別人而又絕不會讓人感到是強加於人……這需要極高的素質，很高的悟性和技巧，這是做人的高尚境界。

可以說，圓的壓力是最小的，但張力卻是最大的，圓的可塑性也非常得強。這圓好做又不好做，好做是因為如果人真正有大智慧、大胸襟，真正能自強自信，心態平和，心地善良，凡事都往好的一面想，凡事都能站在對方的立場為他人著想，人的弱點皆能原諒，即便是遇見惡魔也堅信自己能道高一丈，如真能那樣，人還有什麼做不好呢？做人圓，那也會有犧牲，有時要犧牲小我；有時要忍辱負重，忍氣吞聲；更多的時候需要承受一些屈辱、誤解。

心得欄

第 2 章

木秀於林，風必摧之

春風得意，躊躇滿志的人生是每個人都嚮往的，但絕對不能忘形。一旦露出失態的尾巴就有可能被別人抓住，到那時可能連「落水狗」的命運都不如。你若虛懷若谷，團結別人，用自己的行動，帶動大家的能動性和創造性。這樣，你既能有效地保護自我，又能充分發揮自己的才華，在社會上爭得一席之地。

◎槍打出頭鳥，高調惹禍端

所謂「花要半開，酒要半醉」，凡是鮮花盛開嬌豔的時候，不是立即被人採摘而去，也就是衰敗的開始。人生也是這樣。當你志得意滿而變得趾高氣揚、目空一切、不可一世時，你要當心遭別人當「出頭鳥」來打！

　　年羹堯(西元 1679—1726 年)是清代康熙、雍正年間人，進士出身。雍正皇帝登基之初，對年羹堯倍加賞識、重用。年羹堯一直在西北前線為朝廷效力，因平定西藏時運糧及守隘之功，封三等公爵，世襲罔替，加太保銜：因平郭羅克功晉二等公；又平青海功，進一等公，給一子爵令其子襲，外加太傅銜。

　　雍正二年八月，年羹堯入覲時，御賜雙眼孔雀翎、四團龍補服、黃帶、紫轡及金幣，恩寵到了無以復加的地步。不但年羹堯的親屬備受恩寵，就連家僕也有通過保薦，官做到道員、副將的。

　　年羹堯對此不但不知收斂，卻更加得意忘形，更加驕橫，不僅霸佔了蒙古貝勒七信之女，還斬殺提督、參將多人，甚至蒙古王公見到他都要先跪下，因此他遭到了群臣的憤怒和非議，彈劾他的奏章多似雪片。

　　更嚴重的是，他任人唯親，在軍中及川陝用人自專，稱為「年選」，形成龐大的年羹堯集團。而且，他在皇帝面前「無人臣禮」，藐視並進而威脅皇權，甚至有自立為帝之心。年羹堯在西安總督府時，令文武官員逢五、逢十在轅門做班，轅門、鼓廳畫上四爪龍，吹鼓手著蟒袍，與宮廷相似。

　　他還令雍正帝派來的侍衛前引後隨，牽馬墜鐙。按清代制度，凡上諭到達地方，地方大員須迎詔，行三跪九叩全禮，跪請聖安，但雍正帝恩詔兩次到西寧，年羹堯竟「不行宣讀曉諭」。他在與督撫、將軍往來的諮文中，擅用令諭，語氣模仿皇帝。更有甚者，他曾向雍正帝進呈其出資刻印的《陸宣公奏議》，雍正帝欲為此親撰序言，但年羹堯以不敢「上煩聖心」為藉口，

代雍正帝擬就序言，要雍正帝頒佈天下，如此僭越無度，雍正
帝能不寒心，能不動殺機？

正好內閣、詹翰、九卿、科道合詞奏言年羹堯的罪惡，於
是部議盡革他的官職。雍正三年十月，雍正帝命逮年羹堯來京
審訊。十二月，案成。此距發端僅有九個多月。議政王大臣等
定年羹堯罪：計有大逆之罪五、欺罔之罪九、僭越之罪十六、
狂悖之罪十三、專擅之罪十五、忌刻之罪六、殘忍之罪四，共
九十二款。

雍正三年十二月，皇帝差步兵統領阿爾圖，來到關押年羹
堯的囚室傳旨說：「曆觀史書所注，不法之臣有之。然當未敗露
之先，尚皆為守臣節。如爾公行不法，全無忌憚，古來曾有其
人乎？朕待爾之恩如天高地厚，願以爾實心報國，盡去猜疑，
一心任用。爾乃作威作福，植党營私，辜恩負德，於結果忍為
之乎？爾悖逆不臣至此，若枉法曲宥，局以彰憲典而服人心？
今寬爾磔死，令爾自裁，爾非草木，雖死亦當感涕也。」

年羹堯接旨後即自殺。此案涉及年家親屬及友人，其父年
遐齡、兄年希堯罷官，其子年富立斬，諸子年十五以上者遣戍
極邊，子孫未滿十五者待至時照例發遣，族中文武官員俱革職。

年羹堯之死怨不得別人，要怪只能怪他不懂低調、恃功驕
傲、專權跋扈、亂劾賢吏和苛待部下，引起朝野上下公憤，最
終落得個「卸磨殺驢」的可悲下場。

高調做人、鋒芒太露而惹禍上身的典型在古代是為人臣者
功高震主。打江山時，各路英雄會聚，鋒芒畢露，一個比一個
有能耐。主子當然需要借這些人的才能實現自己圖霸天下的野

心。但天下已定，這些虎將功臣的才華不會隨之消失，這時他們的才能成了皇帝的心病，讓他感到威脅，所以屢屢有開國初期斬殺功臣之事，所謂「卸磨殺驢」是也。韓信被殺，明太祖火燒慶功樓，無不如此。

君不見，一年四季，日曬衣露，風吹雨打，年復一年，出頭的椽子總是先爛。所以，無論你有怎樣出眾的才智，不管你受到如何的重用，都一定要謹記：不要把自己看得太了不起，不要把自己看得太重要，不要把自己看成救國濟民的聖人君子，還是收斂起你的鋒芒，夾起你的尾巴，掩飾起你的才華吧。

◎木秀於林，風必摧之；行高於人，眾必非之

古語云：木秀於林，風必摧之；堆出於岸，流必湍之；行高於人，眾必非之。一個人才高八斗、學富五車是好事，但是如果事事強出頭、求表現，做人狂傲自大、目空一切，才識反而會給人帶來災難，甚至招致身敗名裂的悲劇。

《莊子》中有一句話叫「直木先伐，甘井先竭」。由此觀之，人才的選用也是如此。一些才華橫溢、鋒芒太露的人，雖然容易受到重用提拔，可是也容易遭人暗算。

所以，即使自己才華橫溢，也不可趾高氣揚，目空一切。適度地收斂起自己的鋒芒，夾起尾巴做人，掩飾起你的才華，才能順利地走好你的人生之路。

蘇東坡是宋代有名的文人，年輕的時候，他仗著自己聰明，就頗有點恃才傲物、鋒芒凌人的架勢，只是王安石惜才，才給

了他一點小小的懲罰。

一次蘇東坡去看望王安石，東坡到相府門口，立刻被門前的一些聽事的小官吏引入門房。守門官說：「您在門房裏稍稍坐一下，老爺正在睡覺，還沒醒呢！」東坡點點頭，便在門房內坐下了。

守門官走後，東坡一人等得無聊，便四下打量起來，看到硯下一疊整整齊齊的素箋，上面寫著兩句沒有完成的詩稿，題著《詠菊》。他看了看筆跡，認得是王安石的，不由得笑了起來：「士別三日當刮目相看。兩年前我看這老頭兒下筆幾千言而不用思索；兩年後怎麼江郎才盡，連兩句詩都寫不完！」於是取過詩稿念了一遍：

西風昨夜過園林，吹落黃花滿地金。

念完之後他連連搖頭：「原來這兩句詩都是胡說八道。」為什麼呢？原來一年四季的風都有名稱：春天為和風，夏天為熏風，秋天為金風，冬天為朔風。這首詩開頭說：「西風」，西方屬金，這應該是說的秋季；可是第二句說的「黃花」正是菊花，它開於深秋，最能和寒風搏擊，而且即便是焦乾枯爛了，也不會落花瓣，所以說，「吹落黃花滿地金」，不是錯誤的嗎？

蘇東坡為自己發現了這個謬誤而得意萬分，興之所至，他忍不住舉筆蘸墨，依韻續了兩句詩：

秋花不比春花落，說與詩人仔細吟。

寫完，他又覺得有些不妥，暗想：「如果老太師出門款待我，見我這樣當面搶白他，恐怕臉面上過不去。」可是已經寫了，想把它藏起來吧，萬一要是王安石出來尋詩不見，又要責怪他

的家人。

想來想去，終於他還是把詩原樣放好，自己走出門來對守門官說：「一會兒老太師出堂，你便稟告他，說蘇某在這裏伺候多時。只因初到京城，一些事沒有辦妥，明天來拜見。」說完，便騎著馬回住所了。

過了不多久，王安石出堂，心內惦記著自己一首菊花詩還沒有完韻，便逕自往門房走來。坐定後，他一看詩稿，馬上皺起眉頭：「剛才誰到過這裏！」下人們忙稟告：「湖州府蘇老爺曾來過。」王安石也從筆跡上認出了蘇東坡的字，口裏不說什麼，心下直犯嘀咕。「這個蘇軾，遭貶三年仍不改輕薄之性，不看看自己才疏學淺。敢來譏諷老夫！明天早朝，待我奏明皇帝，給他來個削職為民。」但轉念一想：「他不曾去過黃州，見不到那裏菊花落瓣，也難怪他。」

於是他細看了一下黃州府缺官名單，那裏單缺一個團練副使；第二天便奏明皇上，把蘇東坡派到那裏去了。

蘇東坡也知道是自己改詩觸犯了王安石，他在公報私仇呢，無奈自己沒辦法，只得領命。

後人聽到這個傳說故事，都不免感慨萬分：儘管蘇東坡才高八斗，學富五車，可是他高傲、自負且鋒芒太盛，不能很好的被重用，枉費自己的才華。

◎得意忘了形，會導致身敗名裂

春風得意，躊躇滿志的人生是每個人都嚮往的；一個人事

業有成，或加官晉爵之時，也是應該值得得意慶賀的，但得意時絕對不能忘形。對自己的言行舉止、姿態形象一定要有清醒的認識，要時不時地回頭看看自己的尾巴是夾在襠下，還是翹到天上？一旦露出失態的尾巴就很有可能被別人抓住，到那時可能連「落水狗」的命運都不如。

得意忘形而使自己身敗名裂的人物不只現在，古代也有許多的例證。

三國時期，蜀國的大將魏延就有一定的典型性，在蜀國的全盛時期，魏延也算是一員猛將，但在「五虎將」面前還算不了什麼，在經過東征西伐之後，「五虎將」相繼死去的時候，魏延就成了無人能敵的戰將，他也由此有了值得驕傲的資本。此間他不但被封為南鄭侯，還被稱為征西大將軍。但魏延並不像諸葛亮那樣為蜀國大業鞠躬盡瘁和竭盡忠誠，而是想自圖霸業，因為他此時的心態已膨脹得不能自控，仿佛覺得他已經是天下第一高人，無人能與其匹敵了，於是他得意忘形起來。

《三國演義》是這樣描寫他的：當長史楊儀斥責他說：「反賊魏延！丞相不曾虧你，今日如何背反？」延橫刀勒馬而言曰：「伯約，不幹你事。只教楊儀來！」儀在門旗影裏，拆開錦囊視之，如此如此。儀大喜，輕騎而出，立馬陣前，手指魏延而笑曰：「丞相在日，知汝久後必反，教我提備，今果應其言。汝敢在馬上連叫三聲『誰敢殺我』，便是真大丈夫，吾就獻漢中城池與汝。」延大笑曰：「楊儀匹夫聽著！若孔明在日，吾尚懼他三分；他今已亡，天下誰敢敵我？休道連叫三聲，便叫三萬聲，亦有何難！」遂於馬上大叫曰：「誰敢殺我？」一聲未畢，腦後

一人厲聲而應曰：「吾敢殺汝！」馬岱收起刀落，斬魏延於馬下。眾皆駭然。斬魏延者，乃馬岱也。原來孔明臨終之時，授馬岱以密計，只待魏延喊叫時，便出其不意斬之；當日，楊儀讀罷錦囊計策，已知伏下馬岱在彼，故依計而行，果然殺了魏延。

可憐魏延，本來他的黃金時期已經來臨，卻不能很好地把握自己，雖為國家出了大力，但後來辛苦功勳一筆抹殺，還得了個反叛的惡名，真是可悲可歎！

由此可見，一個人如果不能很好地把握住處世的姿態，得意忘形，目空一切，就會斷送自己長期以來博得的好名聲，甚至落個遺臭萬年的可悲下場。

事實上，人生苦短，世事無常。在人生的旅途上，有得意時必有失意日，有成功自然有失敗，潮起必定有潮落。所以，得意、成功了，要想想失意、失敗時，收斂一些狂熱；失意、失敗了，也不妨回憶一些得意、成功時的輝煌，然後會心地一笑，讓心情複歸平靜。

◎自恃功高者敗，居功不傲者安

有功勞切不可自以為是，有道是「好馬行千里，耕田不如牛」「尺有所短，寸有所長」，一個人就是再強，也有做不到的事情，如果不懂得收斂，恐怕離失敗也就不遠了。

「狡兔死，走狗烹；飛鳥盡，良弓藏；敵國破，謀臣亡。」這是一代名將韓信被害前無奈的感歎。韓信為漢朝的建立立下了汗馬功勞，但他不懂得收斂，終因他的鋒芒太露而招來殺身

之禍，蕭何如果不是及時收斂，恐怕也步了韓信的後塵。

韓信被殺後，蕭何被封為相國，加賜 5000 擔，再令 500 士卒、1 名都尉做相國的護衛。百官都向蕭何祝賀，只有陳平表示擔心，暗地裏對蕭何說:「大禍由現在開始了。皇上在外作戰，您掌管朝政。您沒有冒著箭雨滾石的危險，皇上卻增加了您的俸祿和護衛，這並非表示寵信。如今淮陰侯韓信謀反被誅，皇上心有餘悸，他也有懷疑您的心理。我勸您辭掉封賞，拿出所有家產去輔助作戰，這才能打消皇上的疑慮。」

蕭何聽了不禁驚出一身冷汗，他依計而行，變賣家產犒軍，高祖果然高興，不再懷疑蕭何。

這年秋天，黥布謀反，高祖御駕親征，期間派遣使者數次打聽蕭何的情況。回報說:「正如上次那樣，相國正鼓勵百姓拿出家產輔助軍隊征戰呢。」這時有個門客對蕭何說:「您不久就會被滅族了! 您身居高位，功勞第一，自您進入關中，一直得到百姓擁護，如今已有十多年了。皇上數次派人問及您的原因，是害怕您受到關中百姓的擁戴。現在您何不多買田地，少撫恤百姓，來自損名聲呢? 皇上必定會因此而心安的。」

蕭何認為有理，便依計行事。高祖得勝回朝，有百姓攔路控訴相國。高祖不但沒有生氣，反而高興異常，蕭何也因此安然無恙。

只有做一個聰明的功高震主者方可全身而退，蜀相諸葛亮就不失為一個聰明的功高震主者。很多人還真不知道諸葛亮有功高震主之處，這也正說明了諸葛亮的聰明之處。

古往今來有功之人多矣，有蓋世之功者不勝枚舉。自恃功

高者往往因自恃而最終身敗名裂，遭人唾棄，遺臭萬年，虛懷
若谷的謙虛者往往因謙虛而越發偉大，流芳千古。

◎自恃己能，必遭其辱

人和自然社會相比，始終是渺小的。在無窮奧妙的宇宙面
前，人應該保持一種謙卑態度。實際上，一個知識廣博的人，
他所知的也很有限，這就決定了人不能自恃聰明，傲視一切。
總有人處處顯露精明，玩弄手段，他們自以為這才是聰明人的
表現，也能得到更多的實惠。這是一個致命的錯誤，真正的聰
明人是勇於承認自己無知的。

西漢成帝時，著名大儒劉向受成帝的指派，率領兒子劉歆
和一大批學者整理藏書。

劉向治學嚴謹，為人正直，他告誡兒子劉歆說：「我們讀書
人有個毛病，一旦書讀多了，便以為無所不知了，渾身染上傲
氣，你一定要自律啊！」

劉歆聰明好學，深得父親厚愛，他提出疑問說：「父親學問
精深，人所敬仰，難道非要做出謙遜之態嗎？和那些無知的俗
人相比，父親用不著自抑啊。」

劉向一聽大怒，斥責說：「我那裏是什麼惺惺作態？我是真
的自覺無知啊！你這樣狂妄，不知世情，將來要吃大虧的！」

劉歆心中不服，對劉向的話並不放在心上，他對別人說：「我
父親太迂腐了，這只怪他事事不張揚。如果換作他人，就會有
更高的官職，這不是太可惜了嗎？」

劉歆寫成一部目錄學著作《七略》，在別人的恭賀聲中，劉向提醒兒子說：「你寫得很好，但我並不想誇讚你。很多人就是在他人的讚頌聲中毀滅的，因為這助長了他的傲氣。天地如此之大，我們所學所知的實在太少，如果你知道這一點，時刻牢記在心，做事才不敢張狂啊。」

在整理圖書中，一批戰國以前的典籍浮出水面。劉向對此並不推崇，而劉歆卻主張向天下人推行這些典籍。為此，父子二人發生了爭論。

劉向說服兒子道：「古時典籍固有些道理，但它並不能揭示萬物的規律。世事千變萬化，一切貴在創新，何必拘泥於古呢？」

劉歆辯論說：「是好是壞，相信人們一看便知，我敢斷定，我的意見終會有人賞識的。」

後來，漢平帝繼位，王莽掌握了朝廷大權。王莽為了篡權的需要，他召見劉歆，假作誠懇說：「先生聰明過人，從前主張推行古籍，這實是遠見之舉啊。我的心意和先生相同，先生的大志可神了。」

劉歆感激涕零，馬上投到了王莽的懷抱。有人提醒他說：「如果事關個人前途、國家命運，那麼一切就必須慎重。王莽要重用你，福禍未知，你不能太草率了。」

劉歆自信地說：「我一向不甘為人下，今日終有出頭之日，可見蒼天佑我。以我的智慧，只要王莽納諫，天下的局面定會煥然一新。」

劉歆自恃己能，頻頻向王莽進言，建議全面復古，他信誓旦旦：「在我看來，世事的變化已被古人全然掌握了，現在只要

大膽實行便是。治理天下雖不是易事，但只要多讀一些古書，也就了然於胸，化難為易。我看古籍所述完全可行，稱得上盡善盡美。」

劉歆的朋友為他擔心，說：「凡事說得容易，但做起來就難了，你不該輕下斷言。老實說，你做學問可以，對治國之術就生疏了。紙上談兵害國害己，怎敢涉足呢？」

劉歆暴跳如雷，大罵朋友是個愚人，朋友說：「我寧肯做一個愚人，這樣至少不會招惹禍患。你把自己看得無所不能，將來一定會後悔的。」

王莽依劉歆所議全面改制，結果遭到了慘敗，激起了各地的民變。

劉歆害怕王莽追究，又自作聰明地想要發動宮廷政變，除掉王莽。很快，消息洩漏出去，劉歆絕望之下，無奈自殺了。

在大千世界、芸芸眾生面前，我們所知不多，更不能用聰明智慧來自喻，把自己看得愚笨一些，並沒有壞處，這可以讓自己少些狂妄，多些敬畏，順應人情事理的規律。

其實，「人外有人，天外有天」，「人各有其能，術業有專攻」，「長江後浪推前浪，一代新人換舊人」，一個聰明人都是有局限的，只有放下「自大」「自滿」，謙虛好學的人，才能領悟到世事的真諦：只有放下「孤傲」「狂妄」，低調處世的人，才能得到眾人的愛戴。

◎ 低調做人是立足社會的最佳姿態

　　作為一個正常人，我們遲早要融於社會生活中去，那麼，我們在社會上如何才能做到既生活得坦然、瀟灑，又行走得遊刃有餘，避免遭受打擊和傷害呢？要知道，我們所面對的這個社會有著各種各樣的條條框框，你只要符合了這些條條框框的要求，才有資格跨進社會門庭，實現壯麗人生。

　　孟買佛學院是印度最著名的佛學院之一。這所佛學院之所以著名，除了它的建院歷史久遠、建築輝煌和培養出了許多著名的學者之外，還有一個特點是其他佛學院所沒有的。這是一個極其微小的細節，但是，所有進入這裏的人，當他再出來的時候，幾乎無一例外地承認，正是這個細節使他們頓悟，正是這個細節讓他們受益無窮。

　　這是一個很簡單的細節，只是許多人都沒有注意：孟買佛學院在它的正門一側又開了一個小門，這個小門只有一米五高、四十釐米寬，一個成年人要想過去必須學會彎腰側身，不然就只能碰壁了。

　　這正是孟買佛學院給它的學生上的第一堂課。所有來校的新生，教師都會引導他到這個小門旁，讓他進出一次。很顯然，所有的人都是彎腰側身進出的，儘管有失禮儀和風度，但是卻達到了目的。教師說，大門當然出入方便，而且能夠讓一個人很體面、很有風度地出入。但是，有很多時候，我們要出入的地方並不都是有著壯觀的大門的。這個時候，只有暫時放下尊

貴和體面的人，才能夠出入。否則，有很多時候，你就只能被擋在院牆之外了。

佛學院的教師告訴他們的學生，佛家的哲學就在這個小門裏。人生的哲學也在這個小門裏，尤其是通向這個小門的路上，幾乎沒有寬闊的大門，所有的門都是需要彎腰側身才可以進去的。

我們不都是佛教徒，但我們遲早要融入社會生活中去，要走完自己的人生之路。要使自己在人生旅途中一帆風順，少遇挫折，避免遭受打擊和傷害，學會「彎腰、低頭、側身」，對每個人來說都是一門必不可少的修煉，而低調做人正是這種修煉的最佳境界。

人的一生不光要追求威武和強大，有時也要學會卑微，學會低下頭來。因為有時這才是我們真實的一面和被別人所認可的一面。

這種低調的卑微者的姿態就是一種低調做人的哲學透鏡，它反射出一種樸素、平和與自然的情調，並在出世與入世的平衡中向我們提供了低調做人的終極啟示。

◎低調做人是自我保護的最佳手段

低調做人是一個人步入社會必備的自我保全手段。熙熙攘攘、名來利往的社會處處風雷激盪，時時風雲變幻，只有甘於低調之人才能在社會的風雨中更好地保全自己。

有時居於「顯眼處」，表面的榮耀和光彩之下，也許暗藏著

眾目所向和眾矢所指的危險，此時的「高處」滲透著凜冽的寒意，只有急流勇退、及早抽身，甘於低調做人的人，才能避禍趨吉，永保平安。

唐朝大將郭子儀一生活得風風光光，有頭有臉，究其實質得益於這四個字：「低調做人」。

功高權重的郭子儀，更加被宦官們視為眼中釘。代宗大曆二年十月，正當郭子儀領兵在靈州前線與吐蕃拼殺的時候，魚朝恩卻偷偷派人掘了他父親的墳墓。當郭子儀從涇陽班師回朝時，朝中君臣都捏了一把汗，料他回來不肯和魚朝恩善罷甘休，會鬧得上下不安。郭子儀入朝的那一天，代宗主動提了這件事，郭子儀卻躬身自責，說：「臣長期帶兵打仗，治軍不嚴，未能制止軍士盜墳的行為。現在，家父的墳被盜，說明臣的不忠不孝已得罪天地。」君臣們聽了，都由衷地佩服郭子儀坦蕩的胸懷。

郭子儀心裏明白，自己功勞越大，麻煩就越大，就是當朝皇帝代宗，也會對自己有所顧忌。所以他處處謹慎小心，以求自保。每次代宗給他加官晉爵，他都懇辭再三，實在推辭不掉，才勉強接受。廣德二年，代宗要授他「尚書令」，他死也不肯，說：「臣實在不敢當！當年太宗皇帝即位前，曾擔任過這個職務，後來幾位先皇，為了表示對太宗皇帝的尊敬，從來沒有把這個官銜授給臣子，皇上怎能因為偏愛老臣而亂了祖上規矩呢？況且，臣才疏德淺，已屢受皇恩，怎敢再受此重封呢？」代宗沒法，只得另行重賞。

郭子儀爵封汾陽王，王府建在首都長安的親仁裏。汾陽王府自落成後，每天都是府門大開，任憑人們自由進進出出，而

郭子儀不允許其府中的人對此加以干涉。有一天，郭子儀帳下的一名軍官要調到外地任職，來王府辭行。他知道郭子儀府中百無禁忌，就一直走進了內宅。恰巧，他看見郭子儀的夫人和他的愛女正在梳妝打扮，而王爺郭子儀正在一邊侍奉她們，她們一會兒要王爺遞毛巾，一會兒要他去端水，使喚王爺就好像奴僕一樣。這位將官當時不敢譏笑郭子儀，回家後，他禁不住講給他的家人聽，於是一傳十，十傳百，沒幾天，整個京城的人都把這件事當成笑話來談論。郭子儀聽了倒沒有什麼，他的幾個兒子聽了卻覺得大丟王爺的面子，他們決定對父親提出建議。

他們相約一齊來找父親，要他下令，像別的王府一樣，關起大門，不讓閒雜人等出入。郭子儀聽了哈哈一笑，幾個兒子哭著跪下來求他，一個兒子說：「父王您功業顯赫，普天下的人都尊敬您，可是您自己卻不尊重自己，不管什麼人，您都讓他們隨意進入內宅。孩兒們認為，即使商朝有賢相伊尹、漢朝的大臣霍光也無法做到您這樣。」

郭子儀聽了這些話，收斂了笑容，對他的兒子們語重心長地說：「我敞開府門，任人進出，不是為了追求浮名虛譽，而為了自保，為了保全我們全家的性命。」兒子們感到十分驚訝，忙問其中的道理。

郭子儀歎了一口氣，說道：「你們光看到郭家顯赫的聲勢，而沒有看到這聲勢有喪失的危險。我爵封汾陽王，往前走，再沒有更大的富貴可求了。月盈而蝕，盛極而衰，這是必然的道理。所以，人們常說要急流勇退。可是眼下朝廷尚要用我，怎

肯讓我歸隱，再說，即使歸隱，也找不到一塊能容納我郭府一千餘口人的隱居地呀。可以說，我現在是進不得也退不了。在這種情況下，如果我們緊閉大門，不與外面來往，只要有一個人與我郭家結下仇怨，誣陷我們對朝廷懷有二心，就必然會有專門落井下石、妨害賢能的小人從中添油加醋，製造冤案，那時，我們郭家的九族老小都要死無葬身之地了。」

郭子儀所以讓府門敞開，是因為他深知官場的險惡，正因為他具有很高的政治眼光又有一定的德性修養，善於忍受各種複雜的政治環境，因此即使在自己功勳卓著的日子，也時時做好了準備應付可能發生的危險。

做人不可驕傲自滿。有了成績便不可一世，眼中容不得任何人，這往往會成為人們攻擊的對象，所以，做人不管有多大的權勢和資本，也應該放下身架，保持低姿態為好。

我們生活的這個世界，充滿了機巧、險詐、說謊、欺騙、逞能、陰謀、鬥爭，而老實、忠厚、善良、退讓、柔弱等美德都被許多人淡忘了。彼此逞能，暗算代替了友情；彼此都以為自己聰明，所以，彼此都愚蠢；彼此都想佔對方的便宜，所以，到頭來大家都挖了自己的牆腳。

其實，低調絕不是無用，不等於懦弱，相反，低調才能成就大事，才能保全自己，戰勝他人。

老子說，當堅硬的牙齒脫落時，柔軟的舌頭還在。柔弱勝過堅硬，無為勝過有為。我們學會在適當的時候保持適當的低姿態，絕不是懦弱和畏縮，而是一種聰明的處世之道，是人生的大智慧、大境界。

◎低調是維持成功的最佳保障

　　低調不僅是一種境界，一種風度，一種修養，一種去留無意的胸襟，一種寵辱不驚的情懷；還意味著你放棄了許多架子，放棄了許多充大、裝相、張揚和賣弄的虛榮表現，放棄了許多假正經、假道學、假聖人的虛偽面孔。同事、部下、朋友都可以夠得到你了，都可以與你平起平坐了，這就使你能與大家有更多的機會相互溝通、相互融和。

　　台灣的王永慶可以算一個大人物、大富翁，即使在世界企業家行列中，「王永慶」這三個字聽起來也是如雷貫耳。他不僅是台灣最大的企業集團——台塑關係企業集團的董事長，也是台灣工業界的領袖，更是世界聞名的富豪。但是，就是這麼一個擁有數十億美元資產的超級富翁，做人並不張揚，個人生活也節儉到了令人難以置信的程度。在家中，他每天堅持做毛巾操，所用的那條毛巾竟用了二十多年，直到實在無法使用為止。家裏用的肥皂，即使剩下一小片也不會丟掉，而是將其黏附在大肥皂上，力求用盡其剩餘價值。

　　他的一條舊毛巾，一直使用了 27 年，一直捨不得扔掉，仍然繼續使用。因為用得時間太長了，這條毛巾缺邊少沿，毛茸茸的，非常刺拉皮膚。他的太太十分心疼他，拿了一條新毛巾想給王永慶換一換，但王永慶卻說：「既然能湊合著用，又何必換新的呢。就是一分錢的東西也要撿起來加以利用，這不是小氣，是一種精神，是一種警覺，一種良好的習慣。」

在吃的方面，王永慶很少在外面宴請客戶，一般都是在台塑大樓後棟頂樓的招待所內宴客。還經常採用「中菜西吃」的方式，讓大家圍在圓桌上，將個人盤子端出，由侍者個別分菜，一人一份，吃完再加，既衛生又不浪費，這與當今社會借用公款大吃大喝的現象形成了鮮明的對比。王永慶還時常提醒廚師要節約能源，他說：「湯煮開以後，應立即將火關小，滾湯溫度達到沸點100度以後，繼續用火燒，那只是浪費電而已。」

在穿的方面，王永慶也十分節省。王永慶經常是實在有必要時，才去做一套西服，而不是像一般企業家一樣，事先預備好幾套西裝。有一次，王太太發現王永慶的腰圍縮小了，平常穿的西裝顯得不太合身了，特地請了裁縫師傅到家裏給王永慶量尺寸，準備給他定做幾套合身的新西服。沒想到，王永慶卻從衣櫃裏拿出幾套已經很舊的西裝，堅持請裁縫師傅把腰身改小就行了，而拒絕定做新的。王永慶認為：「既然舊西裝還是好好的，改一改就可以穿了，又何必浪費去做新的呢？」

在行的方面，王永慶也處處節省。有時甚至出國出差都只肯坐經濟艙，而不坐頭等艙。到了目的地以後，也不願住五星級賓館，大多住在當地的台塑集團招待所裏，就連外出時用的小轎車，也反對使用豪華車。

大企業裏的高級管理人員一般都配有轎車，但台塑關係企業集團出於節約的考慮，不但處長級沒有配備轎車，就連經理級也沒有專車。一旦發現下屬有鋪張浪費現象，王永慶的處罰是相當嚴屬的。一次，有四名部門主管因公請了三位客人吃飯，花掉了兩萬元新台幣。王永慶知道這件事後，不但把四位主管

狠狠地教訓了一頓，還對他們課以重罰。

　　像王永慶這樣的超級富豪，一擲千金對他來說根本就不算什麼。但不求奢華，保持常人姿態，是王永慶之所以走向成功的重要品質。

　　人的一生是曲折艱辛的過程。你要謀求發展，就要處處小心謹慎，夾起尾巴做人，把吃苦受累看作是很平常的事，這才是一種平和的心態。

　　王永慶生活上節儉，但他絕對不是一個守財奴。他創立的長庚醫院，收費標準大大低於其他醫院。他多次捐款給社會福利和公共事業，而且出手闊綽，毫不吝惜。他曾經一次捐給一家醫院 2.5 億新台幣，用於醫院的擴建改造。

　　王永慶的所作所為不失為一種低調做人的姿態。

　　人和人之間是平等的，每個人也希望得到別人的尊重。低調做人，就是把自己放在了人人平等的氣氛中，並且去尊重每一個人。人是感情動物，他們希望看到你身上的平民氣質，而不是金錢和地位，如果你具備和保持這種氣質，那麼他們的心裏就很願意容納你和接受你。

◎ 低調才能存活

　　「指揮皆上將，談笑半儒生」的徐達，小時候曾與朱元璋一起放過牛。在其戎馬一生中，有勇有謀，用兵如神，為明朝的創建立下赫赫戰功，是中國歷史上著名的謀將帥才，深得朱元璋器重。

然而，就是這樣一位戰功赫赫的人，卻從不居功自傲。徐達每次掛帥出征，回來後立即將帥印交還，回到家裏過著極為儉樸的生活。

按理說，這樣一位兒時與朱元璋一起放過牛的至交，且戰功卓著，完全可以在都城中「享清福」。朱元璋為了獎勵徐達，就想將自己的舊邸賜給他。朱元璋的這些舊邸，是其登基當吳王時居住的府邸。可徐達死活不肯接受，萬般無奈的朱元璋請徐達到舊邸飲酒，將其灌醉，然後蒙上被子，親自將其抬到床上睡下。徐達半夜酒醒，當知道自己睡的是什麼地方後，連忙跳下床，俯在地上自呼死罪。朱元璋見其如此謙恭，心裏十分高興，命人在此舊邸前修建一所宅第，門前立一牌坊，並親書「大功」二字；徐達功高不驕，還體現在他虛心好學、嚴於律己上。

放牛出身的徐達，少年無讀書機會，但他十分好學，虛心求教，每次出征都攜帶大量書籍，一有時間便仔細研讀，掌握了淵博的軍事知識。因此每每臨陣指揮，莫不料敵如神，進退自如，且每戰必勝，令人心服。身為統帥的徐達，還能處處與士兵同甘共苦。遇到軍糧不濟，士兵未飽，他也不飲不食；紮營未穩，他也不進帳休息；士卒傷殘有病，他親自慰問，送藥治療；如遇上士卒犧牲，他更是重視而籌棺木葬之。將士對他無不感激和尊敬。

原本可以聲色犬馬的徐達，卻平生無聲色酒賭之好，「婦女無所愛，財寶無所取，中正無所疵，昭明乎日月」。朱元璋賜予他一塊沙洲，由於正處於船隻水路必經之地，家臣以此擅謀其

利，徐達知道後，馬上將此地上繳官府。徐達深諳為人處世之道，不論做了多大貢獻，也不邀功，也不請賞，視自己如平常人一樣。因為他懂得，不管官有多大，自己有多大本領，都要夾著尾巴做人，所以他才會得以善終，若他同韓信一般，居功自傲，恃才傲物，不知收斂，朱元璋也不會如此放心，定會將其殺之以除心患。

1358 年，徐達病逝於南京，朱元璋為之輟朝，悲慟不已，追封為中山王，並將其肖像陳列於功臣廟第一位，稱之為「開國功臣第一」。

徐達之所以能不居功自傲，除其個人良好的修養外，還有更深層次的原因，那就是他知道功成名就後如何安身立命。這不能不說是高人自有高招。

歷史上幾乎無一例外，每個皇權的確立，無不倚仗文臣武將的運籌帷幄決勝千里，但功臣往往成為權臣。在中國歷史上，功臣權臣奪取皇權或挾天子以令諸侯，甚至黃袍加身的例子也不鮮見。所以，歷代皇帝總是在政權到手後，視功臣為最大威脅，千方百計收回其權力。「杯酒釋兵權」已算是非常「客氣」了。「狡兔死，走狗烹；飛鳥盡，良弓藏；敵國破，謀臣亡」成為皇權統治下殘酷的事實，也是歷史的必然。

事實上，朱元璋登基後，1380～1390 年，受丞相胡惟庸牽連被殺的功臣、官僚共達三萬多人；1393 年，有赫赫戰功的將領藍玉以及與其有關的人士均被殺，先後牽連被殺的竟有幾萬人；洪武十五年的空印案，洪武十八年的郭桓案，被殺者更多達 8 萬之眾。

應該說，朱元璋用嚴刑重刑，殺了包括功臣在內的十多萬人，實質上是強化其統治的手段，也是統治階級內部殘酷鬥爭的結果。

另一方面，也與朱元璋的個人品格有關。從小與朱元璋在一起的徐達當然十分清楚「伴君如伴虎」的道理，他知道與這樣的皇帝在一起，只能共苦，不能同甘，自己如果居功自傲，無異於引火焚身。

徐達低調做人，這既是徐達個人良好品行的體現，更是他保全自己的良策。

在崇尚張揚、個性的時代，夾著尾巴的人永遠可以是長久存在下去的人，夾著尾巴的人永遠是可以得到許多「好處」的人，夾著尾巴的人無論在什麼時候都可以立於不敗之地。

「逢人捨得三分笑」，夾起原本翹得很高的「尾巴」，閉上原來喊得很高的嗓門，規規矩矩地盡好自己的本分，踏踏實實地做好自己的事，就是最聰明的處世智慧，最精明的自保策略。

◎不過分張揚，要和週圍的人保持協調

張揚個性肯定要比壓抑個性舒服，但是如果張揚個性僅僅是一種任性，一種意氣用事，甚至是對自己的缺陷和陋習的一種放縱的話，那麼，這樣張揚的個性對你的前途肯定是沒有好處的。

「唐初四傑」之一的王勃在文章中說自己「命途多舛」，但他的命運與他恃才傲物、張揚任性的性格有很大關係。

　　當時，年紀輕輕的王勃就頗有名聲，使得高宗的幾個兒子都爭相禮聘，要網羅他進入自己的王府。後經高宗批准，他來到剛剛受封的沛王李賢府中，擔任修撰，充當謀士和指導教師的角色，深得沛王信任。

　　其時宮中盛行鬥雞之戲，沛王也是一個積極分子。他有一隻體高性烈、毛色鮮美的公雞，多次比賽中都大獲全勝，獨獨被英王李顯的「雞王」所戰敗。英王神色飛揚，無限得意，而沛王卻十分尷尬。年輕氣盛的王勃，當即產生了創作衝動，援筆立成一篇《檄英王雞》的遊戲文章，當場吟誦，博得一陣陣笑聲。後被高宗發現，讀了盛怒不已，指責說，無比莊重的文體竟以兒戲出之，如此放肆，這還得了？文章說是檄雞，實則意在挑動兄弟不和，真是可惡得很。於是，下令免除王勃官職，並逐出王府。

　　為人處世，最忌諱自表其功，自矜其能，張揚任性，凡是這種人，十有九個要遭到猜忌而沒有好下場。

　　生活中當你想伸展四肢舒服一下的時候，必須注意不要碰到別人，不要引起別人的反感、討厭、嫉妒甚至憎恨。當我們張揚個性的時候，必須考慮到我們張揚的是什麼，必須注意到別人的接受程度，如果你張揚建立在壓抑和欺負別人人性的基礎之上，那麼你最好的選擇是把它改掉，而不是去張揚它。

　　要想成就一番事業，你應該把個性表現在創造性的才能中，盡可能與週圍的人協調一些，這是一種成熟、明智的選擇。也只有這樣，你才有張揚自己的資本。

◎貪滿者多損，謙卑者多福

孔子在魯桓公的廟裏參觀，看見一種傾斜而不易放平的容器。他向守廟人問道：「這是什麼器具？」

守廟人說：「這大概是人君放在座位右邊的一種器具。」

孔子說：「我聽說這種器具，空著的時候就傾斜，灌進一半水就正立著，灌滿了就翻倒了。」

孔子回頭對學生說：「灌水吧。」

學生就舀水灌進容器裏面，水灌到一半，容器就正立著，注滿水就翻倒了，空著的時候就傾斜。

孔子喟然長歎：「唉！那有滿了不翻倒的呢？」

子路問道：「請問保持富貴的地位，如同保持水滿而不翻一樣，有什麼辦法呢？」

孔子說：「自己聰明智慧，要保持怯弱的樣子；功勞覆蓋天下，要保持謙讓的樣子；勇敢而力氣蓋世，要保持怯弱的樣子；財富擁有全天下，要保持謙遜的樣子，這就是所謂謙讓了再謙讓的辦法。」

後來，子貢又問孔子道：「我想做到對人謙虛，但不知如何做才好？」

孔子說：「對人謙虛嗎？那就要像土地一樣，深深地挖掘，就可以得到甘泉；種植，就可以五穀繁茂；草木繁殖了，禽鳥和野獸就在這裏繁育，草木禽獸生長時就立在地上，死了就埋進土地中；土地的功勞很大，但它不自認為有德行。對人謙虛

就該像土地一樣。」

世上多陷阱，有別人設置的，也有自己為自己設置的。驕傲自滿就是自己為自己設置的陷阱，自古以來掉進這個陷阱的人比掉進由別人設置的陷阱的人還要多。有高深修養的人對此看得很清楚，並有一套最佳的對付方法：「思其仁義以充其位，不為權利充其私。」他們很清楚，禍福、得失、苦樂在人自取，人能求福，也能避禍，求福與避禍，也全在自己。他們安而不忘危，存而不忘亡，治而不忘亂。思危就可以求安，慮退方能得進，懼亂然後可以保治，戒亡然後可以求存。正因為有高深修養的人能夠做到這種程度，所以上天也無法施展他捉弄人的伎倆了。

在《左傳・襄公十一年》中記述的故事，就證明了「優位選擇」、不可執滿的道理：春秋時代，鄭國出兵伐宋，引起晉、魯、衛、曹等 11 國的不滿。便聯合出兵討鄭，入鄭境，攻都城。鄭難以抗爭，只好停止侵宋，並與宋國在內的 11 國訂立了友好條約。

當時處於南方的楚國，也窺視中原。常有侵擾行動，因而與晉、魯等 11 國有矛盾。見鄭國求和於 11 國，心有不甘，便向秦國借兵攻打鄭國，鄭國危急，只好又屈從於楚國。

鄭背棄盟約而與楚國結好，使與鄭訂立盟約的各國諸侯十分氣憤，於是再次聯合出兵討伐鄭。鄭被折騰得筋疲力盡，被迫無奈，只好請求晉國出來調停。鄭再次與諸國通好。

為答謝晉國調停之恩，鄭送給晉許多兵車、兵器、樂師及歌女。晉君主為犒賞調停的有功人員，將財物美女分一半給大

臣魏絳。絳不納，而向晉王說：「願君主在享受安逸快樂時，能夠考慮到國家的長治久安。要居安思危。只有這種心理狀態，才能對未來時態有所防備，有防備才不至於遭禍患。我願以不受恩賜來勸諫您！」

魏絳不僅不貪圖物慾的滿足，並能在勝利時，以冷靜的頭腦分析潛伏著的危機。當他在調停時，看到鄭國上下的狼狽相，在內心深為哀其不幸，又怒其不爭。他常怕鄭國因國君不察而導致的自墜陷阱的悲慘在晉國重演，因而以實際言行勸諫晉王。魏絳真可謂廉潔正派，不能不令人佩服。

「老來疾病，都是壯時招的；衰後罪孽，都是盛時造的。故持盈履滿，君子尤兢兢焉。」一個人到了年紀大時，體弱多病，那都是年輕時不注意愛護身體；一個人事業失意以後還會有罪孽纏身，那都是在得志時貪贓枉法所造成的禍根。

因此，一個有高深修養的人，即使生活在幸福美滿的環境中，也要凡事都兢兢業業，戒驕慎言以免傷害身體得罪他人，為今後打下好基礎。

◎氣不可太盛，才不必太露

在人際交往中，那些謙讓而豁達的人們總能贏得更多的朋友；相反，那些妄自尊大、高看自己小看別人的人總會引起別人的反感，最終在交往中使自己走到孤立無援的地步。呂坤在《呻吟語》中說：「氣忌盛，心忌滿，才忌露。」把心滿氣盛、賣弄才華視為待人處世的大忌。

　　許多年輕氣盛、愛出風頭的人，處處碰壁後，為了適應社會，不得不磨平棱角，銳氣殆盡，甚至低聲下氣。如此一來，非但不會受氣冷落，舉步維艱，反而能處處逢源，一帆風順。

　　退一步說，好刀也要用在刃上，一個人的鋒芒也應該在關鍵的時候、必要的時候展露給眾人，那時人們自然會承認你確實是一把鋒利的寶刀。刀刃需要長期的磨礪，只圖一時之快，不懂保養，只會令其鈍化。

　　英國大文豪蕭伯納從小就很聰明，且言語幽默，但是年輕時的他特別喜歡嶄露鋒芒，說話也尖酸刻薄，誰要是跟他對一次話，便會有受到一次奚落之感。後來，一位老朋友私下對他說：「你現在常常出語幽他人之默，非常風趣可喜，但是大家都覺得，如果你不在場，他們會更快樂。因為他們比不上你，有你在，大家便不敢開口了。你的才幹確實比他們略勝一籌，但這麼一來，朋友將逐漸離開你。這對你又有什麼益處呢？」

　　老朋友的這番話使蕭伯納如夢初醒，他感到如果不收斂鋒芒，徹底改過，社會將不再接納他，又何止是失去朋友呢？所以他立下誓言，從此以後，再也不講尖酸的話了，要把天才發揮在文學上。這一轉變不僅奠定了他後來在文壇上的地位，同時也廣受各國敬仰。

　　任何人都希望能得到別人的肯定性評價，都是不自覺地強烈維護著自己的形象和尊嚴。如果他的朋友談話過分地顯示出高人一等的才幹和優越感，那麼無形之中就是對他自尊和自信的一種挑戰和輕視，排斥心理乃至敵意也就不自覺地產生了。

　　所以，你要是比別人多一些本事，不一定要張揚著讓他人

知道，時間會證明一切的。收斂鋒芒，韜光養晦，使你在與人共事時留下較大的迴旋餘地，是一種必要的自我保護，也是讓旁人敬佩的一種內在氣質。

◎別把自己太當回事

在美國紐約的一個既髒又亂的候車室裏，靠門的座位上坐著一個滿臉疲憊的老人，背上的塵土及鞋子上的污泥表明他走了很長的路。列車進站，開始檢票了，老人不緊不慢地站起來，準備往檢票口走。忽然，候車室外走來一個胖太太，她提著一隻很大的箱子，顯然也要趕這班列車，可箱子太重，累得她呼呼直喘。胖太太看到了那個老人，衝他大喊：「喂，老頭，你給我提一下箱子，我一會兒給你小費。」

那個老人想都沒想，拎過箱子就和胖太太朝檢票口走去。

他們剛剛檢票上車，火車就開動了。胖太太抹了一把汗，慶倖地說：「還真多虧你，不然我非誤車不可。」說著，她掏出一美元遞給那個老人，老人微笑地接過。這時，列車長走了過來：「洛克菲勒先生，請問我能為你做點什麼嗎？」

「謝謝，不用了，我只是剛剛做了一個為期三天的徒步旅行，現在我要回紐約總部。」老人客氣地回答。

「什麼？洛克菲勒？」胖太太驚叫了起來，「上帝，我竟讓著名的石油大王洛克菲勒先生給我提箱子，居然還給了他一美元小費，我這是在幹什麼啊？」她忙向洛克菲勒道歉，並誠惶誠恐地請洛克菲勒把那一美元小費退給她。

「太太，你不必道歉，你根本沒有做錯什麼。」洛克菲勒微笑著說道，「這一美元，是我掙的，所以我收下了。」說著，洛克菲勒把那一美元鄭重地放在了口袋裏。

真正的大人物，是那種身居高位仍然懂得如何去做平常人的人；真正的大人物，從來都是和平常人站在一起的人。他們從來都是虛懷若谷的，他們不會覺得自己腰纏萬貫而盛氣淩人，他們從來不會見人就喋喋不休地述說自己是如何成功和發跡的，他們也從不痛恨自己的同人是「居心叵測之人」，他們只是「不以物喜，不以物悲」，平和地去幹著自己分內的事情。

◎姿態放低點，架子擺小些

好的名聲，是靠個人的修養、品質、業績和成就換來的，而不是擺架子擺出來的，架子是一種無聊的、騙人的東西。真正有品質、業績和成就的人，絕不會刻意追求架子，事實上，刻意追求架子的人也不可能真正有所作為。

在科學領域，愛因斯坦絕對算得上是一個大腕，也有資格擺架子，但據說大科學家愛因斯坦的著裝和修飾非常簡樸，日常生活不修邊幅，以至於有次去參加演講時，負責接待工作的人把他的司機當成了他本人，而把他當成了司機。這雖說是個笑話，可也反映了大科學家愛因斯坦不擺架子、低調做人的姿態。

愛因斯坦從不擺世界名人的架子。他吃東西非常隨便，外出時常坐二三等車，推導和演算公式常利用來信信紙的背面。

並且，他還經常穿著涼鞋和運動衣登上大學講壇，或出入上流社會的交際場合。有一次，總統接見他，他居然忘記了穿襪子，但這並不影響他的偉大形象。

愛因斯坦初到紐約時，身穿一件破舊的大衣。一位熟人勸他換件新的，他卻十分坦然地說：「這又何必呢？在紐約，反正沒有一個人認識我。」

過了幾年之後，愛因斯坦已成了無人不曉的大名人，這位熟人又遇到了愛因斯坦，發現他身上還是穿著那件舊大衣，便又勸他換件好的。誰知愛因斯坦卻說：「這又何必呢？在紐約，反正大家都認識我。」

可見，一個人的名聲，並不是穿件漂亮的衣服就能得來的，只要你為社會做出了貢獻，就會贏得大家的愛戴，贏得好的口碑。

心得欄

- -

- -

- -

- -

- -

- -

第 *3* 章

處世上要低調

千萬不要處處表現出你的聰明，好像只有你是對的，而別人都是錯的。當你總是比別人聰明的時候，就沒有人把你當一個聰明人看了，你的聰明才智也很難得到發揮。

◎人在屋簷下，一定要低頭

「人在屋簷下，不得不低頭」的意思說的是人處在困境的時候，不能不低頭退讓。但處於屋簷下，不同的人可能會採取不同的態度。有志者，屋簷下低頭是為了將此當作磨煉自己的機會，不斷豐富、充實自己，以圖將來東山再起，而絕不會消極乃至沉淪；那些經不起困難和挫折的人，往往會徹底失去希望，畏縮不前，不願去克服眼前的困難，只是一味地怨天尤人、聽天由命，是真正的低頭。

隋朝的時候，隋煬帝十分殘暴，各地農民起義風起雲湧，隋朝的許多官員也紛紛倒戈，轉向農民起義軍。隋煬帝的疑心很重，對朝中大臣，尤其是外藩重臣，更是易起疑心。

唐國公李淵(即唐高祖)曾多次擔任中央和地方官，所到之處，悉心結納當地的英雄豪傑，多方樹立恩德，因而聲望很高，許多人都來歸附。這樣，大家都替他擔心，怕遭到隋煬帝的猜忌。

正在這時，隋煬帝下詔讓李淵到他的行宮去覲見。李淵因病沒有去，隋煬帝很不悅，多少有點猜疑之心。當時，李淵的外甥女王氏是隋煬帝的妃子，隋煬帝向她問起李淵未來朝見的原因，王氏回答說是因為病了，隋煬帝又問道：「會死嗎？」王氏把這消息傳給了李淵，李淵感到事態嚴重，就更加謹慎起來。

他清楚自己遲早會為隋煬帝所不容，但現在起事又時機不成熟，就只好縮頭隱忍，等待機會。於是，他故意廣收賄略，敗壞自己的名聲，整天沉湎於聲色犬馬之中，而且大肆張揚。隋煬帝知道後，果然放鬆了對他的警惕。試想，如果當初李淵不低頭，或者頭低得稍微有些勉強，很可能就被正猜疑他的隋煬帝所殺掉，那裏還會有後來的太原起兵和大唐帝國的建立？

做人「低頭」的目的是為了讓自己與現實環境有和諧的關係，把二者的摩擦係數降至最低；是為了保存自己的能量，走更長遠的路；更是為了把不利的環境轉化成對自己有利的力量，這是做人的一種權變，是更高明的生存智慧。

所謂的「屋簷」，說明白些，就是別人的勢力範圍，換句話說，只要你受這勢力的保護，那麼你就在別人的屋簷下了。別

人能容納你已是不錯了，你就得遵守人家的規矩，就會受到很多有意無意地排斥和限制，以及不知從何而來的壓力，這種情形任何人都會碰到，特別是想幹成一番事業的人更會碰到。所以，在人屋簷下的心態就有必要調整了。

只要你已經站在了別人的屋簷下，就一定要厚起臉皮低下頭，不必等旁人來提醒，更不用等撞到屋簷感覺到疼了才低頭。這是一種對客觀環境的理性認知，沒有絲毫勉強，所以根本不要難爲情或拉不下臉。與生存相比，臉面又值多少錢？在生存與臉面相矛盾時，生存還是第一！

「在人屋簷下，一定要低頭」有非常多的好處：不會因爲勉強低頭而碰破了頭；由於你非常自然地就低下了頭，而不致成爲明顯的目標；不會因爲沉不住氣而想把「屋簷」拆了，從而使自己受傷；不會因爲脖子太酸，忍受不了而離開能夠躲風避雨的「屋簷」。當然，離開不是不行，但要去那裏？這是一定得考慮的。而且離開後想再回來，那是很不容易的，誰都知道，回頭路不好走。在「屋簷」下待久了，就有可能成爲屋內的一員，甚至還有可能把屋內人趕出來，自己當主人。這是一種更高層次上的一定要低頭，是有意識地主動消隱一個階段。借這一階段來瞭解各方面的情況，消除各方面的隱患，積蓄自己的力量，爲將來的大舉行動做好前期的準備工作。

「人在屋簷下」是人生經常遇到的情況，它會以很多不同的方式出現，當你面對「屋簷」時，請不要說：「不得不」，而要告訴自己：「一定要低頭！」當然，頭不能白低，而是要在低頭中尋找智慧，創造機會。

◎必要時把功勞送給別人，把過錯留給自己

　　龔遂是漢宣帝時代一名能幹的官吏。當時渤海一帶災害連年，百姓不堪忍受饑餓，紛紛聚眾造反，當地官員鎮壓無效，束手無策，宣帝派年已 70 餘歲的龔遂去任渤海太守。

　　龔遂輕車簡從到任，安撫百姓，與民休息，鼓勵農民墾田種桑，規定農家每口種 1 株榆樹，100 棵荸白，50 棵蔥，一畦韭菜，養 2 口母豬，5 只雞。對於那些心存戒備，依然帶劍的人，他勸道：「幹嗎不把劍賣了去買頭牛？」經過幾年的治理，渤海一帶社會安定，百姓定居樂業，溫飽有餘，龔遂名聲大振。

　　於是，漢宣帝召他還朝，他有一個屬吏王先生，請求隨他一同去長安，說：「我對你會有好處的！」其他屬吏卻不同意，說：「這個人，一天到晚喝得醉醺醺的，又好大說，還是別帶他去為好！」

　　龔遂說：「他想去就讓他去吧！」

　　到了長安後，這位王先生終日還是沉溺在醉鄉之中，也不見龔遂。可有一天，當他聽說皇帝要召見龔遂時，便對看門人說：「去將我的主人叫到我的住處來，我有話要對他說！」

　　龔遂也不計較他一副醉漢狂徒的嘴臉，真來了。王先生問：「天子如果問大人如何治理渤海，大人當如何回答？」

　　龔遂說：「我就說任用賢才，使人各顯其能，嚴格執法，賞罰分明。」

　　王先生連連擺頭道：「不好！不好！這麼說豈不是自誇其功

嗎？請大人這麼回答：『這不是微臣的功勞，而是天子的神靈威武所感化！』」

龔遂接受了他的建議，按他的話回答了漢宣帝，宣帝果然十分高興，便將龔遂留在身邊，任以顯要而又輕閒的官職。

做臣下的，最忌諱自表其功，自矜其能，凡是這種人，十有八九要遭到猜忌而沒有好下場。

立了功，而不能正確對待，其實是很危險的事情。主管給你安個「居功自傲」的罪名，這就正中嫉妒你的同事的下懷。你不瞭解這種孤立無援的後果是不能自保的。

有些人自以為有功便忘了主管，特別容易招惹主管嫉恨。自己的功勞自己表白雖說合情，但卻不合人情的捧場之需，而且是很危險的事情。被別人比下去是很令人惱恨的事情，所以你的主管被你超過，這對你來說不僅是蠢事，甚至於產生致命的後果。

在處理上下級關係時，一定要注意這樣一個鐵的規則：「聰明要讓上司顯」，用一句通俗的話來解釋，就是出頭露臉的好事要歸上司。這樣做，肯定是好處多多，受益無窮。反之，作為下屬，如果你和上司交往時咄咄逼人，不知道給上司面子，就會引起上司的反感。更有甚者，把本該屬於上司的光芒硬往自己臉上貼，完全忘了自己的身份，老做一些「越位」的事，搶上司的「鏡頭」，難保不落個被「炒魷魚」的下場。

◎身價飆升時，別忘避害

人們大都重名利，成名使人有成就感，精神振奮。得利能夠使人有滿足感而心情愉悅，一般情況下，人們也懼怕災難，災難令人感情痛苦，心智受到傷害。所謂趨利避害是人的共同心理，無論是君子或是小人，在這一點上其實都是一樣的，只不過有的人在功成名就時仍然「夾起尾巴做人」從而趨利避害；而有些人則一副志得意滿、天下唯我獨尊的姿態，這樣的人就是典型的見利忘害。真正的處理高手，在自己得勢時也不會咋咋呼呼。

清朝末年的恭親王奕訢懂得個中道理，因此在血雨腥風、瞬息萬變的政治風雲中，不但能保全性命，而且官越做越大，地位也越來越鞏固。

奕訢是道光帝第六子，咸豐帝同父異母弟，咸豐繼位後封其為恭親王。咸豐三年(1853 年)十一月七日入值軍機。咸豐七年授都統，翌年授內大臣。咸豐十年(1860 年)九月，英法聯軍進犯北京，咸豐皇帝於逃亡熱河時派奕訢「督辦和局」。奕訢認為「戰守均不足恃」，蓄意求和，「委曲遷就」。先後分別與英、法、俄簽訂《續增條約》，並批准中英、中法《天津條約》。

咸豐十一年夏，咸豐帝病死，奕訢與慈禧密謀策劃政變，處死端華、載垣、肅順等大臣。授議政王，再入軍機掌握權柄。

同治四年(1865 年)四月二日，奕訢受慈禧猜忌，被罷去議政王及一切職任。之後，奕訢的處世態度頓為大變，時時事事

謙虛謹慎。他特意命人仿製了一個周代的器，這個器若只倒入一半水，就可以保持平衡，若是放滿了水，則會傾倒，使全部的水都流失掉。奕訢便在器上親自刻了「謙受益，滿招損」的銘詞。

　　不久，奕訢又官復原職。1874 年，同治帝駕崩，無子嗣，慈禧太后召集王公大臣等宣佈說，欲立奕訢的兒子為皇帝。聽到自己的兒子被選立為皇帝，奕訢不但沒有絲毫的興奮，反而被嚇得昏倒在地，碰頭痛哭，被人挽扶而出。奕訢及其夫婦都深知慈禧太后氣量褊狹，待人兇猛無情，就是她的親生兒子同治帝也時常遭慈禧的責罵虐待，自己兒子一旦入宮，如入虎穴，不但兒子時刻有忤旨殺身之禍，就連他奕訢本人也難免為慈禧太后所疑忌。因為他的兒子做了皇帝，他本人就成了「皇帝本生父」了，本生父雖然與太上皇不同，但如果將來他的兒子大權在握，就有可能把他尊為太上皇，這就會損害了慈禧太后的權力，而慈禧太后恰恰權力慾極熾，是萬萬不能容忍的。

　　為了遠避嫌疑，表明自己的心跡，奕訢一面言詞悲憫地懇請罷免一切職務，表示要「喪盡餘生，與權無爭」；一面秘密地向慈禧太后呈遞奏摺說，將來很可能有人利用他是清光緒帝本生父的特殊地位，援引明朝皇帝「父以子貴，道遭所尊親」的例子，要求給他加些什麼尊號，如果是這樣的話，就應該將提建議的人視之為「奸邪小人，立加擯斥」。

　　巧合的是，光緒帝繼位第 15 年，果然有一個官員上疏清廷，請求尊奕訢為「皇帝父」。慈禧太后見疏大怒，拿出奕訢以前的奏摺為武器下諭痛斥此人，以邪說況進，風波很快平靜下

來了。

在中國的封建專制制度之下，伴君如伴虎，尤其是像奕訢這樣具有皇帝生父特殊身份的人，更容易遭到慈禧太后的猜忌，稍有不慎，就會大禍臨頭，奕訢謙虛謹慎，不以自己有功而大肆宣揚，不但保全了自家的性命，而且還贏得了慈禧太后的歡心。

由此可見，一個人要在複雜的社會上確保平安、謀求發展，就要處處小心謹慎，穩步前進，夾起尾巴做人。話雖然是粗俗了一些，但裏面包含的大道理，還需要慢慢去領悟。

三國時期曹操的著名謀士荀攸，智慧超越，謀略過人，他輔佐曹操征張繡、擒呂布、戰袁紹、定烏桓，為曹氏集團統一北方、建立功業，做出了重要貢獻。他在朝二十餘年，能夠從容自如地處理政治漩渦中上下左右的複雜關係，在極其殘酷的人事傾軋中，始終地位穩定，立於不敗之地，他能甘於淡泊緘默，所以才能躲避風雨。

曹操有一段話形象而又精闢地反映了荀攸的這一特別的謀略：「公達外愚內智，外怯內勇，外弱內強，不成善，無施勞，智可及，愚不可及，雖顏子、甯武不能過也。」可見荀攸平時十分注意週圍的環境，對內對外，對敵對己，迥然不同，參與軍機，他智慧過人，連出妙策，迎戰敵軍，他奮勇當先，不屈不撓。但對曹操、對同僚，卻不爭高下，表現得總是很謙卑、文弱、愚鈍、怯懦。

有一次，荀攸的姑表兄弟辛韜曾問及他當年為曹操謀取冀州的情況，他卻極力否認自己的謀略貢獻，說自己什麼也沒有

做。他為曹操「前後凡劃奇微十二」，史家稱讚他是「張良、陳平第二」，但他本人對自己的卓著功勳卻是守口如瓶，諱莫如深，從不對他人說起。他與曹操相處 20 年，關係融洽，深受寵信，從來不見有人到曹操處以讒言加害於他，也沒有一處得罪過曹操，使曹操不悅。建安十九年荀攸在從征途中善終而死，曹操知道後痛哭流涕，說：「孤與荀公達週遊二十餘年，無毫手可非者。」並讚譽他為謙虛的君子和完美的賢人。這都是荀攸避招風雨，精於應變的結果。

　　避招風雨的低調策略，初看起來好像比較消極。其實它並不是委曲求全，窩窩囊囊做人，而是通過少惹是非，少生麻煩的方式更好地展現自己的才華，發揮自己的特長。保命安身，還可以求得一個好的終結。

◎甘於卑微，自成尊貴

　　被公認為美國歷史上最偉大總統的林肯，當選總統的那一刻，令整個參議院的議員都感到尷尬，因為林肯的父親是鞋匠。

　　當時美國的參議員大部份出身貴族，自認為是上流、優越的人，從未料到要面對一個卑微的鞋匠兒子總統，於是，林肯首度在參議院演說之前，就有議員設計羞辱他。

　　在林肯站上演講台的時候，有一位態度傲慢的參議員站起來說：「林肯先生，在你開始演說之前，我希望你記住，你是一個鞋匠的兒子。」

　　所有議員都大笑起來，為自己雖然不能打敗卻能羞辱他而

開懷不已。

林肯等到大家的笑聲停止，他說：「我非常感謝你使我想起我的父親，他已經過世了，我一定會記住你的忠告，我永遠是鞋匠的兒子，我知道我做總統永遠無法像我的父親作鞋匠那樣好。」

參議院陷入一片靜默裏，林肯轉頭對那個傲慢的參議員說：「就我所知，我父親以前也為你的家人做鞋子，如果你的鞋子不合腳，我可以幫你改正它，雖然我不是偉大的鞋匠，但是我從小跟隨我父親學會做鞋子的藝術。」

然後他對所有的參議員說：「對參議院的任何人都一樣，如果你們穿的那雙鞋是我父親做的，而它需要修理或改善，我一定盡可能幫忙，但是有一件事是可以確定的，我無法像他那麼偉大，他的手藝是無人能比的。」說到這裏，林肯流下了眼淚，所有嘲笑聲全部都化成了讚歎的掌聲。

尊貴不會因曾經的卑微而丟臉或掉價，相反以卑微起身會給遲來的尊貴鍍上一層更加耀眼的光芒。任何人都不必為卑微而羞慚和懊惱，重要的是能否潛心修煉，走出卑微。只有不甘於卑微者，才能有幸走上人生的前台，找到開啟尊貴之門的金鑰匙。

◎說話時要放低姿態

說話時放低姿態是一種藝術，特別是當對話的雙方地位懸殊時，地位高者採用適當的低姿態會滿足普通人的自尊心理需

求，這樣的講話方式理所當然地會受到對方的歡迎。

美國有位總統，在慶祝自己連任時開放白宮，與一百多位朋友親切「會談」。

「小時候那一門功課最糟糕，是不是也挨老師的批評？」小約翰問總統。

「我的品德課不怎麼好，因為我特別愛講話，常常干擾別人學習。老師當然要經常批評的。」總統告訴他說。

總統的回答，使現場氣氛非常活躍。

後來有一位叫瑪麗的女孩，她來自芝加哥的貧民區。她對總統說，她每天上學都很害怕，因為她害怕路上遇到壞人。

此時，總統收起笑容，嚴肅地說：「我知道現在小朋友過的日子不是特別如意，因為有關毒品、槍支和綁架的問題，政府處理得不理想，我希望你好好學習，將來有機會參與到國家的正義事業之中。也只有我們聯合起來和壞人作鬥爭，我們的生活才會更美好。」

這位總統緊緊抓住了小朋友的心，使小朋友在心裏面認為總統和他們是好朋友。即使場外的大人們看到這樣的對話場面，也會感到總統是一個親切的人。

總統告訴小朋友們，自己的過去和他們一樣，也常被老師批評，但只要經過自己的努力，也會成長為有用的人。總統在認同小朋友對社會治安擔心時，還鼓勵小朋友參與正義事業，因為那樣正義者的力量會更大。

總統放低姿態的談話方式使小朋友們發現，總統和他們之間沒有任何距離，也像他們一樣是普通人，是可親近的、可以

信賴的「大朋友」。

大人物和普通人說話時放低姿態，不僅拉近了雙方的距離，而且更容易溝通，更容易讓對方從心理上接受自己。

身在職場處於優位時，自然是可喜可賀的事。如果別人一奉承，你就馬上陶醉而喜形於色，這就會無形中加強別人的嫉妒心理。所以，面對同事的贊許恭賀，應謙和有禮、虛心，這樣不僅能顯示出自己的君子風度，淡化同事對你的嫉妒心理，還能博得同事對你的敬佩。

「小高畢業一年多就提升為業務經理，真了不起，大有前途呀！祝賀你啊！」在外單位工作的朋友小秦十分欽佩地說。

「沒什麼，沒什麼，老兄你過獎了。主要是我們這兒水土好，同事們抬舉我。」小高見同一年大學畢業的小趙在辦公室裏，便壓抑著內心的欣喜，謙虛地回答。

小趙雖然也嫉妒小高被提拔，但見他這麼謙虛，也就笑盈盈地主動招呼小高的朋友小秦：「請坐啊！」

不難想像，小高此時如果說什麼「憑我的水準和能力早可以提拔了」之類的話，那麼小趙不妒忌才怪呢。

在辦公室裏，面對別人的贊許恭賀，應謙和有禮、虛心，這樣才能顯示出自己的君子風度，淡化別人對你的嫉妒心理，維持和諧良好的人際關係。

◎度量寬，得理更饒人

在現實生活中，有些人常為一些雞毛蒜皮的小事爭得面紅

耳赤，誰都不肯甘拜下風，以致大打出手，造成很壞的後果，不好收拾。事後靜下心來想想，當時若能忍讓三分，自會風平浪靜，相安無事，小事化無。事實上，有理的人越是表現得謙讓，越能顯示出他胸襟坦蕩，富有修養，反而更能讓他人欽佩。

中國漢朝時有一位叫劉寬的人，為人寬厚仁慈。他在南陽當太守時，小吏、老百姓做錯了事，他只是讓差役用蒲鞭責打，表示羞辱，此舉深得人心。劉寬的夫人為了試探他是否像人們所說的那樣仁厚，便讓婢女在他和屬下集體辦公的時候捧出肉湯，裝作不小心的樣子把肉湯潑在他的官服上。要是一般的人，必定會把婢女責打一頓，即使不如此，至少也要怒斥一番。而劉寬不僅沒發脾氣，反而問婢女：「肉羹有沒有燙著你的手？」由此足見劉寬為人寬容之度量確實超乎一般人。

還有一次，有人曾經錯認了他駕車的牛，硬說為劉寬駕車的牛是他的。這事要是換了別人，不將那人拿到官府去治罪，也要狠揍他一頓不可，可劉寬什麼也沒說，叫車夫把牛解下來給那人，自己步行回家。後來，那人找到自己的牛，便把那牛還給劉寬，並向他賠禮道歉，而劉寬非但沒責備那人，反而好言安慰了他一番。

這就是有理讓三分的做法。劉寬的度量可謂不小，他感化了人心，也贏得了人心。

有些人一旦陷入爭鬥的漩渦，便不由自主地焦躁起來，不僅是為了面子，有時也是為了利益，因此一旦自己得了「理」，便不肯饒人，非逼得對方承認自己的錯誤不可。然而「得理不饒人」雖讓你吹著勝利的號角，但這也同時埋下了下次爭鬥的

種子。因爲這對「戰敗」的對方也是一種面子和利益之爭，他當然要伺機「討」還。

在這種時候，我們爲什麼就不能像劉寬那樣，即使自己有理也讓別人三分呢？其實，「得饒人處且饒人」，方是人生的糊塗境界，對於雞毛蒜皮的小事，又有什麼想不開的？

范仲淹心地善良仁德，他曾說：我一生所學的只有「忠恕」二字，但受用無盡，以至於在朝廷之中輔佐君主，招待幕僚、朋友、親戚、家人等從不曾有一刻離開這兩個字。范仲淹又告誡他的子弟：「人那怕十分愚笨，指責別人時則又十分聰明，那怕十分聰明，寬恕自己時卻又糊塗了，你們只要常常用責怪別人來責怪自己，用寬恕自己的心意來寬恕別人。不怕不可以成爲聖賢的人。」

武則天當皇帝後，受到了唐王宗室和一些舊大臣的激烈反對，最先是老臣揚州司馬徐敬業，他請唐初四傑之一的駱賓王爲他寫了討伐武則天的檄文，從政治、作風到私人生活，將武則天說得一無是處，罵得狗血噴頭。

武則天看著數落她「狐媚惑主、豺狼成性、殺姊屠兄、弒君鴆母」等文字，只是微微一笑。她對文武大臣說：「駱賓王這樣罵我，太過分了。但這個人確有才華，應該把這樣的人招撫過來。」於是，武則天派人想辦法去找駱賓王，駱賓王因不貪戀榮華富貴，早就雲遊四海去了。

在與他人相處的過程中，人們常常會因爲對事物的理解不一，個性、愛好、脾氣、要求不同，以及價值觀念的差異而產生矛盾或衝突，此時我們應記住一位哲人的話：「航行中有一條

規律可循，操縱靈敏的船應該給不太靈敏的船讓道。」其實，在生活中也應遵循這條規律。

因此，做一個肯理解、容納他人優點和缺點的人，才會受到他人的歡迎。相反，那些對人吹毛求疵，沒完沒了地又批評又說教的人，是不會擁有親密的朋友的，也不會受到更多人的擁戴。

謙讓、寬容是一種修養，一種氣度，一種德行，更是一種處世的學問。如果我們都具有了這種寬容忍讓的心態，我們與他人之間的關係就會變得更加和諧和美好。

◎給別人面子，並要給得自然

人都愛面子，你給他面子就是給他一份厚禮。你給別人一個面子就相當於承認別人比自己尊貴，比自己佔分量，比自己有面子，他領了情，日後也一定會對你做出相應的回報。可以說，這是人際交往中不可或缺的規則。反過來，無論你採取什麼方式指出別人的錯誤——一個蔑視的眼神，一種不滿的腔調，一個不耐煩的手勢，都有可能帶來極為不利的後果。你以為他會接受你的意見嗎？絕對不會。因為你否定了他的建議、主張和判斷力，打擊了他的榮耀和自尊心，同時還傷害了他的自尊、自信和感情。他非但不會改變自己的看法，還要進行反擊，與你一爭高下，因為他覺得自己很沒有面子。

從前有一顯宦，公餘之暇，喜歡下棋，自負是國手，某甲在其門下做一名食客。有一天某甲與該顯宦對弈，一出手便表

現出咄咄逼人之勢，該顯宦知是勁敵。比賽到後來，竟逼得該顯宦心神大亂，汗涔涔而下。某甲見對方焦急的神情，格外高興，故意留一個破綻，給該顯宦發現了，立即進攻，滿以為可以轉敗為勝。誰知某甲突然使出殺手鐧，一子落盤，很得意地說道：「你還想不死嗎？」該顯宦正殺得興起，突遭此打擊，心中大為惱火，立起身來就走。據說該顯宦向來著意於修養，胸襟比普通人寬大，但也覺得顏面大失，頗為不快。因此對某甲始終耿耿於懷。

而在某甲呢，還是莫名其妙，他始終不懂得為什麼該顯宦不再與他下棋。該顯宦本能使某甲飛黃騰達，為了這一點不快，老是不肯提拔他，某甲只好鬱鬱不得志，以食客終其身。也許他要自歎命薄，誰知是忽略了對方的自尊心，抑制不住自己的好勝心，傷了對方面子，小過失鑄成了終身大錯。

掉了面子，有些人會認為是「奇恥大辱」，會一直耿耿於懷，隨時找機會進行報復。所以，一般人際交往千萬不能傷害別人的自尊。這個故事旨在教訓我們，在無關得失的小事中，總要讓對方一步，這當然不是為了博得對方的歡心，作升官發財的階梯，而在於獲得多方面的好感，給人面子，給自己多留一些餘地，使自己不會因小事而受到不必要的損害。

事實上，給人面子並不難，大家都在人性叢林裏討生活，給人面子基本上就是一種互助。尤其是一些無關緊要的事，你更要會給人面子。也就是說，給人面子是聯絡感情的最好方法。

當然，給別人面子一定要自然，不要讓對方明白，這是你有意使然，否則便顯得你很虛偽，別人對這種面子也不會感興

趣。其中最難的是，起初你還能以理智自持，到後來，或許感情一時衝動，好勝之心勃發，擔心自己沒有珍惜體現自身價值的機會而不肯讓步，也是常有的事。當你有意無意間在語氣上、舉止上流露出故意讓步的意思時，那就白費心機了。

　　古代的項羽兵敗後自感「無顏見江東父老」，於是自刎烏江，為了面子，連命都不要了。因為面子代表著尊嚴與榮耀，有面子才能被別人看得起，才能表明他的優越感。所以，在人際交往中，給人面子應成為自己處身立世的自覺行動，這樣才能實現它的真正意義，否則便違背了人情帳戶的操作規則。

◎要比別人聰明，但不要表現出來

　　當羅斯福入主白宮的時候，他坦然承認如果他的判斷有75%是對的，那麼他就覺得十分滿意了。

　　羅斯福的坦承其實是證明了他的聰明之處，他不願意在眾人面前承認他的聰明，他不願意給別人自以為是的印象。他已經成功了，他不想讓自己的成功在瞬間消失，他需要獲得所有人的好感。

　　有的時候，獲得別人的好感就在於，你不要比別人更聰明，不管事實上你是不是真的聰明，總之，不要以聰明人的姿態去面對別人，沒有人會服氣！正如詩人波甫所說：你在教人的時候，要好像若無其事一樣。事情要不知不覺地提出來，好像被人遺忘一樣。

　　住在紐約自由街的馬哈尼先生，以推銷一種與石油工業有

關的特種裝備為生。有一次，他接到了長島一位重要客戶的訂單，設計好的藍圖獲得了客戶的認可，已正式開始進行生產。不料，該客戶的朋友竟然斥責他犯下了嚴重的錯誤，他認為馬哈尼的設計有誤，並將其藍圖批評得一無是處。最後，這位客戶打電話痛斥馬哈尼，並聲稱要拒絕購買正在生產中的這批特種裝備。

馬哈尼仔細地將設計重新檢查了一遍，發現並沒有錯。他沒有直接反駁對方，而是親自去長島跑了一趟。那位客戶一見他進門，就暴跳如雷地喊了起來，罵了許久，才憤憤地跟馬哈尼說：「好吧！現在你打算怎麼辦？」

馬哈尼非常冷靜地說：「您是付錢買這種裝備的人，當然有權要求裝備完全合乎您的要求，這件事，總會有人負全部責任的。如果您確定我的設計有錯，雖然目前已投下了 2000 美金，但我們仍將停止生產，只要能取悅顧客，我們絕不會吝惜這 2000 美金的損失。但反過來說，如果我們的設計，事實上完全合乎您的要求，那麼希望您也能扛起您的責任。」

結果對方告訴馬哈尼：「好吧，你繼續生產下去吧！」

盡力控制自己的情緒，讓自己不當場發脾氣。因為發脾氣也於事無補，還會損失一個大客戶。當場道出別人的錯誤是沒有好處的，馬哈尼非常聰明地意識到了這一點，所以最後他贏了。

當我們犯錯的時候，也許會在心裏承認。自然，假如別人的態度溫和一些，或做一些技術性處理，我們也會向他們認錯，甚至表現出自己的坦白。但是，假如對方有意讓你難堪，那麼

我們就很難去承認錯誤。

　　同樣，如果你指出別人的錯誤過於直率，再好的意見也不會被對方接受，甚至會讓對方產生很大的抵觸情緒。

　　千萬不要處處表現出你的聰明，好像只有你是對的，而別人都是錯的。當你總是比別人聰明的時候，就沒有人把你當一個聰明人看了，你的聰明才智也很難得到發揮。

◎多些謙虛和隨和，少些教訓和譏諷

　　每個人都有自己的尊嚴和面子，希望別人尊敬和禮待，即使自己犯了錯，也希望別人能心平氣和，合情合理地教導，而不願聽到咄咄逼人的教訓、責難。所以，我們在說話的時候要講究平易、和善，多一些關愛、謙虛和隨和，少一些教訓、責難和譏諷。

　　林肯總統喜歡走出辦公室，到民眾中去。而他在白宮的辦公室，門總是開著，任何人想進來談談都受歡迎，他不管多忙也要接見來訪者。

　　林肯總統不願意在他和民眾之間拉開距離，這使保衛工作頗不好做。他也常抱怨那些忠心執行職責的保衛人員：「讓民眾知道我不怕到他們當中去，這一點是很重要的。」他先這樣說，接著就開始躲避他的衛兵或命令他們回到陸軍部去。他不願意成為白宮辦公室的囚徒，他保持著最高行政官所不尋常的靈活性。

　　1861年，林肯在白宮外面度過的時間要比在白宮多。他常

常不顧總統禮節，在內閣部長正在主持會議時闖進去。他不願坐在白宮，當他無法從白宮脫身時，他打開白宮辦公室的門，讓政府官員、商人、普通市民們沿著行政冒邸的圍牆排著隊去見他。林肯很少拒絕人，甚至對有的人還鼓勵他們來訪。1863年，林肯寫信給印第安那州的一個公民：「對來見我的人們，我一般不拒絕見他們；如果你來的話，我也許會見你的。」

他曾說：「告訴你，我把這種接見叫做我的『民意浴』——因為我很少有時間去讀報紙，所以用這種方法搜集民意，雖然民眾意見並不是時時處處令人愉快，但總的來說，其效果還是具有新意、令人鼓舞的。」

林肯說「民意浴」，縮短了他與下屬、與人民的距離，加深了彼此的感情，激發了人民參與國事的主動性和積極性，利民利國。

言行舉止是內在修養的外在表現。一個內在修養好的人，其言行舉止自然中規中矩、合情合理，不會躍常失態、任意妄為。古今中外，大凡有高深修養的人士無不如此。他們在平時能做到言語不出格，當成就了事業之後，更從言行上嚴格要求自己。

李世民當了皇帝後，長孫氏被冊封為皇后。當了皇后，地位變了，她的考慮更多了。她深知作為「國母」，其行為舉止對皇上的影響相當大。因此，她處處注意約束自己，處處做嬪妃們的典範，從不把事情做過頭。她不尚奢侈，吃穿用度，除了宮中按例發放的，不再有什麼要求。她的兒子承乾被立為太子，有好幾次，太子的乳母向她反映，東宮供應的東西太少，不夠

用，希望能增加一些。她從不把資財任情揮霍，對東宮的要求堅決沒有答應。她說：「做太子最發愁的是德不立，名不揚，那能光想著宮中缺什麼東西呢？」她不干預朝中政事，尤其害怕她的親戚以她的名義結成團夥，威脅李唐王朝的安全。

李世民很敬重她，朝中賞罰大臣的事常跟她商量，但她從不表態，從不把自己看得特別重要。皇上要委她哥哥以重任，她堅決不同意。李世民不聽，讓長孫皇后的哥哥長孫無忌做了左武大將軍、吏部尚書、右僕射，皇后派人做哥哥工作，讓他上書辭職。李世民不得已，便答應授長孫無忌為開府儀同三司，皇后這才放了心。此後的朝政官任中，長孫無忌也經常受到皇后的教導，成為一代忠良。

一個人最重要的是保持一顆平常心，落魄也好，顯達也罷，總能以平和的心態、得體的言語為人處世。也只有如此低調、智慧做人，才能為自己營造出更溫馨的生存空間和更融洽的人際環境。相反，喜歡說大話、吹牛皮、翹尾巴、抖精神、擺架子、耍威風、張揚賣弄、神氣十足的人，到頭來只能淹沒在別人鄙夷的目光中，承受更多的社會心理的齟齬和輿論的輕蔑。

◎留餘地給別人，就是未來留餘地給自己

古人云：「處事須留餘地，責善切戒盡言。」留餘地，就是不把事情做絕，不把事情做到極點，於情不偏激，於理不過頭。這樣，才會使自己得到最完美無損的保全。在平時的工作與生活中，給別人留有餘地，同樣是一種可以幫你成功的美德。

戰國時，楚莊王賞賜群臣飲酒，他的寵姬作陪。日暮時正當酒喝得酣暢之際，燈燭被風吹滅了。這時有一個人因垂涎於楚莊王美姬的美貌，加之飲酒過多，難以自控，便趁燭滅混亂之機，抓住了美姬的衣袖。

美姬一驚，奮力掙脫，並順勢扯斷了那人頭上的繫纓，私下對楚莊王說要查明此事，並嚴懲此人。莊王聽後沉思片刻，心想：「賞賜大家喝酒，讓他們喝酒而失禮，這是我的過錯，怎麼能為女人的貞節而辱沒將軍呢？」於是命令左右的人說：「今天大家和我一起喝酒，如果不扯斷繫纓，說明他沒有盡歡。」於是群臣一百多人都扯斷了帽子上的繫纓，待掌燈之後，大家繼續熱情高漲地飲酒，一直飲到盡歡而散。

過了三年，楚國與晉國打仗，有一個臣子常常衝在前邊，最後打退了敵人，取得了勝利。莊王感到驚奇，忍不住問他：「我平時對你並沒有特別的恩惠，你打仗時為何這樣賣力呢？」他回答說：「我就是那天夜裏被扯斷了帽子上繫纓的人。」

正因為楚莊王給臣子留了餘地，才換來了下屬的忠心耿耿。

留餘地，其實包含兩方面的意思：一方面，給別人留餘地，無論在什麼情況下，也不要把別人推向絕路，萬不可逼人於死地，迫使對方做出極端的反抗，這樣一來，事情的結果對彼此都沒有好處。另一方面，給自己留餘地，讓自己行不至絕處，言不至於極端，有進有退，以便日後更能機動靈活地處理事務，解決複雜多變的問題。

日本松下公司的創始人松下幸之助以其管理方法先進，被商界奉為神明。他就善於給別人留有餘地。後騰清一原是三洋

公司的副董事長，慕名而來，投奔到松下的公司，擔任廠長。他本想大有作為，不料，由於他的失誤，一場大火將工廠燒成一片廢墟，給公司造成了巨大的損失。後騰清一十分惶恐，認為這樣一來不僅廠長的職務保不住，還很可能被追究刑事責任，這輩子就完了。他知道松下幸之助從不姑息部下的過錯，有時為了一點小事也會發火。但這一次讓後騰清一感到欣慰的是松下連問也不問，只在他的報告後批示了四個字：「好好幹吧！」松下的做法深深地打動了後藤清一的心，由於這次火災發生後沒有受到懲罰，他心懷愧疚，對松下更加忠心效命，並以加倍的工作來回報松下。

松下幸之助給下屬留有了餘地，也給自己公司留下了更快發展的餘地。人都有求生存求發展的本能，如果有百條生存之路可行，在競爭中給他斷去 99 條，留一點餘地給他，他也不會跟你拼命。倘若連他最後一條路也斷了，那麼，他一定會揭竿而起，拼命反抗。想一想，世界之大，何必逼人無奈，激人至此呢？給別人留餘地，本質上也是給自己留餘地。斷盡別人的路徑，自己的路徑亦危；敲碎別人的飯碗，自己的飯碗也脆。

不給別人留餘地，就等於伸手打別人耳光的同時，也在打自己的耳光。人生就是這樣，不讓別人為難，不讓自己為難，讓別人活得輕鬆，讓自己活得自在，這就是留餘地的妙處。給別人留有餘地，他一定會感激你，協助你，這也就等於給了自己一次成功的機會。

◎用謙讓化解矛盾

漢文帝是漢高祖的庶子，被封為代王。他為人仁慈寬厚，當殘暴篡權的呂後死後，朝中擁戴文帝繼位。

一天，漢文帝升殿，發現丞相陳平沒上朝，他問道：「丞相陳平為何不來？」

站在下面的太尉周勃站出來說道：「丞相陳平正在生病，體力不支，不能叩見皇上，請皇上原諒。」

漢文帝心裏納悶，昨日還見他身體好好的，怎麼今天就病了？不過他不動聲色，只是說：「好，知道了，退下。」

退朝後，漢文帝想派人去請陳平，但又一想，陳平是開國老臣，自己應當把他當作父親一樣對待。於是文帝便到後宮換上平日穿的家常便服，到陳平家去探視。

陳平在家躺著看書，見漢文帝來慌忙起身行禮。漢文帝急忙把他扶起，說：「不敢，朕視卿為父親，以後除了在朝廷上，其他場合一律免除君臣之禮。」

漢文帝掃視一下屋裏的陳設，又說：「今天聽太尉說您病了，特地前來探望，不知是否請過御醫診視？你年歲大了，有病可不要耽擱呀！」

文帝如此關懷，使陳平非常感動。他覺得不能再隱瞞下去了，對文帝講了心裏話：「皇上太仁慈了，可我對不起皇上的一片愛臣之心，我犯了欺君之罪呀！」並借此機會欲把相位讓給周勃的想法說了出來。

漢文帝問:「為什麼?」陳平就把他讓相的理由說出來了。呂後死後,諸呂結黨,欲謀叛亂,丞相陳平與太尉周勃,共商大計,終於滅掉諸呂奪取政權。陳平認為新帝繼位,應記功晉爵。周勃消滅呂氏集團,功勞比自己大,自己應該把丞相的位子讓給周勃。

陳平把這一切都對文帝說清之後,又誠懇地說:「高祖在時,周勃的功勞不如我;誅滅諸呂時,我的功勞不如太尉。所以我願意把相位讓給他,請皇上恩准。」

文帝本來不知消滅諸呂的細節,他是在諸呂倒台後,才被陳平和周勃接到長安的。聽了陳平的解釋,才知周勃立下了大功,便同意了陳平的請求,任命周勃為右丞相,位居第一,任陳平為左丞相,位居第二。

一天上朝時,文帝問右丞相周勃:「現在一天的時間裏,全國被判刑的有多少人?」周勃說不知道。

文帝又問:「全國一年的錢糧有多少,收入有多少支出有多少?」周勃還是回答不上來,感到慚愧至極,無地自容。

文帝看周勃答不出來,就問左丞相陳平:「陳丞相,那你說呢?」

陳平不慌不忙地回答說:「您要想瞭解這些情況,我可以給您找來掌管這些事的人。」

文帝問:「那麼誰負責管理這些事呢?」

陳平回答:「陛下要問被判刑的人數,我可以去找廷尉,要問錢糧的出入,我可以找治粟內史,他們會告訴您詳細的數字。」

文帝有些不高興,臉色沉下來說道:「既然什麼事都各有主

管，那麼丞相應該管什麼呢？」

陳平毫不猶豫地回答：「每個人的能力是有限的，不能事無巨細，每事躬親。丞相的職責，上能輔佐皇帝，下能調理萬事，對外能鎮撫四夷、諸侯，對內能安定百姓。丞相還要管理大臣，使每個大臣能盡到自己的責任。」

陳平回答得有條不紊，文帝聽了覺得有道理，連連點頭，露出滿意的笑容。

站在一旁的周勃如釋重負，十分佩服陳平能言善辯，輔政有方，深感自己是個武夫，才幹在陳平之下。他想，自己雖說平定諸呂有功，但是輔佐皇帝，處理國政方面的才能比起陳平差遠了，為了國家百姓著想，還是應該讓陳平做丞相。於是周勃也假稱有病，向文帝提出辭呈。

漢文帝非常理解周勃的心情，批准周勃的辭呈，任命陳平為丞相(不再設左丞相)。陳平輔佐文帝，勵精圖治，促成了漢朝中興。

陳平和周勃兩位老臣，都是漢朝開國元老，卻「虛己盈人」，互讓相位，光彩照人。他們如何不為己利，從國家社稷著想，謙虛相讓，很值得今人學習。

做人境界之高低，往往體現在處理矛盾的不同方法上，有人善於化解矛盾，有人善於激化矛盾。大家同在一片藍天下，難免時有矛盾發生，而矛盾最多也是最激烈的，往往是爭利奪位，有時甚至是爭得勢不兩立、不共戴天。其實這種人實在是鑽了牛角尖，人生短短幾十年，能夠在一起，也是一種緣分，何必爭來爭去鬧得大家都不愉快呢？即使要為合理的東西去爭

奪，也必須講究策略。也許有人會說，「你是站著說話不腰疼，碰到難受的事，你來試一試？」其實，有些東西即使你費盡九牛二虎之力，你也爭奪不來的，反而兩敗俱傷，最重要的是誤了你的「下一步」。

聰明人總以自己的能力為基礎，懂得「力所不及」和「過極」的辯證法則。有些事情，你以謙讓為做人之本，才能保全自己、成全自己。否則你非要與強手較勁，只能兵敗如山倒。

心得欄

第 *4* 章

大智若愚，難得糊塗

最低調者，莫過於那些大智若愚的人。

大智若愚的人，憨厚敦和，平易近人，虛懷若谷，不露鋒芒，甚至有點木訥，有點遲鈍，有點迂腐；大智若愚的人，寵辱不驚，遇亂不躁，看透而不說透，知根卻不亮底。大智若愚的人，大智在內，若愚在外，將才華隱藏很深，給人一副混沌糊塗的樣子。實際上，他們用的是心功。

大智若愚是基於東方傳統文化而催生的一種智慧人生境界。達此境界者，退可獨善其身，進可兼濟天下。

◎大勇若怯，大智若愚

不可否認，愚、拙、屈、訥都給人以消極、低下、委屈、無能的感覺，使人放棄戒懼或者與之競爭的心理。但愚、拙、

屈、訥卻是人為營造的迷惑外界的假象，目的是為了減少外界的壓力，或使對方降低對自己的要求。如果要克敵制勝，那麼可以在不受干擾、不被戒懼的條件下，暗中積極準備、以奇制勝，以有備勝無備；如果意圖在於獲得外界的賞識，愚鈍的外表可以降低外界對自己的期待，而實際的表現卻又超出外界對自己的期待，這樣的智慧表現就能格外出其不意，引人重視。「大智若愚」是在平凡中表現不平凡，在消極中表現積極，在無備中表現有備，在靜中觀察動，在暗中分析明，因此它比積極、比有備、比動、比明更具優勢，更能保護自己。

　　大智若愚在生活當中的表現是不處處顯示自己的聰明，做人低調，從來不向人誇耀自己、抬高自己，而做人原則是厚積薄發、寧靜致遠，注重自身修為、層次和素質的提高，對於很多事情持大度開放的態度，有著海納百川的心態，從來沒有太多的抱怨，能夠真心實在地踏實做事，對於很多事情要求不高，只求自己能夠不斷得到積累。很多時候，大智若愚伴隨的還有大器晚成，畢竟大智若愚要求的是不斷積累自己，就像玉坯不斷積累一樣，多年的積累所鑄就的往往是絕代珍品，出世的時候由於體積太大而需要精雕細琢，而不像外智那般的小玉一樣幾下子就可以雕琢出來，馬上能夠拿到市場賣個好價錢，然而，值得一提的是，大器晚成之後又往往都是無價之寶。

　　蕭何是劉邦的第一功臣，在漢高祖開創西漢王朝的大業中，蕭何忠貞不貳地追隨劉邦：他在豐沛起義中首任沛丞，劉邦屈就漢王時他任漢丞；西漢建國以後，他任漢皇朝的丞相，並享有「帶劍上殿，入朝不趨」的特權；在近三年的反秦戰爭

中，他贊襄帷幄，籌措軍需，直到打下咸陽進入漢中；在四年之久的楚漢戰爭中，蕭何在後方精心經營，保證了兵源和軍需的充足供應。總之，危難關頭，他多次力挽狂瀾，使劉邦絕處逢生，其中膾炙人口的故事有「咸陽清收丞相府」、「力諫劉邦就漢王」、「收用巴蜀，還定三秦」、「月下追韓信」、「制定九章律」、「誘捕淮陰侯」等。蕭何以其超人的智慧、胸襟和氣魄為西漢王朝的創建和穩固建立了不朽的功勳。

漢朝建國以後，劉邦的江山漸漸穩定了，事過境遷，而蕭何的功勞有那麼大，劉邦對他自然會猜忌和懷疑。漢十二年初，蕭何看到長安週圍人多地少，就請求劉邦把上林苑中的空閒土地交給無地或少地的農民耕種。本來是利國利民的一件小事，不料卻使劉邦龍顏大怒，以受人錢財為由，將蕭何關進大牢。困惑莫名的老丞相，出了監牢，才明白自己犯了「自媚於民」的錯誤。

淮南王英布造反，劉邦御駕親征，蕭何留守京城。戰爭中，劉邦不斷派使者回來，回來一次就一定要去見蕭何，問候蕭何。蕭何的幕僚警告他：「君滅族不遠矣。」蕭何一聽此言，如五雷轟頂，方明白自己已有了功高蓋主之嫌，再繼續做收攬民心的事情就必然引起皇帝的疑心，招來殺身之禍。於是，他就利用權勢以極低的價格強買民田民宅，激起民怨。終於使劉邦將他看作為子孫謀利，胸無大志的人物。劉邦回到京城，收到了一大堆平民百姓告蕭何的狀子，然後對蕭何放心了許多。

縱觀蕭何的一生，他大智若愚、忍辱負重、任勞任怨、克勤克儉、安撫天下，用心之良苦，鮮有與之比肩者。

　　蘇軾在《賀歐陽少師致仕啓》中說：「力辭幹未及之年，退托以不能而止，大勇若怯，大智若愚。」唐代的李贄也有類似觀點：「蓋眾川合流，務俗以成其大；土石並砌，務以實其堅。是故大智若愚焉耳。」中國古代的道家和儒家都主張「大智若愚」，而且要「守愚」。這都是在告訴我們要虛懷若谷、身藏不露，低調做人，不要處處顯示自己的聰明，不要向人炫耀自己、抬高自己，否則會引來嫉妒、排擠，甚至殺身之禍。

　　外智而內愚，實愚也；外愚而內智，大智也。外智者，工於技巧，慣於矯飾，常好張揚，事事計較。精明幹練，吃不得半點虧。內智者，外為糊塗之狀，上善斤斤計較，事事算大不算小，達觀，大度，不拘小節。智愚之別，實力內外之別，虛實之分。

◎裝傻是一種本領

　　在金庸筆下的《射鵰英雄傳》裏，大英雄郭靖就是一個「傻乎乎」的人，沒有心機、心術，沒有人生技巧與策略，然而，他學到了天下最高的武藝——「降龍十八掌」，成為頂天立地的武林高手。與之相比，他的伴侶黃蓉，雖然聰明，卻沒有郭靖那麼一股執著的傻勁兒，結果她只學到了撥弄「打狗棒」的粗淺功夫。可見，但凡取得大成就的人，正是那些精明而又不外露的人。

　　誰都希望自己聰明，聰明的人希望自己更加聰明，沒有人願意自己是個傻子。聰明不是壞事，但自以為聰明，總認為自

己了不起，往往就會做出「聰明反被聰明誤」的事情來，那可就是最愚蠢不過了。

看過《紅樓夢》的人是否會記住這句話：「機關算盡太聰明，反誤了卿卿性命。」這可謂是王熙鳳結局的大寫照。它告訴我們的生活哲理是：人聰明點是好事，太聰明就未必是好事了。雖然王熙鳳只是一個小說中的人物，可生活中倒真不乏這類角色：「嘴甜心苦兩面三刀，上頭一臉笑，腳下使絆子，明是一盆火，暗是一把刀。」

精明也要十分，只須藏在渾厚裏作用。古今得禍，精明者十居其九，未有渾厚而得禍者。今人之唯恐精明不至，乃所以為愚也。

人們常說：傻人有傻命。為什麼呢？因為人們一般懶得和傻人計較——和傻人計較的話自己豈不也成了傻人？也不屑和傻人爭奪什麼——贏了傻人也不是一件什麼光彩的事情。相反，為了顯示自己比傻人要高明，人們往往樂意關照傻人。因此，傻人也就有了傻命。

美國第九屆總統威廉·亨利·哈裏遜出生在一個小鎮上，他兒時是一個很文靜又怕羞的老實人，以至於人們都把他看成傻瓜，常喜歡捉弄他。他們經常把一枚五分硬幣和一枚一角的硬幣扔在他的面前，讓他任意撿一個，威廉總是撿那個五分的，於是大家都嘲笑他。

有一天一位可憐他的好心人問他：「難道你不知道一角要比五分值錢嗎？」

「當然知道，」威廉慢條斯理地說，「不過，如果我撿了那

個一角的，恐怕他們就再沒有興趣扔錢給我了。」

你說他傻嗎？

《紅樓夢》中的另一主要人物薛寶釵，其待人接物極有講究。元春省親與眾人共敘同樂之時，制一燈謎，令寶玉及眾裙釵粉黛們去猜。黛玉、湘雲一乾人等一猜就中，眉宇之間甚爲不屑，而寶釵對這「並無甚新奇」，「一見就猜著」的謎語，卻「口中少不得稱讚，只說難猜，故意尋思」。有專家們一語破「的」：此謂之「裝愚守拙」，因其頗合賈府當權者「女子無才便是德」之訓，實爲「好風憑藉力，送我上青雲」之高招。這女子，實在是一等一的裝傻高手。

真正的聰明人在適當的時候會裝裝傻。

明朝時，況鐘從郎中一職轉任蘇州知府。新官上任，況鐘並沒有急著燒所謂的三把火。他假裝對政務一竅不通，凡事問這問那，瞻前顧後。府裏的小吏手裏拿著公文，圍在況鐘身邊請他批示，況鐘佯裝不知所措，低聲詢問小吏如何批示為好，並一切聽從下屬們的意見行事。這樣一來，一些官吏樂得手舞足蹈，都說碰上了一個傻上司。

過了三天，況鐘召集知府全部官員開會。會上，況鐘一改往日愚笨懦弱之態，大聲責罵幾個官吏：某某事可行，你卻阻止我；某某事不可行，你又慫恿我。罵過之後，況鐘命左右將幾個奸佞官吏捆綁起來一頓狠揍，之後將他們逐出府門。

「裝傻」看似愚笨，實則聰明。人立身處事，不矜功自誇，可以很好地保護自己。即所謂「藏巧守拙，用晦如明」。

「愚不可及」這句話已經成爲生活中的常用語，用來形容

一個人傻到了無以復加的程度。但要是查一下出典，此話最早還出於孔子之口，原先並不帶貶義，反而是一種讚揚：「子曰：『甯武子，邦有道則知，邦無道則愚。其知可及也，其愚不可及也。』」（《論語‧公冶長》）

甯武子是春秋時代衛國有名的大夫，姓甯，名俞，武是他的諡號。甯武子經歷了衛國兩代的變動，由衛文公到衛成公，兩個朝代國家局勢完全不同，他卻安然做了兩朝元老。衛文公時，國家安定，政治清平，他把自己的才智能力全都發揮了出來，是個智者。到衛成公時，社會動亂，情況險惡，他仍然在朝做官，卻表現得十分愚蠢魯鈍，好像什麼都不懂。但就在這愚笨外表的掩飾下，他還爲國家做了不少事情。所以，孔子對他評價很高，說他那種聰明的表現別人還做得到，而他在亂世中爲人處世的那種包藏心機的愚笨表現，則是別人所學不來的。其實，真正學不到的是甯武子的那種不惜裝傻以利國利民的情操。

裝傻是一種大智慧、大謀略。大智若愚在生活當中的表現是不處處顯示自己的聰明，做人低調，從來不向人誇耀自己抬高自己，做人原則是厚積薄發，寧靜致遠，注重自身修爲、層次和素質的提高，對於很多事情持大度開放的態度，有著海納百川的心態。從來沒有太多的抱怨，能夠真心實意地踏實做事，對於很多事情要求不高，只求自己能夠不斷得到積累。

「難得糊塗」出自清代畫家鄭板橋的手筆，原文書法怪異而大氣，後加小字注爲「聰明難，糊塗難，由聰明轉入糊塗更難。放一著，退一步，當下心，安非圖，後福可報也。」

◎眼睛不妨「看不清」

人生在世，煩惱多過髮絲。而這些煩惱，不少是源於「看」——看到同事對上級的諂媚，看到妻子的對家務的敷衍，看到朋友在背後耍小聰明……「我」看見了，看清了，心理上自然有了抵觸與憤怒，行為上也很難抑制住對那些「不良」行為的討伐。可以想像，這種狀態下與同事、妻子、朋友之間的關係難免會緊張。

有些人在陷入人際關係不和諧的泥潭時，會嘗試控制自己對「不良」行為的討伐，試圖以此營造與外界和諧的美好氣氛。但這樣做的結果只有兩個。其一，為了維持表面的和諧，「我」陷入壓抑與克制自己真實內心之苦悶中，明明自己看不慣，還要假裝自己看得慣，不是委屈自己嗎？其二，當壓抑與克制到難以克制時，「我」會突然猛烈爆發，結果鬧出更大的不快。

在剛走向社會的時候，一般總喜歡把導致責任歸咎於他人，很少想自己那裏做得不對。

曾看到這麼一句話：如果你發現你身邊的一切都是錯的，那麼錯的一定是你自己。想想這句話，還真是有道理。於是他轉向一位和藹的長者討教為人處世的技巧。

長者聽完後，說：「年輕人啊，你的苦惱來自於你的視力太好了。」

長者哈哈地笑著繼續說：「你看，我現在是老花眼，看不清同事對上級的諂笑，看不清老婆子打掃的瑕疵，也看不清朋友

的小聰明，所以也就眼不見心不煩。」

　　原來，年長的人要比年輕人更平和淡定，是源於歲月洗禮下的「看不清」。而這種「看不清」，表像是視力的糊塗，實質是內心的明白——明白這個世界上永遠存在不盡如人意的地方，明白過細的較真兒只是令自己徒增煩惱。而內心一旦明白，其外在表現就糊塗了，接下來與外界也就和諧了。

　　古人云：甘瓜苦蒂，物不全美。又云：金無足赤，人無完人。俄國哲學家、作家車爾尼雪夫斯基有一句名言：「既然太陽上也有黑子，人世間的事情就更不可能沒有缺陷。」即使是太陽下也有陰暗的角落，人身邊的世界不可能總是那麼乾淨亮堂。夢中的情人也許會很完美，現實中的愛人卻多少有些缺陷或者缺點；廣告中的商品也許會很完美，真正用起來卻往往不盡如人意。四大美女夠完美了吧，但據有關史料表明：有「沉魚」之美的西施，耳朵比較小，有「落雁」之姿的王昭君，腳背肥厚了些，有「閉月」之顏的貂蟬有點體味，有「羞花」之容的楊玉環略胖了些……你要是看得太清楚了，豈不是一件大煞風景的蠢事？

　　在《紅樓夢》中，賈雨村進入智通寺時，在門前看到一副破舊對聯：身後有餘忘縮手，眼前無路想回頭。這無疑是一句睿智的醒世良言，想必寺裏住著的是一個「翻過筋斗來的」明白人，可當賈雨村進寺門後，他看到的不是一個容貌端詳、白鬚飄飄、言語睿智的高僧。而是一個「既聾且昏，齒落舌鈍，所答非所問」的煮飯老僧。這個老僧看上去是個明顯的糊塗之人。這時候，還真不知道那個是明白者，那個是糊塗人。

其實，世道之中，誰又能分得清那個是明白，那個是糊塗？

霧裏看花最美麗。事事要看得清清楚楚是一件痛苦的事，它就像是毒害我們心靈的毒藥。因爲這個世界本來是以缺陷的形式呈現給我們的，並不是完美的，過去不是、現在不是、將來也不是。我們如果事事清楚明白，那無疑是自討苦吃。

先哲老子極爲推崇「糊塗」。他自稱「俗人昭昭，我獨昏昏；俗人察察，我獨悶悶」。而作爲老子哲學核心範疇的「道」，更是那種「視之不見，聽之不聞，搏之不得」的似糊塗又非糊塗、似明白又非明白的境界。

◎耳朵不妨「聽不見」

呂端在做北宋參政大臣、初入朝堂的那天，有個大臣指手畫腳地說：「這小子也能做參政？」呂端佯裝沒有聽見而低頭走過。

有些大臣替呂端打抱不平，要追查那個輕慢呂端的大臣姓名，呂端趕忙阻止說：「如果知道了他的姓名，怕是終生都很難忘記，不如不知為上。」

呂端對付「記得」的招數，直接乾脆是「不聽」。沒有聽見，就無所謂記得不記得了。這個世界似乎很嘈雜，我們的耳膜裏總是充斥著各種各樣的聲音。有些聲音讓你開心，有些聲音讓你尷尬，有些聲音會讓你惱火……

有一位叫露絲的美國女士，她喜歡說的一句話是：「你說什麼我沒聽到哦。」這句話，給她的生活與事業帶來了雙豐收。

露絲在自己舉行婚禮的那天早上，她在樓上做最後的準備，這時，她的母親走上樓來，把一樣東西放在露絲手裏，然後看著她，用從未有過的認真對露絲說：「我現在要給你一個今後一定用得著的忠告，那就是：你必須記住，每一段美好的婚姻裏，都有些話語值得充耳不聞。」

說完後，母親在露絲的手心裏放下一對軟膠質耳塞。正沉浸在一片美好祝福聲中的露絲十分困惑，不明白在這個時候塞一對耳塞到她手裏究竟是什麼意思。但沒過多久，她與丈夫第一次發生爭執時，便明白了老人的苦心。「她的用意很簡單，她是用一生的經歷與經驗告訴我，人生氣或衝動的時候，難免會說出一些未經考慮的話，而此時，最佳的應對之道就是充耳不聞，權當沒有聽到，而不要同樣憤然回嘴反擊。」露絲說。

但對露絲而言，這句話產生的影響絕非僅限於婚姻。作為妻子，在家裏她用這個方法化解丈夫尖銳的指責，修護自己的愛情生活。作為職業人，在公司她用這個方法淡化同時過激的抱怨優化自己的工作環境，她告誡自己，憤怒、怨憎、忌妒與自虐都是無意義的，它只會掏空一個人的美麗，尤其是一個女人的美麗，每一個人都可能在某個時候會說出一些傷人或未經考慮的話。此時，最佳的應對之道就是暫時關閉自己的耳朵——你說什麼，我沒聽到哦……

明明聽到了，卻要說沒聽到，並做到「沒聽到」的境界，當然不是那麼容易。但正是因爲不容易，才區分出一個人情商的高低。你也許不能一下子就躍升到露絲的境界，但不妨從現在起、從對待身邊的人起，嘗試一次「聽不到」，再嘗試一次……

萬事開頭難，但開頭之後，再刻意堅持堅持，或許就「習慣成自然」了。

心理專家認為改掉舊習慣、養成新習慣只需要 28 天。也許你改掉喜歡計較他人說的話的習慣，只需要 28 次「聽不到」就可以養成新的習慣。不信，你試試。

心中太明白了，就犯糊塗了，再糊塗一些就明白了，再明白一些，又真糊塗了。真糊塗了，那才是大智慧呀。

◎往事不妨「記不得」

「對不起，我說過一定要賺 100 萬才回來見你，但是我沒有……」一對久別的戀人重逢，男的對女的這麼說。

「是嗎？我怎麼不記得了。」女的回答。

「我不應該指責你貪財，是我不對。」男的繼續懺悔。

「你有這樣的指責嗎？我怎麼不記得了。」女的回答。

男的一定是有過這樣的誓言與指責，但女的已經「不記得」了。無論他們之間的感情是否還在，「不記得」都是一種最好的回答。在「不記得」的基礎上，可以重新開始，也可以就此結束。在荷爾蒙的刺激下，那對戀人之間沒有兌不了現的諾言？那對戀人之間沒有磕碰與口角？

世界上最恐怖的莫過於這樣一種人，只要他一打開話匣子，就嘮嘮叨叨沒個完，張家長李家短，多少年前的陳芝麻爛穀子，像本賬簿，記得一筆不漏。人的大腦到底有多大的空間？能貯藏多少記憶？七八十歲的老人，孩童時的事情仍記憶猶

新。電腦還得點擊檢索，人腦則張嘴就來，仿佛幾十年前的事情就含在嘴裏，隨時可以準確無誤地傾吐。其實也不盡然，同是一個人，有些事情又轉瞬即忘，甚至幾天前說的話，做的事，竟然忘得一乾二淨。那麼，我們記住什麼？忘記什麼？

我們以人世間最普遍存在的恩仇來說吧，有人記恩不記仇，也有人記仇不記恩。一個人，只要看看他一生中記住些什麼，忘記些什麼，就能大體上觀察出他的心胸、氣度和人品。記恩不記仇的人，一般都豁達大度，爲人磊落，感恩而不計前嫌；記仇不記恩的人，一般都胸懷狹隘，心境陰暗。

健忘是一種糊塗，但健忘的人生未嘗不是一種幸福。因爲人生並不像期望的那麼充滿詩情畫意，那麼快樂自在。人生中有許多苦痛和悲哀、令人厭惡和心碎的東西，如果把這些東西都儲存在記憶之中的話，人生必定越來越沉重，越來越悲觀。實際上的情景也正是這樣。當一個人回憶往事的時候就會發現，在人的一生中，美好快樂的體驗往往只是瞬間，佔據很小的一部份，而大部份時間則伴隨著失望、憂鬱和不滿足。

人生既然如此，健忘一點、糊塗一些有什麼不好呢？它能夠使我們忘掉幽怨，忘掉傷心事，減輕我們的心理重負，淨化我們的思想意識；可以把我們從記憶的苦海中解脫出來，忘記我們的罪孽和悔恨，利利索索地做人和享受生活。

過去了的，就讓它過去吧。記憶就像一本獨特的書，內容越翻越多，而且描敘越來越清晰，越讀就會越沉迷。有很多人爲記憶而活著，他們執著於過去，不肯放下。還有一些人卻生性健忘，過去的失去與悲傷對他們來說都是過眼雲煙，他們不

計較過去，不眷戀歷史，不歸還舊賬，活在當下，展望未來。當然，人不能全部將過去忘記。別人對你的好，你要記得。

　　我們該忘記的，一是過去的仇恨。一個人如果在頭腦中種下仇恨的種子，夢裏都會想著怎麼報仇，他的一生可能都不會得到安寧。二要忘記過去的憂愁。多愁善感的人，他的心情長期處於壓抑之中而得不到釋放。愁傷心，憂傷肺，憂愁的結果必然多疾病。《紅樓夢》裏的林黛玉不就是如此嗎？在我們生活中，憂愁並不能解決任何問題。三要忘記過去的悲傷。生離死別，的確讓人傷心。黑髮人送白髮人，固然傷心；白髮人送黑髮人，更叫人肝腸欲斷。一個人如果長時間的沉浸在悲傷之中，對於身體健康是有很大影響的。與憂愁一樣，悲傷也不能解決任何問題，只是給自己、給他人徒添煩惱。逝者長已矣，存者且偷生。理智的做法是應當學會忘記悲傷，儘快走出悲傷，為了他人，也為了自己。

　　「人生不滿百，常懷千歲憂」，有何快樂可言？在生活中選擇「健忘」的人，才活得瀟灑自如。當然，在生活中真的健忘，丟三落四，絕非樂事。學會「健忘」，是說該忘記時不妨「忘記」一下，該糊塗時不妨「糊塗」一下。「難得糊塗」是一劑處惑之良藥，直切人生命脈。按方服藥，即可貫通人生境界。所謂一通則百通，不但除去了心中的滯障，還可臨風吟唱、拈花微笑、衣袂飄香。

　　糊塗是明白的昇華，是看透不說透的涵養，是超脫物外、不累塵世的氣度，是行雲流水、悠然自得的瀟灑，是整體把握、抓大放小的運籌，是甘居下風、謙讓闊達的胸懷，是百忍成金、

化險爲夷的韜略。

◎有傲骨，無傲氣

北宋哲學家邵雍：「知行知止惟賢哲，能屈能伸是丈夫。」行於其所當行，止於其所當止；屈於其所當屈，伸於其所當伸。對自己不放縱、不任意，對別人不挑剔、不苛求，對外物不貪戀、不沉淪。該享受則享受，當勞累便勞累，依理而行，循序而動。

如果必須，做得天下；若非合理，毫末不取。

傲氣是成功最可怕的隱患，是自我淘汰最強勁的催化劑，被人嗤之以鼻。

「人不可有傲氣，但不能無傲骨。」這句話是著名藝術大師徐悲鴻的一句名言。傲氣者，高傲之氣也，好過分顯露與炫耀自己的才華，張揚得目空一切，是眼睛朝天、目中無人的表現，是有三分才非要表現十分能的那種行爲，是自以爲是的虛妄，是天下才子捨我其誰的狂悖。這種人與人交往時盛氣凌人。其典型的特徵是驕氣、霸氣加匪氣。特別是當他有了一定的權力或地位時，還會變成了牛氣。項羽有傲氣，因而兵敗烏江，飲恨自刎；關羽有傲氣，因而兵敗麥城，死於非命。

傲骨，就是人們常說的剛正不阿的錚錚鐵骨。傲骨不是驕傲，而是一個人內心深處對自身的欣賞、對自身的珍惜。你可以將他打趴 99 次，但他只要有一絲力氣一定會站起來；你可以貶低得他一文不值，但他深信自己能夠大有作爲。有傲骨的人，

重物壓不彎，狂風吹不倒，冰雪凍不住，巨浪沖不走。有傲骨，折長戟，斷銀纓，摧鐵堡，銷重甲。傲骨不是以斤來論，也不是以錢來論，更不是以小人心來度的。一個有傲骨的男人才是一個真正的男子漢。

對於傲氣與傲骨，華人首富李嘉誠在一次演講中結合他的親身經歷，作了細緻的剖析。

有一家大公司的老闆，答應和李嘉誠做一宗生意，後來這個老闆反悔了。李嘉誠找到那個老闆，問到：「你答應了我的事情，怎麼又突然反悔呢？這樣做是不對的。如果我是你，一定會睡不著覺。」

但是對方傲氣十足地說：「我不會像你一樣，我會像嬰兒一樣睡得很舒服。」

三天之後，那個人來找李嘉誠，並且願意多付 50% 的價格來完成原來反悔的交易。於是李嘉誠問他：「你當初不是說做不成這單生意，一樣可以像嬰兒一樣睡得很舒服嗎？」

對方老老實實地回答：「那天之後，我還真沒有睡過一個好覺。」

那個人儘管是一個大老闆，但和李嘉誠相比又算得了什麼呢？你牛氣衝天，但強中更有強中手。強人踩一下腳，你家就會有地震的感覺，你能睡得好覺？

李嘉誠又說，傲氣常常令一個人認為自己很了不起，它就像一個杯子裝滿了水，再也裝不下其他東西，而那些裝不下的東西；有時比水的價值不知高出多少倍。

說完傲氣，李嘉誠又說了傲骨這個話題，那也是他親身經

歷的。

二十多年前，他剛投身塑膠花行業，必須經常到洋行去洽談生意。有一次他與一個佔他工廠生產額 90% 以上的大客戶開會談合約的事。客戶傲氣十足，處處以居高臨下的姿勢對待李嘉誠。起初他忍讓著，認為和大客戶談生意難免要受一些氣。後來對方說：「如果你們沒有我們公司的支持，你們會怎麼樣？」李嘉誠頓然拍案而起，說：「請你馬上離開。」他這一拍案，把桌子上的水杯翻倒了。事後他認為這是必要的做法，經商之道固然以利字為先，但若無原則地聽任他人，連半點傲骨都沒有，到頭來吃虧失敗的必定是自己。

傲骨，是一種內心世界的頑強品質，是敢於面對惡劣環境不卑不亢的底蘊。梅有傲骨，因為她能蔑視嚴冬的冷酷；牡丹有傲骨，因為她能不畏權貴的淫威；陶潛有傲骨，因為他不肯為五斗米而折腰；朱自清有傲骨，因為他寧願餓死也不吃美國的救濟糧。傲骨，是骨子裏具備的抗爭或者叛逆思想，這種思想被人所稱頌，被人所推崇。

在傲骨面前，傲氣蒼白無力。傲氣充其量是繡花枕頭，敗絮其中，而傲骨仿佛是深藏不露的絕世武功，威力十足。

◎不衝動，有自制

有一句流行很廣的話，叫「衝動是魔鬼」。無數個令人扼腕歎息的悲劇一再向我們詮釋了這句話，包括我們在自己的經歷中也多少有些親身體會。幾乎在所有與悔恨有關的往事當中，

我們都能找到衝動的影子。因爲衝動，有人錯上賊船；因爲衝動，有人痛失愛人；因爲衝動，有人鋌而走險……不少家庭不幸、工作不順、人際關係緊張等問題，都源於人的衝動。衝動後果慘痛，而且其慘痛指數與衝動指數基本成正比。

衝動的人是在和魔鬼做一筆非常不划算的交易。在交易前，魔鬼告訴人：如果你購買了「衝動」，你就可以做你想做的任何事情，你可以通過衝動，使自己的情緒得到痛快淋漓的發洩。人聽到這裏，頓時呼吸急促、血壓升高，迫不及待地簽下契約。衝動過後，魔鬼會再次找上門來──它絕不會爽約。它會高舉著契約，契約上面寫滿了人購買「衝動」所必須支付的成本。這個成本的清單很長，我們擇重要的條款如下：損害自己的身心健康，損害自己的人際關係，損害個人前途，觸犯刑律。

爲什麼一個人衝動起來，會做出一些在正常情況下難以想像的荒唐蠢事？醫學專家認爲：人在衝動時，體內的各個臟器與組織極度興奮，會消耗血液中的大量氧氣造成大腦缺氧，爲了補充大腦所需要的氧氣，大量血液湧向大腦，使腦血管的壓力激增。在大腦缺氧以及腦血管壓力劇增的情形下，人的思維會變得簡單粗暴。心理學家則認爲：當一個人衝動時，全部的注意力都集中在導致他衝動的這一件事情上，對於其他的諸如後果之類的問題根本就沒有時間與空間去考慮。

如果我們將衝動比作一匹脫韁撒野的烈馬，那麼自制力就是能夠有效制服這匹烈馬的韁繩。所謂自制力，書面的定義是指一個人在意志行動中善於控制自己的情緒，約束自己的言

行。而用我們通俗的說法，自制力指的就是自我控制的能力。

　　一個人的自制力的高低，主要體現在兩個方面：一方面能夠在日常生活與工作中克服不利於自己的恐懼、猶豫、懶惰等；一方面應善於在實際行動中抑制衝動的行爲。這兩個方面相輔相成。也就是說，一個能夠克服不利於自己的恐懼、猶豫、懶惰的人，相對來說也更善於在實際行動中抑制自己的衝動行爲。反之亦然。

　　自制力對人走向成功起著十分重要的作用。自古代百科全書式科學家亞里斯多德，到近代的哲學家們都注意到：「美好的人生建立在自我控制的基礎上。」自制力是我們實現自我價值的重要元素，是我們人生轉折和飛躍的保險繩。有了較強的自制力，我們在前進的道路上便不會迷失方向，便不會被各種外物所誘惑，不會因爲其他事情而影響了自己的判斷。

　　相傳某禪師偕弟子外出化緣，途中遇一惡人左右刁難、百般辱罵，禪師不搭理，該人竟窮追數裏不肯甘休。禪師面無懼色，和弟子談笑自如。惡人無奈，只得退後甘休。事後，弟子不解，問禪師：「師傅你遭此不公平爲何不生氣，不反擊？」

　　師傅答道：「若你路遇野狗朝你狂吠，你會放下身段與之對吠嗎？它咬了你，難道你也去咬它？」

　　禪師面對挑釁與侮辱的態度難道不是一種大智嗎？下次你若遇到惡人莫名的刁難辱罵，不如心裏暗想這人怕是有神經病吧。因此不接招、不反擊、不生氣，旁若無人，多一事不如少一事，何樂而不爲？

　　從長遠來說，要克服容易衝動的不良習慣，必須解決思想

認識上的問題。要逐步養成心胸寬廣、淡泊名利、處世不驚、樂於接納不同意見的良好習慣。心胸寬廣就是要想大事、做大事，寬以待人、嚴於律己；淡泊名利就是要不斤斤計較、患得患失、耿耿於懷，不為了一點虛名或蠅頭小利而不顧一切、冒失行事；處世不驚就是要不在外界強烈刺激前驚慌蠻幹、一意孤行；樂於接納不同意見就是要改變我行我素、老虎屁股摸不得的性格，不要一遇抵觸即暴跳如雷、火冒三丈，這樣就會心平氣和，避免出現衝動。一個待人彬彬有禮的人，必然得到他人的尊敬。如果我們每一個人對待別人都能做到彬彬有禮，就會形成良性循環的、和諧的工作和生活環境。

　　成功之路遙遠，路上誘惑與困難很多，唯有自制力強的人才可能堅持到最後。自制方能制人。

◎適可而止，見好就收

　　有這樣一則寓言，說的是天使看到一個貧窮的農夫居無片瓦、食不果腹、衣不遮體的樣子，動了惻隱之心，決定幫幫這個可憐的人。於是，在一個清晨，天使對農夫說，只要他跑一圈，並在日落前跑回來，那麼他所跑過的土地就全部歸其所有。

　　農夫聽了天使的話，趕緊興奮地朝前跑去。他跑啊跑啊，累了想停下來休息一會兒時，想到家裏的妻子兒女們需要更多的土地來保障優渥的生活，又打起精神拼命地再往前跑……有人告訴他，你到了該往回跑的時候了，不然你就無法在天黑之前回到起點。農夫根本聽不進去，他只想得到更多的土地，更

多的金錢，更多的享受。直到太陽快要下山，他才拼命地往回跑。然而，那麼遠的距離，要怎樣的速度才能趕在太陽下山前跑回去呢？最後，又累又急又渴又餓的農夫，終因心衰力竭，倒在太陽的餘暉下。

生命沒有了，土地沒有了，一切都沒有了，貪婪使他失去了一切。

君子好名，小人愛利。人一旦為名利驅使，往往身不由己，只知進，不知退。慾望如同一把燃燒的火，在召喚我們前行時，一不小心就會被它灼傷。明末清初有一本書叫《解人頤》，其中有一首詩把貪婪者的心態刻畫得入木三分：「終日奔波只為饑，方才一飽便思衣；衣食兩般皆供足，又想嬌容美貌妻；娶得美妻生下子，恨無田地少根基；買得田園多廣闊，出入無船少馬騎；槽頭拴了騾和馬，歎無官職被人欺；縣丞主簿還嫌小，又要朝中掛紫衣；做了皇帝求仙術，更想升天把鶴騎；若要世人心裏足，除非南柯一夢兮。」當然，這是誇張的寫法，卻形象地反映了一些人的貪婪心態。

人因貪婪常常會犯傻，不懂適可而止，什麼蠢事都會幹出來。這是十分悲哀的。

任何人不可能一生總是春風得意。人生最風光、最美妙的往往是最短暫的。「人無千日好，花無百日紅。」所以，見好就收便是最大的贏家。世故如此，人情也是一樣。與人相交，不論是同性知己還是異性朋友，都要有適可而止的心情。君子之交淡如水，既可避免勢盡人疏、利盡人散的結局，同時友誼也只有在平淡中方能見出真情，越是形影不離的朋友越容易反目

成仇。

　　所以，做到適可而止、恰到好處，關鍵在於把握一個度。《鑑藥》指出：「子之病，其興居之節舛、衣食之齊乖所由致也。」他的病，是由於生活沒有把握好度，起居節制失調，衣食調劑不適而引起的，沒有做到適可而止。適可而止的道理似乎大家都知道，然而，怎樣才能做到適可而止呢？適可而止的適度標準是什麼？大家難以把握，在生活中常常常表現爲「過猶不及」、「物極必反」、「欲速則不達」，難於掌握分寸。其實，適可而止是一種科學的處世哲學，它需要高智商和清醒的頭腦，需要科學的精確判斷。適可而止是遵守事物的客觀發展規律，根據事物本來的實際情況做出的科學決策，它追求最好的效果。

◎以柔克剛，無往不勝

　　傳說，老子的師父病重時，老子跑前伺後，床前盡孝，師父非常感動，臨終前，想把人生之道傳授於他。

　　這天，師父把老子叫到床前，未曾說話先滾出了幾滴眼淚。

　　老子對師父說：「老師，您老人家還有什麼話要交代？」

　　師父抹掉眼淚，問：「徒兒，你說舌頭結實呢，還是牙結實？」

　　老子沒有多想，忙說：「老師，那還用說，當然牙比舌頭結實了。」

　　「不對，」師父張開嘴說，「你看看，舌頭不結實，如今還在；牙齒結實，卻早掉光了。」

　　老子一看，可不是，牙齒真不如舌頭結實。

這時，師父又問：「你說水硬呢，還是石頭硬？」老子想了想，說：「石頭硬。」

師父搖搖頭，往門外過門石一指，問：「石頭硬，怎麼會被水滴穿了啊？」

老子一看，是啊，水看似很柔軟，卻把硬石頭穿了個窟窿。

師父說：「這就叫水滴石穿，再堅硬的石頭，也經不住柔水長期擊打。再問你，木頭和繩子那個更強？」

老子尋思了一會兒，答道：「繩子更強。」

師父問：「回答對了，你是怎麼悟出來的？」

老子說：「俺家祖上傳下來一架打水的舊轆轤，是木頭做的，轆轤頭看是很硬，可攔不住年長日久，硬是被繩子磨斷了。」

師父贊許地說：「是啊，繩鋸木斷，水滴石穿，牙齒堅硬卻經不住軟舌頭的舔磨。這都是以柔克剛的道理。今後，你千萬要記住啊！」

老子含淚應答，又問：「師父，今後徒兒將以誰為師？」

師父說：「上善若水，以水為師！」

師父去世後，老子謹遵師訓，以善為本，以水為師，以柔克剛。

柔何以克剛呢？從物理角度來看，剛性越大，物體就越脆弱，抗打擊能力越低。鑽石的確是自然界最硬的東西，同時它也是最脆弱的，它甚至比玻璃更易碎。而被我們認為硬度極差的鋁，柔韌性卻極好，你甚至可以用錘子把它砸的像紙一樣薄，但仍然不能把它砸為兩半。當雞蛋掉在石頭上時，雞蛋很容易破碎，而當皮球掉在石頭上時，它會彈起而保持完好無損，這

是在日常生活中一個很明顯的例子，之所以如此，是因爲皮球對強大的外力能以柔韌化之，而雞蛋卻不能，故有「以卵擊石，自不量力」之說。這其中蘊涵的就是我們所講的以柔克剛、以情動人的道理。

太極拳是中國拳術的一種，爲「練身」、「練意」、「練氣」三結合的整體運動。其重點是以意念引導動作，意動身隨，動作柔中有剛，拳姿優美。對手出拳，我不一定要接受，可以和他繞著轉，避其鋒芒。做人也是一樣，如果別人罵你，你反著罵回去，那麼只能表明你受了他對於你的心理上的攻擊。其實，別人罵你，你不一定要接受，正如一個拳頭打過來，你可以選擇不接受的。所以，有時候沒有必要因爲別人的謾罵而惱怒，如果惱怒了，只能說明你接受了這一拳。你如果選擇罵回去，那麼你們之間將是一個互毆的局面，兩敗俱傷。如果使用以柔克剛的方式，微笑著大度地面對，那麼，你的對手也將知道他的謾罵是無效的。

生活是不平靜的，每個人都會遇到各種各樣的問題，當你遇到問題時，不要急於發怒、更不要急於爭吵。要學會冷靜、學會溫柔、學會理智，用溫柔去處理一切問題，用溫柔去化解一切矛盾。記住「以柔克剛」才是最明智的選擇。

天下莫柔弱於水，而攻堅強者莫之能勝，以其無以易之。弱之勝強，柔之勝剛，天下莫不知，莫能行。是以聖人云：「受國之垢，是謂社稷主；受國不祥，是爲天下王。」

◎能屈能伸真英雄

「大丈夫能屈能伸。」這是一條經過歲月的敲打磨礪而閃耀著智慧之光的格言。多少風雲人物、英雄豪傑因為能屈能伸而功成業就、青史留名。

項羽性格高傲、剛愎武斷，但是他出身高貴，英勇善戰。劉邦出身卑微，手無縛雞之力，卻善於用人。項羽和劉邦在抗秦的戰爭中，結為聯盟，互相援助，彼此的勢力越來越強大。項羽和劉邦約定，如果誰先攻入秦的都城咸陽，誰就可以稱王。

西元前 207 年，項羽在巨鹿打敗秦朝主力大軍，而這時，劉邦已經率軍攻破了秦都城咸陽。劉邦聽從謀士勸諫，將軍隊安置在咸陽附近的霸上，沒有進入咸陽。他封閉秦王宮殿、錢庫等重地，並且安撫咸陽百姓。老百姓看見劉邦待人寬容、軍紀嚴肅，非常高興，都希望劉邦當秦王。

項羽知道劉邦先進了咸陽，非常憤怒，率領四十萬大軍進駐咸陽附近的鴻門，準備搶奪咸陽。項羽的軍師範增勸項羽一舉消滅劉邦，他說：「劉邦以前是個貪財好色的人，現在他進了咸陽後，分文不取，美女也不要，可見是有大圖謀，我們應該趁他沒有發展起來就殺了他。」

消息傳到了劉邦那裏，謀士張良認為，目前劉邦的軍隊只有十萬人，勢力太弱，不能和項羽正面較量。張良就請好朋友、項羽的叔父項伯去說情。然後，劉邦帶著張良和大將樊噲親自到鴻門，告訴項羽，自己只是看守咸陽，等項羽來稱王。項羽

相信了劉邦，設宴招待他。範增坐在項羽旁邊，幾次暗示項羽動手殺劉邦，可是項羽卻假裝沒看見。范增就讓大將項莊到酒桌前舞劍助興，想借機會刺殺劉邦。項羽的叔父項伯趕緊也拔劍陪舞，用身體擋著劉邦，暗中保護他，項莊一直沒有得手。張良一看情況緊急，趕緊出去召喚劉邦的大將樊噲，樊噲立刻手持盾牌和利劍，直接闖入軍帳，斥責項羽說：「劉邦攻下咸陽，沒有佔地稱王，卻回到霸上，等著大王你來。這樣有功的人，不僅沒有得到封賞，你還聽信小人的話，想殺自己兄弟！」項羽聽了，心中慚愧。劉邦乘機假裝上廁所，帶著隨從跑回霸上自己的軍營中。謀士范增見項羽優柔寡斷，放跑了劉邦，非常生氣，說：「項羽真是不能成大事！看著吧，將來奪取天下的一定是劉邦。」

這就是中國歷史上有名的「鴻門宴」，當時項羽依仗自己勢力強大，輕信劉邦，使劉邦得以逃脫。後來，項羽自立為「西楚霸王」，相當於皇帝，他封劉邦到偏僻地區當「漢王」，只相當於諸侯。不久，劉邦乘項羽出兵攻打其他諸侯時，攻佔了咸陽。於是，項羽、劉邦就展開了長達四年的「楚漢戰爭」。楚軍在兵力上佔很大優勢，多次擊敗漢軍，但是項羽性情殘暴，統率的部隊殺人放火，失去民心，楚軍逐漸由強變弱。而劉邦注意收攬民心，善於用人，勢力逐漸強大，終於反敗為勝。

劉邦努力踐行能屈能伸的法則，忍辱負重，終於奠定了西漢帝王之基。

屈是難得的低調，水因為一屈一伸而流向大海，蛇因為一屈一伸而得以前進。欲安身必先立命，命立而後安身。前人為

人處世、安身立命的「屈伸學」，原本就是效法自然、模仿萬物的經驗總結。一屈、一伸既是人與萬物的本能，也是處世求存的智能。本能是先天的潛力，智能是後天的功夫。

屈伸是以退爲進的謀略、以柔克剛的內功，是相機而動的慢進、該出手時就出手的氣概。逞雄才得時機爲佳，爭鋒芒先下手爲強。

善於屈伸者，有剛毅勇猛的沉著，有沉靜蘊慧的平和。善「屈」善「伸」者能承受大喜悅與大悲哀，而真正善「屈」善「伸」者，行動時於練、迅捷，不爲感情所累；退避時能審時度勢，全身而退，且一旦時機再現定會伺機而動東山再起。真正的善「屈」善「伸」者，沒有失敗，只有沉默，是面對挫折與逆境積蓄力量的沉默。

智者善屈尊，愚者強伸頭。商人總是隱藏其寶物，君子品德高尙，而外貌卻顯得愚笨。必要時要藏其鋒芒，收其銳氣，不可不分場合將自己的才能讓人一覽無遺。有這樣一種人，他們雖然思路敏捷，口若懸河，但一說話總令人感到狂妄，因此別人很難接受他們的觀點和建議。這種人多數都是因爲太愛表現自己，總想讓別人知道自己很有能力，處處想顯示自己的優越感，時時幻想能獲得他人的敬佩和認可，結果卻適得其反，失掉了在別人心目中的威信。每個人都希望得到他人的肯定性評價，都在不知不覺地強烈維護著自己的形象和尊嚴，如果爲人處世時過分地顯示出高人一等的優越感，目空一切，妄自尊大，那就是在無形中對對方的自尊和自信進行挑戰與輕視，對方的排斥心理乃至敵意也就不知不覺地產生了。

　　泰戈爾說：「微小的知識使人驕傲，豐富的知識使人謙虛。」故而，空心的禾穗高傲地舉頭向天，而充實的穀穗，則低頭向著大地，向著它的母親。目空一切和妄自尊大的結果只能使自己的形象扭曲，在傷別人的同時也傷害了自己。

　　屈與伸，是苦樂同在、福禍相依、成敗相生。我們在生活中應該不屈不伸、小屈小伸、大屈大伸。

　　知行知止惟賢哲，能屈能伸是丈夫。行於其所當行，止於其所當止；屈於其所當屈，伸於其所當伸。對自己不放縱、不任意，對別人不挑剔、不苛求，對外物不貪戀、不沉淪。該享受則享受，當勞累便勞累，依理而行，循序而動。

心得欄

第 *5* 章

處事不能強出頭

話不能說得太滿，事情不可做得太絕，而要在考慮事情時既有全力以赴的進取準備，也給自己留條退路。這樣，進可攻，退可守，便沒有了後顧之憂。

◎人要出頭，但不能強出頭

每個人都希望自己有出頭之日，希望自己成為人上人。但是，不要「煩惱皆因強出頭」。

成括在齊國做官，有一次孟子見了他之後，下了個結論：「成括會死的。」孟子的弟子不明白為什麼，於是問他：「先生怎麼知道成括會被殺死？」孟子說：「他的為人有一點小聰明，但他沒有賢士的大智慧，這就足以導致他喪命。」意思是說成括雖有小聰明但無大智慧，就會恃才胡作非為，自然就會釀成殺身

之禍。孟子是根據這一點下的判斷。後來果然應驗了。

　　春秋時的范武子，兒子範文子，世代為晉國卿士。據《國語》上記載：一天，範文子很晚才從朝中回來，武子問他：「為什麼這麼晚才回來？」文子回答：「有一個秦國客人在朝廷上說了許多隱伏詭譎的問題，大夫們都不能回答。我知道其中三個就作了回答，所以回來晚了。」武子很生氣，教訓他說：「大夫們不是不會回答，而是尊敬長輩。你這小子憑三件事在朝廷上貶低別人，我不在時，晉國滅亡的日子不遠了。」說完氣得拿木杖打他，把他帽子上面的纓子都打斷了。

　　范武子是一個有自知之明的人，也是一個深諳人情世故的老手，他對兒子的教訓是發自肺腑的，他知道人忍才技、四處招搖，尤其愛在人前表現自己，那離大禍臨頭的日子就不遠了。所以只有那些內涵不深的人，總是急於讓人知道自己。人想要知名於世，最好的辦法是：不要擔心不被人知道，要擔心的是有炫耀自己、急於讓人知道自己的毛病。對此在《老子》上記錄著這樣的話：「真正有用的器物要久經製作才能做成，真正高深的音樂是沒有聲音的。」

　　晉代的王猛，字景略，北海人。年少時家裏貧困，以賣畚箕為職業。王猛相貌堂堂，不屑於理會小事，人們都輕視他，王猛仍悠然自得。

　　王猛隱居華陰，聽說桓溫進了關，就穿著破衣服去拜見桓溫，一邊捉著身上的虱子一邊談當時的大事，好像旁邊沒有人的樣子，桓溫認為他不同尋常，十分高興地和他交談，封他為祭酒，他卻推辭不做。升平元年，前秦尚書呂婆樓向秦王符堅

引薦他。符堅與他一見如故，與他談論當時大事。符堅十分高興，說自己是劉備遇上了孔明。於是王猛當了中書侍郎，後來又做了尚書左丞。

人不可能總是處於窮困潦倒的地位，尤其是那些真正有才幹的人，他們能夠忍受一時的地位低下，也才能日後獲得高位。

像王猛這樣能夠不懼怕地位低下，不懼怕別人的輕視，能夠以自己做人的原則約束自己，不斷上進，奮發進取的人，可謂深得「出人頭地」之奧妙，既出了頭，又沒有絲毫損傷到自己，這也很值得想「出頭」的人借鑑。

◎想要達到最高處，必須從最低處開始

尼采曾說過：「一棵樹要長得更高，接受更多的光明，那麼它的根就必須更深入黑暗。」正像樹一樣，一個人要想成功，則要把心放在高處，把手放在低處——即通過一個個具體的行為去實現自己的遠大之志，而不是好高騖遠，總讓自己飄飄然。這是成大事必備的一種素質！

然而，在我們週圍，有不少剛剛畢業的大學生，自以為讀了不少書，長了不少見識，就飄飄然、好高騖遠起來，對自己已經得到的也越來越不滿意，幾年過去了，自己越想得到的卻越是得不到，於是不知足的心理就產生了。

有一位年輕人就是這樣的。生活的不滿和內心的不平衡一直折磨著他，直到一個夏天他與同學尼爾尼斯乘他們家的漁船出海，才讓他一下子懂得了許多。

　　尼爾尼斯的父親是一個老漁民，在海上打魚為生幾十年，年輕人看著他那從容不迫的樣子，心裏十分敬佩。

　　年輕人問他：「每天你要打多少魚？」

　　他說：「嗨，孩子，打多少魚並不是最重要的，關鍵是只要不是空手回來就可以了。尼爾尼斯上學的時候，為了繳清學費，不能不想著多打一點。現在他也畢業了，我也不奢望打多少了。」

　　年輕人若有所思地看著遠處的海，突然想聽聽老人對海的看法。他說：「海是夠偉大的了，滋養了那麼多的生靈……」

　　老人說：「那麼你知道為什麼海那麼偉大嗎？」年輕人不敢貿然接茬。

　　老人接著說：「海之所以能裝那麼多水，是因為它的位置最低。」

　　位置最低！噢，原來大海是以其最低成就其偉大的！

　　正是老人把位置放得很低，所以能夠從容不迫，能夠知足常樂。而許多年輕人並不能擺正自己的位置，自以為是、好高騖遠，不屑做小事、卑微的事，到頭來總是一無所獲。如果能把自己的位置放得低一些，腳踏實地，站穩腳跟，然後一步步登攀，到達頂峰才更有把握。

　　美國人克羅克——從小就喜歡胡思亂想，被人們稱為「丹尼夢遊人」。他四處碰壁，在太多不切實際的夢想破滅之後，才意識到腳踏實地的重要性，並且下定決心願意為此付出畢生的努力。意識的轉變決定行為的改變——他很快便熱愛上了眼前的不起眼的工作——他從咖啡豆和小說的推銷、出納等遊移工作狀態中徹底擺脫出來。在芝加哥，克羅克堅定執著地當上了

「麗麗牌」紙杯的推銷員，並且這一幹就是 20 年。

憑著腳踏實地和積極肯幹，克羅克不但為自己積累了寶貴的經驗，也積累了珍貴的財富，為自己創業打下了堅實的基礎——最終成為世界速食業的巨頭——麥當勞的創始人！

假如克羅克沒有腳踏實地，在近 20 年艱苦的推銷員生涯中沒堅持住；假如克羅克沒有積累到足夠的商業經驗和創業資本，那麼也許就不會有今天的麥當勞。

在生命的歷程中，那些自認為才華橫溢卻好高騖遠的人，總是像流星一樣轉瞬即逝，而只有那些腳踏實地、踏實肯幹的人，其人生才會因其付出與努力而熠熠生輝！

正如一位哲人所言，很多高貴的品質都是由低就的踏實行為達成的。要想高成，須得低就。

◎大事業必須從最卑微的小事做起

老子曾說過：「合抱之木，生於毫末。九層之台，起於累土。千里之行，始於足下。」這句話的意思是：任何事情的成功都是由小而大逐漸積累的。這也就是說，一個人要想成功，必須從小事做起。

一個人輝煌的背後，是無數個日夜默默奮鬥的辛酸，沒有人會注意你、幫助你，每個成功者都是那樣走過的。所以，在沒有感慨世態的權力，也沒有權利說話的時候，你不要怨天尤人，也不要自甘墮落，一定要埋頭做事。唯有埋頭把一件件事做好，成就越來越大，你才能有更多的發言權、決策權。

在大森林裏，生長著一種蘑菇，它們在艱難的條件下生長。沒有人關注它們，所有成長所需的水分和養料，它們都需要自己去努力爭取。它們從森林層層積累的腐敗枯葉形成的肥料中吸收養分，森林中降下的雨殘留在樹葉上的水，成為它們成長中必需的甘泉。這些蘑菇就這樣在無人注意的角落長大，一點點變得肥嫩。

很多初入社會的年輕人和這些蘑菇的處境相似。剛剛進入一個層次分明的公司機構裏，因為經驗不豐，閱歷不深，人員不熟，只能從最細微的瑣碎小事做起，沒有自己的聲音，得不到更多關注，也沒有受到表揚的機會。這時候，怨天尤人不是最好的解決方法，你唯一的選擇就是埋頭努力。從平常的接電話、發傳真到待人接物，都要自己留心注意，一點點學習，一件件做好。

兩個年輕人一同尋找工作，一個是英國人，一個是猶太人。

一枚硬幣躺在地上，英國青年看也不看地走了過去，猶太青年卻激動地將它撿起。英國青年對猶太青年的舉動露出鄙夷之色：一枚硬幣也撿，真沒出息！猶太青年望著遠去的英國青年心生感慨：讓錢白白地從身邊溜走，真沒出息！爾後兩個人同時走進一家公司。公司很小，工作很累，工資也低，英國青年不屑一顧地走了，而猶太青年卻高興地留了下來。

兩年後，兩人在街上相遇，猶太青年已成了老闆，而英國青年還在尋找工作。英國青年對此不可理解，說：「你這麼沒出息的人怎麼能這麼快地『發』了？」

猶太青年說：「因為我沒有像你那樣紳士般地從一枚硬幣上

邁過去。你連一枚硬幣都不要，怎麼會發大財呢？」

英國青年並非不要錢，可他眼睛盯著的是大錢而不是小錢，所以他的錢總在明天。但是，沒有小錢就不會有大錢，你不懂得從小事做起，那麼成功就永遠不會降臨到你的頭上。

涉世之初的學子往往是激情滿懷，決心幹一番大事業的樣子，但是卻往往忽略了這樣一個事實：想幹大事業，要一步步做起。作為一個單位新人，要抱著多做一點、多學一點的心態，從諸如打水、掃地、分報紙這樣的瑣碎事做起，少談一些好高騖遠的事情。多做小事，少高談闊論，這正是所謂的「一屋不掃，何以掃天下」。

有一位電腦博士，畢業後去找工作，結果接連碰壁，許多家公司都將他拒之門外。無奈之下，這位博士決定換一種方法試試。他收起了所有的學位證明，以一種最低身份去求職。

不久，他就被一家電腦公司錄用，做了一名最基層的程序錄入員。這是一份稍有學歷的人都不願去幹的工作，而這位博士卻幹得兢兢業業，一絲不苟。沒過多久，上司就發現了他的出眾才華：他居然能看出程序中的錯誤，這絕非一般錄入人員所能比的。這時他亮出了自己的本科證明，老闆於是給他調換了一個與本科畢業生對口的工作。

過了一段時間，老闆發現他在新的崗位上遊刃有餘，還能提出不少有價值的建議，這比一般大學生高明。這時他才亮出自己的碩士身份，老闆又提升了他。

後來，老闆又發現他專業知識的廣度與深度都非常人可及，再次找他談話。這時他才拿出博士學位證明，並敘述了自

己這樣做的原因。此時老闆才恍然大悟，毫不猶豫地重用了他。

　　和這個博士不同的是，現在許多的年輕人，初入社會就把自己的一堆頭銜、底牌全部亮出來，誇耀自己，結果或者讓別人反感難以與人合作，或者招來很高的期望值而讓人失望，稍有失誤便不好翻身。博士從小事做起的做法，仔細考慮起來還是非常聰明的。

　　小事的成功，能夠強化鍛鍊意志的信心。例如你今天改掉了睡懶覺的習慣，明天做到了當日事情當日畢，這樣日積月累，那麼你完成計劃的決心、信心和恒心就會大大增強。

　　在生活中，能放下架子的人，他的思考富有高度的彈性，不會有刻板的觀念，而能吸收各種資訊，形成一個龐大而多樣的資訊庫，這將是他的本錢。

　　另外，能放下架子的人能比別人早一步抓到好機會，也能比別人抓到更多的機會，因為他沒有架子的顧慮！

　　放下架子，路會越走越寬！

◎丟一時的面子，圖長遠的發展

　　丟面子的事誰也不想做，但在某些情況下，我們又不得不丟面子。這樣，我們就需要對丟面子有一個正確的認識：從短期看，丟面子對一個人來說不是一件好事，但從長遠看，也並非是一件壞事，它會成為促使你發奮圖強的內在動力。所以，有時候為了長遠的發展，要不惜丟面子，讓對手放鬆警惕，為自己激發鬥志，然後默默地努力進取，不斷壯大自己的實力，

最後將丟的臉再加倍地補償回來。

西漢初年，北方的匈奴首領冒頓殺父自立為王，以為自威，這大大地震懾了它的鄰邦東胡。為了限制匈奴的發展，東胡不斷挑釁，企圖尋找藉口滅掉匈奴。

匈奴人生活在西北部的草原上，以強悍善騎著稱，養有一匹千里馬，皮毛油黑發亮如軟緞，全身上下沒有一根雜毛。它能日行千里，為匈奴立下過汗馬功勞，被視為寶馬。東胡知道後，便派使者到匈奴索要這匹寶馬，匈奴群臣認為東胡太無理了，一致反對。

足智多謀的冒頓一眼便看穿了東胡的用意，但他並沒有表露出來。他知道，捨不得孩子打不著狼，於是決定忍痛割愛來滿足東胡的要求。他告訴臣下：「東胡之所以要我們的寶馬，是因為與我們是友好鄰邦。我們那能因為區區一匹千里馬而傷害與邊鄰的關係呢？這樣太不合算了。」這樣，他就把寶馬拱手送給了東胡。冒頓雖然表面上不與東胡作對，但他暗地裏壯大實力，希望有朝一日將丟的面子找回來。

東胡王得到千里馬以後，認為冒頓膽小怕事，就更加狂妄。他聽說冒頓的妻子很漂亮，就動了邪念，派人去匈奴說要納冒頓之妻為妃。

冒頓的妻子年輕貌美，端莊賢淑，深得民心。匈奴群臣一聽東胡王如此羞辱他們尊敬的王后，都氣得摩拳擦掌，發誓要與東胡決一死戰。冒頓更是氣得牙齒咬得吱吱響，連自己的妻子都保護不了，還算個男人？然而他轉念又一想，東胡之所以三番五次使自己丟面子，是因為東胡的力量比匈奴強大。一旦

發生戰爭，自己的實力不濟，很可能會戰敗。小不忍則亂大謀，還是再忍讓一回，等以後有了合適的時機，再與東胡算總賬。

於是，他強作笑顏，勸告群臣：「天下女子多得是，而東胡卻只有一個啊！豈能因為區區一個女人傷害與鄰邦的友誼？」這樣，他又把愛妻送給了東胡王。

之後，他召集群臣，指明東胡氣焰囂張的原因，分析了當時的形勢，鼓勵大臣們內修實力，以後將丟的面子找回來。群臣聽冒頓分析得有道理，於是按照冒頓的要求兢兢業業地治理，以圖日後報仇恨。

東胡王輕而易舉地得到千里馬與美女，就認為冒頓真的懼怕他，更加驕奢淫逸起來。他整日燈紅酒綠，尋歡作樂，不理朝政，以致實力越來越衰弱。然而他卻毫無自知之明，又第三次派人到匈奴去索要兩邦交界處方圓千里的土地。

此時的匈奴又怎麼樣呢？匈奴經過冒頓及其群臣多年臥薪嚐膽的治理，兵精糧足，老百姓安居樂業，其實力之雄厚遠遠超出了東胡。

東胡的使臣來後，冒頓召集群臣商議對策。大臣們不明白他的態度，都在那裏沉默，有人耐不住這可怕的寂靜，聯想到以往兩次的事，就試探地說：「友誼可能重於一切，我們就送給他們千里土地好了。」

冒頓一聽，怒髮衝冠，拍案而起，振振有詞道：「土地乃社稷之根本，豈可割予他人！東胡王霸我皇后，索我土地，實在是欺人太甚！是可忍，孰不可忍？！現在天賜良機，我們要滅掉東胡，以雪國恥！」

他親自披掛上陣，眾人同仇敵愾，一舉消滅了毫無防備的東胡。

冒頓將丟面子視為一種磨煉，把丟面子作為一種與敵人鬥爭和週旋的策略，他通過丟面子的恥辱刺激群臣意識到弱被人欺的道理，鼓勵群臣和百姓臥薪嚐膽、發奮圖強，先壯大自己，然後再與敵人作戰，找回丟去的臉面。如果冒頓當時被奪馬霸妻之後不願意丟面子，只是一味地意氣用事，與東胡發生戰爭，鑑於當時弱小的實力，很可能會全軍覆沒，自己的政權被推翻。冒頓沒有這樣做，他將丟臉巧妙地轉化為刺激群臣和百姓辛勤勞作的外在因素，最後滅掉了東胡，將自己多次丟的臉面一次挽回。這一抉擇不能不說是一種頗有見地的大智慧。

丟面子對我們來說畢竟是一種損失，是我們不情願的，所以我們要盡可能地避免丟面子。一旦丟面子，我們也要把丟面子的不良後果看得淡一些，並且將丟面子看成是一種磨煉：一是丟面子可以使我們的臉皮厚起來，而臉皮厚是可以給我們帶來許多益處的；二是丟面子可以使人發現自己的弱點，改正自己的錯誤，取得更大進步，同時它還可以催人發奮，令人圖強，最終再將丟失的臉面找回來。

◎花開還有花落時，行事不能太招搖

人生無常，今朝得志，今朝輝煌，並不能代表明天的境遇。今朝得志，不思進取、無所事事、到處招搖，說不定明朝就會一敗塗地、一蹶不振。所以，好不容易發達、得志了，要懂得

珍惜，要用低調、謙虛來維持來之不易的成就。

其實，每個人不管身份地位有多高，都要低調、謙虛地守本分，不可越界：高官要誠惶誠恐，如履薄冰，全心為人服務；富商要兢兢業業，不斷進取，全心為發展奮鬥……如果取得成就後都變得趾高氣揚、盛氣凌人、指手畫腳，那整個社會就會亂作一團，到頭來，害了自己也害了別人。

漢元光五年，信奉儒家學說的漢武帝徵召天下有才能的讀書人。年已70多歲的川人公孫弘的策文被漢武帝欣賞，提名為對策第一。漢武帝剛即位時也曾徵召賢良文學士，那時公孫弘才60歲，以賢良徵為博士。後來，他奉命出使匈奴，回來向漢武帝彙報情況，因不合皇上意圖，引起皇上發怒，他只好稱病回歸故鄉。這次他榮幸地獲得對策第一，重新進入京都大門，就思量著要吸取上次教訓，凡事必須保持低調些才好。

從此，公孫弘上朝開會，從來沒有發生過與皇上意見不一致時當面庭爭的情況。凡事都順著漢武帝的意思，由皇上自己拿主意，漢武帝認為他謹慎淳厚，又熟習文法和官場事務，一年不到，就提拔他為左內史。

有一次，公孫弘因事上朝奏報，他的意見和主爵都尉汲黯一致，兩人商量好要堅持共同的主張。誰知當漢武帝升殿，邀集群臣議論時，公孫弘竟推翻自己先前的主張，提出由皇上自己拿主意。汲黯頓時十分惱怒，當廷責問公孫弘說：「我聽說齊國人大多狡詐而無情義，你開始時與我持一致意見，現在卻背棄剛才的意見，豈不是太不忠誠了嗎？」

漢武帝問公孫弘說：「你有沒有食言？」

公孫弘謝罪說：「如果瞭解臣的為人，便會說臣忠誠；如果不瞭解臣的為人，便會說臣不忠誠！」

漢武帝倒也十分同意公孫弘的說法。左右幸臣每次詆毀公孫弘，皇上都寬厚地為他開脫，幾年後提拔他為御史大夫。公孫弘平時是個談笑風生、博學多聞之人。他常常說：「君主常犯的錯誤往往是不虛心納言，臣子常犯的錯誤是生活奢侈不節儉。」

公孫弘在皇上眼中是個謹慎淳厚的臣子，但有些大臣卻以為他是個偽君子。有一次，主爵都尉汲黯聽說公孫弘生活節儉，晚上睡覺蓋的是布被，便入宮向漢武帝進言說：「公孫弘居於三公之位，俸祿這麼多，但是他睡覺蓋布被，這是假裝節儉，這樣做豈不是為了欺世盜名嗎？」

漢武帝馬上召見公孫弘，問他說：「有沒有蓋布被之事？」

公孫弘謝罪說：「有此事。現在汲黯是九卿之中與臣最友好的朋友，然而他今日當廷責備我，這正好說中了我的要害。我位居三公而蓋布被，誠然是用欺詐手段來沽名釣譽。臣聽說管仲擔任齊國丞相時，市租都歸於國庫，齊國由此而稱霸；到晏嬰任齊景公的丞相時從來不吃肉，妾不穿絲帛做的衣服，齊國得到治理。今日臣雖然身居御史大夫之位，但睡覺卻蓋布被，這無非是說與小官吏沒什麼兩托怪不得汲黯頗有微議，說臣沽名釣譽。況且陛下若不遇到汲黯，還聽不到這樣的議論呢！」

漢武帝聽公孫弘滿口認錯，更加覺得他是個凡事退讓的謙謙君子，因此更加信任他。元狩五年，漢武帝免去薛澤的丞相之位，由公孫弘繼任。漢朝通常都是列侯才能拜為丞相，而公

孫弘卻沒有爵位，於是，皇上又下詔封他為平津侯。

公孫弘拜為丞相後，名重一時。當時，漢武帝正想建功立業，多次徵召賢良之士。公孫弘便在丞相府開辦了各種客館，開放東閣迎接各地來的賢人。每次會見賓客，他都格外謙讓恭敬。

有一次，他的老朋友高賀前來進謁，公孫弘接待了他，而且留他在丞相府邸住宿。不過每頓飯只吃一種肉菜，飯也比較粗糙，睡覺只讓他蓋布被。高賀還以為公孫弘故意怠慢他，到侍者那裏一打聽，原來公孫弘自己的飲食服飾同樣如此簡樸。公孫弘的俸祿很多，但由於許多賓客朋友的衣食都仰仗於他，因此家裏並沒有多餘的財產。

公孫弘活到八十歲，在丞相位上去世。以後，李蔡、嚴青翟、趙周、石慶、公孫賀、劉屈氂相繼成為丞相。從李蔡到石慶，丞相府的客館都形同虛設，到公孫賀、劉屈氂任丞相時，原來的客館都被人誤認為是馬廄車庫了。這些人中只有石慶在丞相位上去世，其他人都遭到誅殺。

看來，公孫弘不肯廷爭，取容當世也是一種不得已的處世方法。而他身居相位，能做到厲行節約，布被粗飯，卻也並不是一件容易的事。

和智慧的公孫弘相比較，現在有一些成功人士在官場上和商場上也很老到，但在「自我保全」上卻不夠成熟。高級飯店、豪華轎車、漂亮女人成了他們的「日常消費」，社交上講究排場，花銷闊綽，非常張揚。這顯然不是一種理智的處世態度，花開總有花落時，花落還有車輾過，何必讓自己的行為招搖於眾目

之上呢？

◎該説的話就得説，不該説的千萬別説

　　古人說：「訥爲君子，寡爲小人」，禍從口出並不是不讓人們說話，而是告誡人們講話一定要謹慎，常言說：「言多必失，謹開言，慢開口」；「會說話的想著說，不會說話的搶著說」。開口說話要動腦筋，爲什麼要說話，要看講話對象，應該怎樣開口，都有一定的學問。

　　古人在對待因言獲罪的問題時，提倡惡語善說。既要表達「志不同不相爲謀」的意思，又表明自己的立場，不傷害對方的自尊心，即「君子絕交，口不出惡言」。把這種保身哲學引申開來，就涉及古人很重視的如何表達「察與不察」的處世之道。善於明察的人並不是明智的，能夠明察也能夠不察的人，才是明智的。因爲自己洞察了某件事的本質，卻偏偏有人不願你把事實的真相說出來，只好裝作不知，才能使自己免遭不測。內精明而外渾厚，沉默是金，大智若愚，這才是明哲保身的道理。

　　清朝光緒年間兩宮皇太后垂簾聽政。慈禧常單獨召見廷臣，不與慈安太后商量，慈安太后頗爲不平。

　　1881 年初，慈禧忽然得了重病，徵集中外名醫治療都沒有效果，後來用產後疏導補養的藥治療，竟「奏效如神」。於是慈安太后知道慈禧失德不檢，便以慶賀慈禧康復爲名，在鐘粹宮擺下酒席，和慈禧共飲。酒過三巡，慈安太后讓左右的人下去後，就談起咸豐晚年的事，說：「20 多年來兩宮相處還算好，

有一件事早想和妹妹說了，請妹妹看一件東西。」慈安說著起身從一個匣子裏拿出一捲黃綾紙來。原來是咸豐帝臨終寫給慈安太后的手諭，大意說若此後那拉氏不安分，可出示此詔命大臣把她除掉。慈禧聽後臉色大變。

慈安太后完全出於好心告知慈禧此事，想借此遺詔規勸慈禧今後處處須檢點。為了不使慈禧猜忌，慈安當場索回遺詔在蠟燭上燒了，說：「此紙已無用，焚之大佳。」慈禧表面感激涕零，暗中心懷鬼胎。不久，慈安太後患感冒，當晚就死了，事實上是被慈禧所毒死的。

在生活中，常常可以看見一些說話不分場合的人。這樣的人不知道，有些事可以公開談，有些事只能私下說。他們通常都是好人，沒有心機，但是常常會引起始料不及的後果，給自己帶來傷害，所以，必須隨時為自己豎立警告標示，提醒自己，什麼可以說，什麼不能說。

◎ 適可而止，見好就收

話不能說得太滿，事情不可做得太絕，而要在考慮事情時既有全力以赴的進取準備，也給自己留條退路。這樣，進可攻，退可守，便沒有了後顧之憂。

世上沒有絕對的事，即使你認為已有十全把握能做好的事情，也有可能發生意外而歸於失敗，所謂「天時、地利、人和」，缺少任何一個因素都不行。所以，凡事總是用最大的努力去爭取好的結果，同時做好失敗的心理準備、物質準備和應變措施。

在追求利益時，既要考慮到成功的一面，也要考慮到有失敗的可能，兩者兼顧，方能週全。在欲進未進之時，應該認真地想一想，萬一不成怎麼辦？及早地爲自己留一條退路。

《戰國策》中有一句名言叫「狡兔三窟」，意指兔子有三個藏身的洞穴，即使其中一個被破壞了，尚存兩個；如果兩個被破壞了，還剩一個。這就是一種居安思危的生存方式，也是一種先留退路的預防策略。多準備幾手，多設想一下可能出現的困難，多幾個應急措施，一旦有了情況，出現問題，就能應付自如，「東方不亮西方亮」。

富翁家的狗在散步時跑丟了，於是富翁張貼了一則啟事：有狗丟失，歸還者，付酬金 1 萬元，並附有小狗的一張畫像。送狗者絡繹不絕，但都不是富翁家的。富翁太太說，肯定是真正撿狗的人嫌給的錢少，那可是一隻純正的愛爾蘭名犬，於是富翁把酬金改爲 2 萬元。

有一位乞丐在公園的躺椅上打盹時撿到了那隻狗。乞丐沒有及時地看到第一則啟事，當他知道送回這隻小狗可以拿到 2 萬元時，乞丐真是興奮極了，他這輩子也沒交過這種好運。

乞丐第二天一大早就抱著狗準備去領那 2 萬酬金。當他經過一家大百貨公司時，又看到了那則啟事，不過賞金已變成 3 萬元。乞丐駐足想了一會兒：這賞金增長的速度倒挺快，這狗到底能值多少錢呢？他改變了注意，又折回他的破窯洞，把狗重新拴在那兒，第四天，懸賞額果然又漲了。

在接下來的幾天時間裏，乞丐沒有離開過告示牌，當酬金漲到使全城的市民都感到驚訝時，乞丐決定將狗歸還。可是當

乞丐返回他的窰洞時，那隻狗已經死了，因為這隻狗在富翁家吃的都是鮮牛奶和燒牛肉，對這位乞丐從垃圾桶裏撿來的東西根本「享受」不了。

君子好名，小人好利，人一旦為名利驅使，往往身不由己，只知進，不知退。做人不懂得適可而止，見好就收，到頭來就會什麼也得不到，甚至會因為自己貪心不足，而把自己帶入罪惡的深淵。

一天傍晚，兩個非常要好的朋友在林中散步。這時，有位僧人從林中驚慌失措地跑了出來，兩人見狀，便拉住那個僧人問道：「你為什麼如此驚慌，到底發生了什麼事情？」

僧人忐忑不安地說：「我正在移植一棵小樹，卻忽然發現了一罎子黃金。」

兩個人感到好笑，說：「這僧人真蠢，挖出了黃金還被嚇得魂不附體，真是太好笑了。」然後，他們問道：「你是在那裏發現的，告訴我們吧，我們不害怕。」

僧人說：「還是不要去了，這東西會吃人的。」

兩個人異口同聲地說：「我們不怕，你就告訴我們黃金在那裏吧。」

僧人告訴了他們具體的地點，兩個人跑到樹林，果然在那個地方找到了黃金。好大的一罎子黃金！

其中一個人說：「我們要是現在把黃金運回去，不太安全，還是等天黑再往回運吧。這樣吧，現在我留在這裏看著，你先回去拿點飯菜來，我們在這裏吃完飯，等半夜時再把黃金運回去。」

於是，另一個人就回去取飯菜了。

留下的人心想：「要是這些黃金都歸我，那該多好呀！等他回來，我就一棒子把他打死，那麼，這些黃金不就都歸我了嗎？」

回去的那個人也在想：「我回去先吃飽飯，然後在他的飯裏下些毒藥。他一死，黃金不就都歸我了嗎？」

回去的人提著飯菜剛到樹林裏，就被另一個人從背後用木棒狠狠地打了一下，當場斃命了。然後，那個人拿起飯菜，狼吞虎嚥地吃了起來。沒過多久，他的肚子裏就像火燒一樣的疼，這才知道自己中毒了。臨死前，他想起了僧人的話：「僧人的話真是應驗了，我當初怎麼就沒有明白呢？」

貪慾會把人帶向罪惡的深淵，讓人失去理智。它可以使人相互摧殘，相互欺詐，甚至使最好的朋友反目成仇。因此，在生活中，我們一定要克制自己的慾望，切記，「貪」字頭上一把刀，一旦「貪」，就會被其毒害。

要做到知足不貪，適可而止，見好就收，就有必要學會一份「心靈上的舒展」。這種心靈上的舒展就是讓自己能把一切看平淡些，看輕鬆些，不要期望得太高，不要過分地求全責備。

把富貴看得淡，富貴就不足以動心志；把名利看得淡，名利就不足以動心志；把生死看得淡，生死就不足以動心志。像這樣就可以隨遇而安，逍遙自在。

◎拿得起是一種勇氣，放得下是一種度量

日本山下泰裕，奧運會柔道金牌得主，在連續獲得 203 場

勝利之後卻突然宣佈退役，而那時他才 28 歲。很多人不由得開始猜測，以為他出了什麼問題。其實不然，山下泰裕是明智的，因為他感覺到自己的巔峰狀態已是明日黃花，而以往那種求勝的意志也迅速落潮，這才主動宣佈撤退，去當了教練。應該說，山下泰裕的選擇雖然有所失，甚至有些無奈。然而，從長遠來看，卻也是一種如釋重負、坦然平和的選擇。比起那些硬充好漢者來說，他是英雄，因為他畢竟是消失於人生最高處的亮點上，給世人留下的是一個微笑。

有「體操王子」美譽的李寧，退出體壇後選擇了辦企業的道路，不也取得了令人稱羨的成功嗎？如同一切時髦的東西都會過時一樣，一切的榮耀或巔峰狀態也都會被拋到身後或煙消雲散的。因此，做一個明智的人，既然「拿得起」那頗有分量的光環，也同樣應當能夠「放得下」它，從而使自己步入柳暗花明的新天地，做出另一種有意義的選擇。這樣，我們又有什麼惆悵或遺憾呢？俗話說「拿得起，放得下」，頗有點辯證味兒，這對於我們做人來說也是極富啟迪意義的。所謂「拿得起」指的是人在躊躇滿志時的心態，而「放得下」則是指人在遭受挫折、遇到困難或者辦事不順暢以及無奈之時應採取的態度。

歌德說得好：「一個人不能永遠做一個英雄或勝者，但一個人能夠永遠做一個人。」這裏，「做一個英雄或勝者」，指的便是「拿得起」時的狀態；而「做一個人」，便是「放得下」時的狀態了。

人生長途中，總會遇到順逆之境、進退之間的各種情形與變故，總會遇到某些不得已的情況而不得不「放」的時候。例

如，一個人到了年邁體衰時，就有突然遭遇「被剝奪」輝煌的可能，這當然也是考驗人如何對待「拿」和「放」的時候。

美國第一位總統、開國元勳華盛頓連任兩屆總統後便堅持不再連任。他離任時，坦然地出席告別宴會，坦然地向人們舉杯祝福。次日，他又坦然地參加了新任總統亞當斯的宣誓就職儀式。然後，他揮動著禮帽，坦然地回到了家鄉維農山莊。這些瞬間，卻給歷史留下了永恆的光彩。

英國著名科學家赫胥黎，因其卓越的貢獻而享有崇高的聲望，然而，到了80歲時，赫氏不得不考慮放棄解剖工作時，他毅然辭去了教授、漁業部視察官等職務，最後，他還辭去了一生中最高的榮譽職務─英國皇家學會會長。不難設想，此時赫胥黎的心情何其沉重、心緒多麼難平，他甚至在發表了辭職演說後對友人這樣說：「我剛剛宣讀了我去世的官方訃告。」儘管如此，他畢竟如此「放下」了，在沒人強迫的情況下如此「放下」了。

一個職務，一種頭銜，自然意味著一個人在社會上所取得的成就和地位，它的意義是不言而喻的。然而，華盛頓和赫胥黎都「拿」上了自身地位最高的輝煌，可他們又都主動「放」下去了。以坦然和克制的態度去承受離任或離職之「放」，便活出了一份瀟灑與光彩，活出一種落落大方的風範來。一個人有可能遭遇到這樣一種情形：人生——無論功績或是職務——並未達到最佳狀態和最高峰，卻因為意外地遭受某種打擊，迫使人去直面「放得下」的窘迫。這時候，最重要的也許是儘快學會如何「爬起來」。「跌下去不疼，爬起來才疼」，這就是痛定思痛

的一種表現了。反思固然必要，可是，如若長久地斤斤計較於
「痛」上面，那就反而作繭自縛、手足無措了。

美國南北戰爭時期，南軍的主將羅伯特在投降儀式上簽字
以後，心情十分沉重。他默默地回到佛吉尼亞，避開了所有的
公共集會及所有愛戴他的人們。後來，他又默默地接受了政府
的邀請，出任華盛頓學院院長一職。不耽於沮喪與懊悔，一切
復興家園的「戰役」始終在默默地進行之中。

應該說，羅伯特是明智的，他懂得：「將軍的使命不單單在
於把年輕人送上戰場賣命，更重要的是教會他們如何去實現人
生價值。」看來，羅氏是真正弄懂了如何在「放得下」中實現
自己價值的人，這情形恰如愛因斯坦所說的那樣：「一個人真正
的價值，首先在於他在多大程度上和什麼意義上從自我中解放
出來。」像羅伯特那樣跌倒之後又爬起、「拿起」之後又「放下」，
這裏面的大勇氣和大坦誠令人何其欽佩啊！

在起起伏伏、上上下下的人生道路之中，當你集榮耀富貴
於一身時，是否想到會有高處不勝寒的危機、有長江後浪逐前
浪的窘迫呢？好吧，那就不要過分貪戀巔峰時的榮耀和風光，
趁著巔峰將過未過之時撤離高地，下得山來感受另一番風光
吧。難怪古人要說「變故在斯須，百年誰能持」了，當你實在
拿不起的時候，不如從容地放下吧。

第 *6* 章

成大事者，應能屈能伸

「吃虧人常在，能忍者自安」，是提倡忍讓的至理箴言。忍讓是一種美德，更是一種以屈求伸的深謀遠慮。實際上，忍讓也是人類適應自然選擇和社會競爭的一種做人方式。

◎羽翼不豐時，要懂得讓步

羽翼未豐時，要懂得讓步，低調處之，不可四處張揚，因為過早地將自己的底牌亮出來，往往會在以後的交戰中失敗。《易經》的「潛龍在淵」，就是指君子要伺機而動，要善於保存自己，不可輕舉妄動。

西元 616 年，李淵被詔封為太原留守，北邊的突厥竟用數萬兵馬多次衝擊太原城池，李淵遣部將王康達率千餘人出戰，幾乎全軍覆滅。後來巧使疑兵之計，才勉強嚇跑了突厥兵。更

可惡的是，在突厥的支持和庇護下，郭子和、薛舉等紛紛起兵鬧事，李淵防不勝防，隨時都有被隋煬帝藉口失責而殺頭的危險。

人們都以為李淵懷著刻骨仇恨，會與突厥決一死戰。不料李淵竟派遣謀士劉文靜為特使，向突厥屈節稱臣，並願把金銀珠寶統統送給始畢可汗！

李淵為什麼這麼做呢？其實，他早有自己的盤算。原來李淵根據天下大勢，已斷然決定起兵反隋，要起兵成大氣候，太原雖是一個軍事重鎮，但不是理想的發家基地，必須西入關中，方能號令天下，而太原又是李唐大軍萬不可丟失的根據地。那麼用什麼辦法才能保住太原，順利西進呢？

當時李淵手下兵將不過三四萬人馬，既要全部屯駐太原，應付突厥的隨時出沒，同時又要追剿有突厥撐腰的四週盜寇，已是捉襟見肘。而現在要進伐關中，顯然不能留下重兵把守。唯一的辦法是採取和親政策，讓突厥「坐受寶貨」，所以李淵不惜俯首稱臣。

退一步海闊天空，唯利是圖的始畢可汗果然與李淵修好。由於李淵甘於讓步，還得到了突厥的不少資助，始畢可汗一路上送給李淵不少馬匹及士兵，

李淵又乘機購來許多馬匹，這不僅為其擁有一隻戰鬥力極強的騎兵奠定了基礎，而且因為漢人素懼突厥兵英勇善戰，李淵軍中有突厥騎兵，自然憑空增加了聲勢。

李淵讓步的行為，不失為一種明智的策略，它使弱小的李家軍既平安地保住後方根據地，又順利地西行打進了關中。如

果再把眼光放遠一點看，突厥在後來又不得不與唐求和稱臣，突厥可汗還在李淵的使喚下順從地翩翩起舞哩！由此看來，低調做人，暫時的讓步，往往是贏取對手的資助、最後不斷走向強盛、伸展勢力，再反過來使對手屈服的一條有用的妙計。

◎夫唯不爭，故人莫能與之爭

有大智慧老子說：「夫唯不爭，故天下莫能與之爭。」這句話的意思是，正因為不與人相爭，所以遍天下沒人能與他相爭。這是一個充滿大智慧的做人與做事的哲學。

可惜的是，兩千多年來，真正能參悟和運用這一做人哲學的人如鳳毛麟角。在名利權位面前，人們常常忘乎所以，一個個巴不得你吃了我，我吞了你。可到頭來，這些爭得你死我活的人，大都落得遍體鱗傷、兩手空空，有的甚至身敗名裂、命赴黃泉。

三國時的曹操很注重接班人的選擇。長子曹丕雖為太子，但次子曹植更有才華，文名滿天下，很受曹操器重。於是曹操產生了換太子的念頭。

曹丕得知消息後十分恐慌，忙向他的貼身大臣賈詡討教。賈詡說：「願您有德行和度量，像個寒士一樣做事，兢兢業業，不要違背做兒子的禮數，這樣就可以了。」曹丕深以為然。

一次曹操親征，曹植又在高聲朗誦自己做的歌功頌德的文章來討父親歡心，並顯示自己的才能。而曹丕卻伏地而泣，跪拜不起，一句話也說不出。曹操問他什麼原因，曹丕便哽咽著

說：「父王年事已高，還要掛帥親征，作為兒子心裏又擔憂又難過，所以說不出話來。」

一言既出，滿朝肅然，都為太子如此仁孝而感動。相反，大家倒覺得曹植只曉得為自己揚名，未免華而不實，有悖人子孝道，作為一國之君恐怕難以勝任。畢竟寫文章不能代替道德和治國才能吧，結果還是「按既定方針辦」，太子還是原來的太子。曹操死後，曹丕順理成章地登上魏國皇帝的寶位。

其實剛開始時，曹丕是極不甘心自己的太子之位被弟弟奪走的，他想拼死一爭，卻又明知自己的才華遠在曹植之下，勝數極微，一時竟束手無策。但他畢竟是個聰明人，經賈詡的點化，腦瓜頓時開竅：爭是不爭，不爭是爭。與其爭不贏，不如不爭，我只需恪守太子的本分，讓對方一個人盡情去表演吧，公道自在人心！最後，這場兄弟奪嫡之爭，以不爭者勝而告終。

曹丕以不爭而保住太子之位，而東漢的馮異則以不爭而被封侯。

西漢末年，馮異全力輔佐劉秀打天下。一次，劉秀被河北王郎圍困時，不少人背離他去，而馮異卻更加恭維劉秀，寧肯自己餓肚子，也要把找來的豆粥、麥飯進獻給饑困之中的劉秀。河北之亂平定後，劉秀對部下論功行賞，眾將紛紛邀功請賞，馮異卻獨自坐在大樹底下，隻字不提饑中進貢食物之事，也不報請殺敵軍功。人們見他謙遜禮讓，就給他起了個「大樹將軍」的綽號。爾後，馮異又屢立赫赫戰功，但凡議功論賞，他都退居廷外，不讓劉秀為難。西元 26 年，馮異大敗赤眉軍，殲敵八萬，使對方主力喪失殆盡，劉秀馳傳璽書，要論功行賞，「以答

大勳」，馮異沒有因此居功自傲，反而馬不停蹄地進軍關中，討平陳倉、箕穀等地亂事。嫉妒他的人誣告他，劉秀不為所惑，反而將他提升為征西大將軍，領北地太守，封陽夏侯，並在馮異班師回朝時，當著公卿大臣的面賜他以珠寶錢財，又講述當年豆粥、麥飯之恩，令那些為與馮異爭功而進讒言者羞愧得無地自容。

◎成大事者，應能屈能伸

「大丈夫能屈能伸，能上能下」，有些人看上去平平常常，甚至還「低聲下氣」，給人「窩囊」、不中用的弱者感覺，但這樣的人往往正是能成大事的大丈夫。因為，越是這樣的人，越是在胸中隱藏著高遠的志向抱負，而他這種表面「無能」，正是他心高氣不傲、富有忍耐力和成大事策略的表現。這種人往往能高能低、能上能下，具有一般人所沒有的遠見卓識和深厚城府。

劉備一生的「三低」行動，就為他的輝煌奠定了基礎。

一低是桃園結義，與他在桃園結拜的人，一個是酒販屠戶張飛，另一個是在逃的殺人犯，因正在被通緝而流竄江湖的關羽。而劉備曾被皇上認為皇叔，卻肯與他們結為異姓兄弟，這樣一來，兩條浩瀚的大河向他奔湧而來，一條是五虎上將張翼德，另一條是儒將武聖關雲長。劉備的事業，從這兩條河開始匯成汪洋大海。

二低是三顧茅廬。為一個未出茅廬的後生諸葛亮，劉備竟

前後三次登門求見。不說身份名位，只論年齡，劉備差不多可以稱得上長輩，長輩喝了兩碗晚輩精心調劑的閉門羹，連關羽和張飛都在咬牙切齒。他卻毫無怨言，一點都不覺得丟了臉面，這又一低，得到了一張宏偉的建國藍圖，一個千古名相。

三低是禮遇張松。益州別駕張松，本來是想賣主求榮，把西川獻給曹操，曹操自從破了馬超之後，志得意滿，數日不見張松，見面就要問罪，差點將其處死。而劉備派趙雲、關雲長迎候於境外，自己親迎於境內，宴飲三日，淚別長亭，甚至要為他牽馬相送。張松深受感動，終於把原本打算送給曹操的西川地圖獻給了劉備。這再一低，不費吹灰之力得到西川。

縱觀劉備一生，為人胸懷大志，求賢若渴，虛懷納諫，平易近人而禮賢下士，從而慢慢地成就了自己的事業。

一個人，無論你已取得成功還是沒有出師山下，其實都應該謹慎平穩，不惹週圍人不快；尤其不能得意忘形狂態盡露。特別是年輕人初出茅廬，往往年輕氣盛，這方面尤其應當注意。因此氣量決定著你的形態，形態影響著你的事業。

一位博士生論文答辯之後，指導教授對他很客氣地說：「說實在話，這方面你研究了這麼多年，你才是真正的專家，我們是在考你、指導你，也是在向你請教。」

博士則再三鞠躬說：「是老師指導我方向，給我找機會。沒有老師的教導，我又能怎麼表現呢。」

本來，能贏得指導教授的肯定和讚美是一件多麼值得驕傲的事啊，但博士生沒有因此得意揚揚，而是謙遜地感謝導師，無疑這種得體的表現會贏得眾教授的好感，於他只會有益而不

會有害。

所以說，懂得勝不驕、有功不傲的人是真正懂生活、會做事的人，他們會因此而成為強者，成為前途平坦、笑到最後的人。

◎ 主動示弱，尋找獲勝的機會

我們在具有博弈性質的交往中為了取勝，一般不會以弱示人。但在知道即將遭遇惡戰或需付出沉重代價前就公開承認自己的短處，有意暴露某些方面的弱點，並主動退避三舍，再另外尋找獲勝機會，這才是最明智的選擇。

故意示弱可以減少乃至消除他人的不滿或嫉妒。事業的成功者，生活中的幸運兒，被人嫉妒是難免的，在一時還無法消除這種社會心理之前，用適當的示弱方式可以將其消極作用減少到最低限度。

示弱是先收後放、先守後攻，因此具有強大的力量。可以說，為人處世中，懂得示弱是人際交往中掌握主動權的「靈丹妙藥」，也是謙遜為人、低調處世的制勝法寶。

赫蒙是美國有名的礦冶工程師，畢業於美國的耶魯大學，又在德國的佛萊堡大學拿到了碩士學位。可是當赫蒙帶齊了所有的文憑去找美國西部的大礦主赫斯特的時候，卻遇到了麻煩。那位大礦主是個脾氣古怪又很固執的人，他自己沒有文憑，所以就不相信有文憑的人，更不喜歡那些文質彬彬又專愛講理論的工程師。當赫蒙前去應聘遞上文憑時，滿以為老闆會樂不

可支，沒想到赫斯特很不禮貌地對赫蒙說：「我之所以不想用你，就是因為你曾經是德國佛萊堡大學的碩士，你的腦子裏裝滿了一大堆沒有用的理論，我可不需要什麼文縐縐的工程師。」

聰明的赫蒙聽了不但沒有生氣，相反心平氣和地回答說：「假如你答應不告訴我父親的話，我要告訴你一個秘密。」赫斯特表示同意，於是赫蒙對赫斯特小聲說：「其實我在德國的佛萊堡並沒有學到什麼，那三年就好像是稀裏糊塗地混過來一樣。」

想不到赫斯特聽了笑嘻嘻地說：「好，那明天你就來上班吧。」

就這樣，赫蒙運用了必要時不妨自貶的策略輕易地在一個非常頑固的人面前通過了面試。

也許有人認為赫蒙那樣做不十分合適，問題是能不能做到既沒有傷害別人又能把問題解決。就拿赫蒙來說，他貶低的是自己，他自己的學識如何，當然不在於他自己的評價，就是把自己的學識抬得再高，也不會使自己真正的學識增加一分一毫，反過來貶得再低也不會使自己的學識減少一分一毫。

讓步其實只是暫時的退卻，為了進一尺有時候就必須先做出退一寸的忍讓，為了避免吃大虧就不應計較吃點小虧。美國第一屆總統華盛頓在任時，身邊的副總統是德雷斯頓，這是個閑差，可是德雷斯頓卻把它變成具有實權的職位，他常常在演說時講一些他做副總統鬧出的笑話，這樣做的結果非但沒有降低自己，反而贏得了敬佩和擁護。

退讓有一種辦法是表面上做出讓步，實際上卻暗中進了一

步。所謂「換湯不換藥，還是老一套」，又所謂「新瓶裝舊酒」。換了瓶子向對方退步，可酒還是老酒，酒力反而更大，因爲對方肯定猝不及防地毫無還手之力了。

◎耐心等待，該出手時才出手

耐心是克敵制勝的有效武器。在激烈的商戰中，需要耐心地等待時機。而一旦時機成熟，就必須毫不遲疑地發展自己，把對手擠垮。

歷代奸相中，大概沒有誰比嚴嵩的影響更大了。在他當政20多年裏，「無他才略，唯一意媚上竊權周利」，「帝以剛，嵩以柔；帝以驕，嵩以謹；帝以英察，嵩以樸誠；帝以獨斷，嵩以孤立。」與昏庸的嘉靖帝「竟能魚水」。嚴嵩之所以當政長達20餘年，與嘉靖帝的昏庸有著十分密切的關係。

世宗即位時年僅15歲，是一個乳臭未乾的孩子。加之不學無術，在位45年，竟有20多年住在西苑，從來不回宮處理朝政。正因為如此，才使得奸臣有機可乘。事實上，在任何一個國家的任何朝代，昏君之下必有奸臣，這已成了一條規律。

雖然嚴嵩年過60，老朽糊塗。但其子嚴世蕃卻奸猾機靈。他曉暢時務，精通國典，頗能迎合皇帝。故當時有「大丞相、小丞相」之說。在嚴嵩當政的20多年裏，朝中官員升遷貶謫，全憑賄賂多寡，所以很多忠臣都被嚴嵩父子加害致死。

為了反對嚴嵩弊政，不少愛國志士為此進行了前仆後繼、不屈不撓的鬥爭，也有不少志士因此獻出了生命。在對嚴嵩的

鬥爭中，徐階起到了決定性的作用。

徐階在起初始終深藏不露，處理朝政既光明正大又善施權術。應該說，在官場角逐中既能韜光養晦，又會出奇制勝，是一位彈性很強的有謀略的政治家。他的圓滑被剛直的海瑞批評為「甘草國老」。雖然他「調事隨和」，但仍與嚴嵩積怨日深。在形勢對徐階尚不利時，徐階一方面對皇帝更加恭謹，「以冀上憐而寬之」；另一方面，對嚴嵩「陽柔附之」，雖內藏仇恨，表面上卻做出與嚴嵩「同心」之姿態。為了打消嚴嵩的猜忌，徐階甚至不惜以其長子之女婚許於嚴世蕃之子。

時機終於來了。嘉靖四十年十一月二十五日夜，嘉靖皇帝居住近20年的西苑永壽宮付之一炬。大火過後，皇帝暫住潮濕的玉熙殿。工部尚書雷禮提出永壽宮「王氣攸鐘」，宜及時修復；而眾公卿卻主張遷回大內，這樣既省錢又可恢復朝政。皇帝問嚴嵩的意見。嚴嵩提出皇帝應暫住南宮——這是明英宗被蒙古瓦敕部也先俘虜放回後景帝將其軟禁的地方。嘉靖當然不願意住在這樣一個「不吉利」的地方。嚴嵩的這個建議鑄成了導致他失寵於嘉靖皇帝並最終垮台的大錯。

徐階覺得這樣一個千載難逢的好機會，當然不會輕易放過。所以他表現出十分忠誠的樣子，提出儘快修復永壽宮，並拿出了具體規劃。次年3月，工程如期竣工，皇帝喜不自禁，從此將寵愛轉移到徐階身上。

為達到置嚴嵩於死地的目的，徐階還利用皇帝信奉道教的特點，設法表明罷黜嚴嵩是神仙玉帝的旨意。他把來自山東的道士藍道行推薦入西苑，為皇帝預告吉凶禍福。不久，便借助

偽造的乩語，使嚴嵩被罷官，嚴世蕃被斬。

在時機不成熟時，大家都知道要隱忍，這個道理很簡單。可是要隱忍得不露痕跡，卻不是人人都能做到的。如果別人都看不出你在有意地「忍」，以圖等時機成熟時「出手」，那麼再週密的構想都會提前被人扼殺在搖籃之中。

宋文帝初即君位之時，強臣環逼，稍處置不當，立有性命之虞。只不過，他技高一籌，隱忍之術爐火純青。

南朝劉宋王朝的開國皇帝宋武帝劉裕臨死托孤給司空徐羨之、中書令傅亮、領軍將軍謝晦、鎮北將軍檀道濟。劉裕死後，其長子劉義符即皇帝位。劉義符做上皇位後，行為荒誕得令人啼笑皆非。徐羨之在劉義符即位兩年後，準備廢掉他。

要廢掉劉義符，就得有人來接替。順序該是劉義真，但劉義真和謝靈運等人交好，謝靈運則是徐羨之的政敵。為此，徐羨之等人挖空心思，先借劉義符的手，將劉義真廢為庶人。接著，徐羨之、傅亮、謝晦、檀道濟、王弘五人合力，發動武裝政變，廢掉了劉義符，以皇太后的名義貶劉義符為營陽王。更糟糕的是，還沒等新皇帝即位，徐羨之和謝晦竟然謀劃分別將劉義符、劉義真先後殺死。

他們擁立的新皇帝是劉義隆，即宋文帝。那曾想劉義隆精通厚黑之道，他先升徐羨之等人的官：徐羨之進位司徒；王弘進位司空；傅亮加「開府儀同三司」，即享受和徐羨之、王弘相同的待遇；謝晦進號衛將軍；檀道濟進號征北將軍。

接著，劉義隆不動聲色地安排了自己的親信，官位雖不高，但侍中、將軍、領將軍等要職都由他的親信充任，從而穩定自

己皇帝的地位。

第二年，即宋文帝元嘉二年(西元 425 年)正月，徐羨之、傅亮上表歸政，即將朝政大事交由宋文帝劉義隆處理。當初發動政變的五個人中，王弘一直表示自己沒有資格做司空，推讓了一年時間，劉義隆才准許他不做司空，只做車騎大將軍、開府儀同三司。

直到這一年年底，宋文帝劉義隆才準備出手鏟鋤徐羨之等人。宋文帝元嘉三年(西元 426 年)正月初八，劉義隆在準備就緒後，發佈詔書，治徐羨之、傅亮弒兩位皇兄之罪。同時宣佈對付可能叛亂的謝晦的軍事措施。就在這一天，徐羨之逃到建康城外 20 裏的叫新林的地方，在一陶窯中自縊而死。傅亮也被捉住殺死。謝晦舉兵造反，先小勝而後大敗，逃亡路上被活捉，後被殺死。

劉義隆由藩王而進京做上皇帝，由有名無實到名副其實的皇帝，最後順利除掉弒「二王」的一夥權臣，靠的就是「隱忍」二字。

可見，在條件不成熟時，厚黑行世者一定要懂得「隱忍」，通過耐心的等待和暗中的謀劃，使實力的天平最終向自己一方傾斜。

◎君子出頭十年不晚，要懂得隱忍待機

隱忍是指暫時收斂鋒芒，隱藏動機和行跡，忍耐一段時間，然後伺機而起的處理問題技巧。這一謀略就是要使對方不注意

自己，起到隱藏和保護自己的作用，實現日後消滅或削弱對方的目的。

漢惠帝六年(西元前 189 年)八月，相國曹參去世。陳平由郎中令(守衛宮殿門戶)升任左丞相，安國侯王陵做了右丞相，位在陳平之上。

王陵、陳平並相的第二年，漢惠帝死，太子劉恭即位。少帝劉恭還是個嬰兒，不能處理政事，呂太后名正言順地替他臨朝，主持朝政。

高後元年(西元前 187 年)冬，呂太后為了鞏固自己的統治，打算封自己娘家侄兒為諸侯王，首先徵詢右丞相王陵的意見。王陵性情耿直，直截了當地說：「高帝(劉邦的廟號)在世時，殺白馬和大臣們立下盟約，非劉氏而王，天下共擊之。現在立姓呂的人為王，違背高帝的盟約。」

太后聽了很不高興，轉而詢問左丞相陳平和太尉(掌管軍事)周勃等人的看法。王陵希望他們支持自己的意見，沒想到陳、周的態度大大出乎他的意料，他倆說：「高帝平定天下，分封劉姓子弟為王；現在太后臨朝，分封呂姓子弟為王也沒什麼不可以。」呂後點了點頭，十分高興。

散朝以後，王陵責備陳平、周勃說：「當初與高帝歃血盟誓，你們不在場嗎？現在高帝駕崩了，太后掌權，要封呂氏為王，你們奉承太后，順從她的慾望，阿諛逢迎，違背盟約，將來有什麼臉面去見九泉之下的高帝。」

聽了王陵的責備，陳平和周勃一點兒也沒生氣，陳平說：「在朝廷上當面對太后諫爭，我們比不上您；日後保全社稷，安定

劉氏的後代，您可比不上我們。」王陵一肚子悶氣，可也說不出什麼。

陳平看得很清楚，在當時的情況下，根本不可能阻止呂後封諸呂為王，只有保住自己的官職，才能和諸呂進行長期的鬥爭。因此，眼前不宜觸怒呂，暫且迎合她，以後再伺機而動，方為上策。

事實證明，陳平採取的鬥爭策略是高明的。呂後恨直言諫諍的王陵不順從她的旨意，假意提拔王陵做少帝的老師，實際上奪去了他的相權。王陵咽不下這口惡氣，藉口有病請了長假。

太后也沒有再為難他，同意他辭職休養。王陵閉門不出，連朝也不上，其後十年去世。王陵被罷相之後，太后提升陳平為右丞相，同時任命自己的親信辟陽侯審食其為左丞相。陳平知道，現在主弱臣強，太后機詐陰毒，素性多疑，棟樑幹臣如果鋒芒畢露，就會因為震主之威而遭到疑忌，發生不測之禍，必須韜光養晦，使太后放鬆對自己的警覺，才能保住自己的地位。太后的妹妹呂須恨陳平當初替劉邦謀劃擒拿她的丈夫樊噲，多次在太后面前進讒言：「陳平做丞相不理政事，每天老是喝酒，和歸女遊樂。」

陳平知道了，心中暗喜，更加放縱自己。

太后聽人報告陳平的行為，也是喜在心頭，認為陳平貪圖享受，不過是個酒色之徒。一次，她竟然當著呂須的面，和陳平套交情說：「俗話說，婦女和小孩子的話，萬萬不可聽信。您和我是什麼關係，用不著怕呂須的讒言。」

陳平將計就計，假意順從太后。太后封諸呂為王，陳平無

不從命。他用心固守相位，暗中保護劉氏子弟，等待時機恢復劉氏政權。

西元前 180 年，呂後一死，陳平就和太尉周勃合謀，誅滅呂氏家族，擁立代王為孝文皇帝，恢復了劉氏天下。

所謂「小不忍則亂大謀」，「君子報仇，十年不晚」。對於日常生活和人際交往中遇到的令你屈辱的事情，在沒有力量反擊的時候，先不要去斤斤計較。要記住：在大事業之前的小事若無法忍受，將無法成就偉大的理想。

在中國智慧中，十分重視「忍隱」，即自己的行動目標，不能輕易暴露，而且必須有一定的掩飾。重大事業只有在成功之後才可以論說其成功之謎，如何在人生實踐中把握自己的志向目標，便成為一個正確運用韜晦策略的問題。

要成就大業，就得分清事情的輕重緩急，大小遠近，該忍痛割愛的就得忍痛割愛，該從長計議的就得從長計議。如果動輒生氣、發怒，逞一時之強，圖一時之快，那就會導致全盤皆輸。

容天下難容之人，忍常人難忍之事，成世間難成之業。的確，做大事不能動輒生氣，成就大業就得心裏能擱事，就得能制怒，忍一時之氣換來全盤勝利，這正是成大業者的氣魄。

其實，人生的漫漫長路，風雲變幻，難免危機四伏，為保全自己，打擊對手，還是要做做樣子，裝裝糊塗，麻痹對手，伺機而動才能鹹魚翻身。

當忍則忍，不要逞一時之勇，圖一時之快，不考慮後果，甚至忘記自己是誰！留得青山在，才有東山再起的資本。

第7章

低調做人的裝愚術

中國古代的道家和儒家都主張「大智若愚」，而且要「守愚」。

大智若愚並非真愚，大智若愚的人給人的印象是：虛懷若谷，寬厚敦和，不露鋒芒，甚至有點木訥。其實在「若愚」背後，隱含的是真正的智慧大聰明。大智若愚，這是兵家的計謀，也是處世的方略。

◎聰明反被聰明誤

《孟子‧盡心章句下》中說：只有點小聰明而不知道君子之道，那就足以傷害自身。小聰明不能稱爲智，充其量只是知道一些小道末枝。小道末枝可以逞一時之能，但最終會禍及自身。《紅樓夢》中的王熙鳳，機關算盡太聰明，反誤了卿卿性命，聰明反被聰明誤就是這個意思。只有大智才能使人伸展自如，

只有大智才是人生的依託。

但在現實生活中，卻存在著這樣一種自視清高的人：他們銳氣旺盛、鋒芒畢露，處事則不留餘地，待人則咄咄逼人，有十分的才能與聰慧，就十二分地表露出來。他們往往有著充沛的精力，很高的熱情，也有一定的才能，看不起眼前的任何人，大有一種「一覽眾山小」的架勢，這種人常自以為是、高高在上，這種人的處世哲學是高調做人。有一點本領就覺得自己有七十二般武藝，到處張揚。

殊不知，這種人在人生旅途中往往遭受挫折，甚至釀成悲劇。其原因主要是他們看不到或不明白人的「知」與「不知」的相對性，有一點聰明，有一點成就就趾高氣揚，覺得自己無所不知，無所不能。其實，世界之大，天外有天，你又怎能窮盡呢？過於賣弄聰明，鋒芒畢露，覺得自己全知全能，肯定要碰釘子。

在三國時代，有個絕頂聰明的人，他叫楊修，字德祖，在曹操手下為官。他曾和曹操一同騎馬路過曹娥碑前，見碑上刻有八個字：「黃娟、幼婦、外孫、童臼」。楊修一看就明白了，而曹操卻不解其意。因此，他讓楊修不要說出答案來，要自己想一想。又走了30裏，曹操才想通，和楊修一對答案，乃「絕妙好辭」四字。操歎道：「我的智慧比楊修差了30裏啊。」嘴裏雖是這樣說，心裏畢竟不太舒服。

有一次，曹操建造了一座花園，造成後，他去觀看，未置可否，只是在門上寫了一個「活」字就離開了。眾人都不解其意，楊修說：「『門』內添『活』字，乃『闊』字也。丞相是嫌

門太寬了」。監工立即命令工匠們重建，曹操再去看時，大喜，問：「誰知吾意？」左右告之：「楊修也。」曹操雖喜，心甚忌之。

後來，有人送一盒酥給曹操，還沒來得及吃便在酥盒上寫了「一盒酥」三字，放在案頭，曹操擔心敵人下毒，故內心希望下人先嚐之。曹操一走，楊修便取出盒中之酥分給大家吃，曹操問其故，楊修曰：「盒上明寫『一人一口酥』，豈敢違丞相之命乎？」曹操臉上雖嬉笑，心裏嫉恨之。

之後曹操的軍隊與劉備在漢水作戰，兩軍對峙，久戰不勝，曹操是進是退心中猶豫，適逢廚子送進雞湯，見碗中有雞肋，因而有感於懷。正沉吟間，夏侯惇入帳問夜間口令。曹操隨口說道：「雞肋！」行軍主簿楊修一聽夜間口令為「雞肋」，便立即讓士兵收拾行裝，準備歸程。夏侯惇忙問其故。楊修曰：

「雞肋者，食之無肉，棄之可惜。丞相的意思是如今進不能勝，退恐人笑，在此無益，不如早歸。來日魏王必班師矣。」本來曹操在進退兩難之際，真有班師北歸之意，但見楊修又說破他的心思，非常氣惱，便大聲呵斥道：「汝怎敢造言，亂我軍心。」喝令刀斧手推出斬之。

以上幾件事，處處透出楊修與眾不同的聰明才智，相比之下，曹操自認為其智慧與楊修相差30裏，對楊修是既羨慕又妒惡，這就決定了楊修絕不會有善果。最後，曹操終於以「亂我軍心」為藉口，很輕易地就將楊修殺了。楊修的死，正應了的一句老話：「聰明反被聰明誤」。

◎大智若愚，智者的處世之道

中國古代的道家和儒家都主張「大智若愚」，而且要「守愚」。大智若愚並非真愚，大智若愚的人給人的印象是：虛懷若谷，寬厚敦和，不露鋒芒，甚至有點木訥。其實在「若愚」背後，隱含的是真正的智慧大聰明。大智若愚，這是兵家的計謀，也是處世的方略。

古人以為做一個真正明智的人，就要「好察非明，能察能不察之謂明」。什麼叫「能不察」呢？就是在一群人中，唯有自己洞察了這件事的本質，而又偏偏有人不願你把事實的真相說出來，於是只好裝作不知，以免自己的智慧太過而遭不測。

春秋時，齊國有位智者叫隰斯彌。當時當權的大夫是田成子，頗有竊國之志。

一次，田成子邀他談話時，兩人一起登臨高台流覽景色，東西北三面平野廣闊，風光盡收眼底，唯南面卻有一片隰斯彌家的樹林薈薈鬱鬱，擋住了他們的視線。隰斯彌在談話結束後回到家裏，立即叫家僕帶上斧鋸去砍樹林。可是，剛砍了幾棵，他又叫僕人停手，趕快回家。家人望著他莫名其妙，問他為什麼顛三倒四的？

隰斯彌說：「田之野唯我家一片樹林突兀而列，從田成子的表情看，他是不會高興的，所以我回家來急急忙忙地想要砍掉。可是後來一轉念，當時田成子並沒有說過任何表示不滿的話，相反倒十分的籠絡我。田成子是一個非常有心計的人，他正野

心勃勃要謀取國位，很怕有比他高明的人看穿他的心思。在這種情況，我如果把樹砍了，就表明了我有知微察著的能力，那就會使他對我產生戒心。所以不砍樹，表明不知道他的心思，就算有小罪而可避害；而砍了樹，表明我能知人所不言，這個禍闖的可就太大啦！」

這是一種典型的自保之術，所謂「察見淵魚者不祥」是也。所以古人說：洞察以為明者，常因明而生暗，說的就是精於察人而產生的副作用，即「好醜在心太明，則物不契，賢愚心太明，則人不親，士君子須是內精明而外渾厚，使好醜而得其平，賢愚共受其益，才是生成的德」。

糊塗處世，能息彌事端，力挽狂瀾。過於執著，僅僅是能出事、滋事、擾事、鬧事，被捲於漩渦之中，拋於險浪之巔。

鄭板橋不僅是清代著名的畫家、書法家，還有過一段家喻戶曉的仕途經歷。他在濰縣做官時由於為官清正，想民之所想，贏得了當地百姓的熱烈擁戴，而且在任期間，他還題過幾幅著名的匾額，其中最為膾炙人口的是「難得糊塗」與「吃虧是福」，這兩塊匾可以說是鄭板橋為人處世的一個見證。

有專家考證，「難得糊塗」這四個字是在山東萊州的雲峰山寫的。萊州地處濰縣西北，背臨大海，城的東南有座雲峰山，山多碑刻。那一年鄭板橋專程至此觀鄭文公碑，因盤桓至晚，不得已借宿於山間茅屋。屋裏住著一個年長的儒雅老翁，自命糊塗老人，言談舉止皆透露出超凡脫俗的氣質。他室中陳列了一方桌般大的硯台，石質細膩，鏤刻精良，板橋大開眼界。老人請板橋題字以便刻於硯背，板橋以為老人必有來歷，便題寫

了「難得糊塗」四個字，用了「康熙秀才雍正舉人乾隆進士」方印。因硯台地大，尚有餘地，板橋說老先生應寫一段跋語，老人便寫了「得美石難，得頑石尤難，由美石而轉入頑石更難，美於中，頑於外，藏野人之廬，不入富貴之門也」。他用了一塊方印，印上的字是「院試第一，鄉試第二，殿試第三。」

板橋大驚，知道老人原來是一位隱退的官員，細談之下，方知原委。有感於糊塗老人一生的坎坷經歷和樂觀曠達的處世哲學，板橋當下見還有空隙，便也補寫了一段：「聰明難，糊塗尤難，由聰明而轉入糊塗更難。放一箸，退一步，當下安心，非圖後來報也。」

老人見了大笑不止，眼光中流露出贊許之色，好像看到了知己。

有句古話叫做「聰明反被聰明誤」，有的人一世聰明，到頭來也沒有落得好的下場。其實，官場也好，生活中也好，該糊塗的時候，就不要顧忌自己的面子、自己的學識、自己的地位、自己的權勢，一定要糊塗，由糊塗而轉聰明，則必左右逢源，不為煩惱所擾，不為人事所累，這樣也必會有一個幸福、快樂、成功的人生。

◎假裝愚鈍，韜光養晦

「大智若愚」的意思是有大智慧、大覺悟的人不顯露才華，外表上好像很愚呆。事實上，這既是一種至高的人生境界，又是人生大謀的回答。假裝愚鈍，讓人以為自己無能，讓人忽視

自己的存在，而在必要時，可以不動聲色，先發制人，讓別人失敗了還不知是怎麼回事。

在古代做人的藝術中，「大智若愚」常被演變爲一套內容極其豐富的韜光養晦之術。

那些「大智若愚」的人對老子的名言「挫其銳、解其紛、和其光、同其塵，是謂玄同」理解得格外深刻，因而每當身處一些「特殊關係」的微妙場合，或者在面臨生命威脅的緊要關頭，韜晦者無不恬然淡泊，大智若愚。

北齊政權的基業是由大將軍高歡開創的。高歡死後，長子高澄繼承爵位。高澄心毒手狠，猜忌刻薄，上無禮君之義，下無愛弟之情。高歡次子高洋當時18歲，通曉政事，開始走上了政治舞台，對高澄的地位構成威脅。如果此時高洋精明強幹、才華外露的話，必然受到乃兄的猜忌防範。

於是，高洋「深自晦匿，言不出口，常自貶退。與澄言無不順從」，給人一種軟弱無能的印象，高澄有些瞧不起他，常對人說：「這樣的人也能得到富貴，相書的準確還怎麼能解釋呢？」

高洋妻子李氏貌美，高洋爲妻子購買首飾服玩，稍有好一點的，高澄就派人去要，李氏很生氣，不願意給，高洋卻說：「這些東西並不難求，兄長需要怎能不給呢？」

每次退朝還宅，高洋就關上宅院之門，深居獨坐，對妻子亦很少言談，竟能終日不發一言。高興時，竟光著腳奔跑跳躍，李氏看到不禁詫異地問他在幹什麼，高洋則笑著說：「沒啥事兒，逗你玩的！」其實他如此跑跳，意在徹底使政敵放鬆對自己的警惕，一個經常在家逗媳婦玩的人能有什麼大志呢？正因

如此，高澄及文武公卿等都把高洋看成一個癡人，絲毫沒有放在眼中。

東魏武定七年(西元 549 年)，大將軍高澄被膳奴蘭京所殺。當時事起倉促，高府內外十分震驚。高洋卻顏色不變，毫不驚慌，忙調集家中所有可指揮的武裝力量前去討賊。由於他部署得當，有條不紊，片刻之間便將膳奴蘭京的進犯平定了下去。

隨後，高洋就在其兄府中辦公，對外只說膳奴造反，大將軍受傷，但傷勢不重，不准走漏任何消息。高澄的許多宿將都鐵心保高氏，當時只以為是高澄的屬意而未注意到高洋。所以，高洋的這些應急措施實行起來毫無阻力。外人都不知高澄已死，所以馬上就穩住了局面。

高洋直接控制了高澄的府第和在鄴都的武裝力量後，當夜又召大將軍都護太原唐巴，命他分派部署軍隊，迅速控制各要害部門和鎮守四方。高澄的宿將故吏都傾心佩服高洋的處事果斷和用人得當，人心大悅，真心擁護並輔佐高洋。半年後，高洋於梁簡文帝大寶元年(西元 550 年)五月代東魏自立，建立了北齊政權。

「大智若愚」，重在一個「若」字，「若」設計了巨大的假象與騙局，掩飾了真實的野心、權慾、才華、聲望、感情，從而收到以靜制動、以暗處明、以柔克剛、以反處正的功效。

愚、挫、屈、訥都給人以消極、低下、委屈、無能的感覺，使人放棄戒懼或者與之競爭的心理。但愚、挫、屈、訥卻是人為營造的迷惑外界的假象，目的是為了減少外界的壓力，或使對方降低對自己的要求。如果要克敵制勝，那麼可以在不受干

擾、不被戒懼的條件下，暗中積極準備、以奇制勝，以有備勝無備；如果意圖在於獲得外界的賞識，愚鈍的外表可以降低外界對自己的期待，而實際的表現卻又超出外界對自己的期待，這樣的智慧表現就能格外出其不意，引人重視。

「大智若愚」是在平凡中表現不平凡，在消極中表現積極，在無備中表現有備，在靜中觀察動，在暗中分析明，因此它比積極、比有備、比動、比明更具有優勢，更能保護自己。

◎處處顯精明，不是載福之道

一般說來，人性都是喜直厚而惡機巧的。一個人若過於精明，確能佔得不少便宜，但也容易遭人厭惡，別人同樣會以精明加以防範。但想成就大事，不精明，沒有機巧權變，又絕對不行。尤其是當他所處的環境並不盡如人意時，那就更要既弄機巧權變，又不能為人所厭戒。

要做到這一點，必須要有鷹立虎行、如睡似病、藏巧用晦等各種處世應變的大智慧。

唐初的重臣李績，本是李密的部下。在當初起兵時，李密與李淵父子勢力之間，是鉤心鬥角的兩部，只是李密後來被王世充打敗，李績才隨故主投於李淵父子的麾下。此時天下大勢已趨明朗。李績懂得只有取得李淵父子的絕對信任才有前途，於是安排了這樣的行動：把他「東至於海，南至於江，西至汝州，北至魏郡」的所據郡縣地理人口圖派人送到關中，當著李淵的面獻給李密，說既然李密已決心投降，那我所據有的土地

人口應隨主人，由主人獻出去，否則自獻就是自己為己功、以邀富貴而屬「利主之敗」的不道德行為。李淵在一旁聽了，十分的感激，認為李績能如此盡忠故主，必是一個忠臣，李績歸唐後，很快得到了李淵的重用。

但是，李密降唐後心懷怨望，不久竟又叛唐，事未成而「伏誅」。按理說，一般的人到了這個時候，避嫌猶恐過晚，但李績卻公然上書，奏請由他去收葬李密——焠其「公然」，才更添他的「高風亮節」，假如偷偷摸摸，則可能會有相反的效果。

說起來，這純粹是做給活人看的，李密已死，曉得什麼？表面看這似乎有礙於唐天子的面子，是李績的一種愚忠，實際李績早已料到這一舉動將收到以前獻土地時同樣的神效。果然「朝野義之」，公推他是仁至義盡的君子。從此李績更得朝廷的推重，恩及三世。

李績採取的是一種「負負得正」的心理效應，迎合了人們的一般不信任直接對己的甜言蜜語而相信一個人與他人相處時表現出來的品質——即側面觀察的結果，尤其是迎合了人們一般普遍地喜愛那種脫離於常人最易表現的忘恩負義、趨吉避凶、奸詐易變的人性弱點而表現出來的具有大丈夫氣概的認同心理，看似直中之直，實則大有深意，是「藏巧於拙」處世而成功的典型。

李白有一句耐人尋味的詩，叫「大賢虎變愚不測，當年頗似尋常人」，則闡述了另一種意義上的保藏用晦的處世法。這是指在一些特殊的場合中，人要有猛虎伏林、蛟龍沉潭那樣的伸屈變化之胸懷，讓人難以預測，而自己則可在此期間從容行事。

◎用外愚而蒙蔽對手

　　唐朝第十六位皇帝李忱，是第十一位皇帝唐憲宗的十三子。李忱自幼笨拙木訥，與同齡的孩子相比似乎略為弱智。隨著年歲的增長，他變得更為沉默寡言。無論是多大的好事還是壞事，李忱都無動於衷。平時遊走宴集，也是一副面無表情的模樣。這樣的人，委實與皇帝的龍椅相距甚遠。當然，與龍椅相距甚遠的李忱，自然也在權力傾軋的刀光劍影中得以保存自己。

　　命運在李忱36歲那年出現了轉折。會昌六年(西元846年)，唐朝第十六位皇帝唐武宗食方士仙丹而暴斃。國不可一日無主，在選繼任皇帝的問題上，得勢的宦官們首先想到的是找一個能力弱的皇帝——這樣，才有利於宦官們繼續獨攬朝政、享受榮華富貴。於是，身為三朝皇叔的李忱，就在這一背景下被迎回長安，黃袍加身。但李忱登基的那一天，令大明宮裏所有人都驚呆了。在他們面前的，那是什麼低能兒，簡直就是一個聰明睿智的人。不懷好意的宦官們都被皇帝的不凡氣度所震驚，後悔選了李忱作為皇帝。

　　唐宣宗李忱登基時，唐朝國勢已很不景氣，藩鎮割據，牛李黨爭，農民起義，朝政腐敗，官吏貪污，宦官專權，四夷不朝。唐宣宗致力於改變這種狀況，他先貶謫李德裕，結束牛李黨爭。宣宗勤儉治國，體貼百姓，減少賦稅，注重人才選拔，唐朝國勢有所起色，階級矛盾有所緩和，百姓日漸富裕，使暮

氣沉沉的晚唐呈現出「中興」的局面。

　　宣宗是唐朝歷代皇帝中一個比較有作為的皇帝，因此被後人稱為「小太宗」。另外，唐宣宗還趁吐蕃、回紇衰微，派兵收復了河湟之地，平定了吐蕃，名義上打通了絲綢之路。無奈大中年間唐朝已積重難返，國力衰退，社會千瘡百孔，只依靠統治階級枝枝節節的改革已無法改變唐帝國衰敗之勢。大中十三年(西元 859 年)冬，農民裘甫帶領五百農民起義。起義軍後發展至 50 萬人，為唐末大規模農民起義打下了基礎。

　　傳說宣宗繼位之前，為逃避唐武宗的迫害，曾當過和尚，所以對佛教極力推崇，據說曾在大中七年(西元 853 年)大拜釋迦牟尼的捨利。大中十三年，唐宣宗去世，享年 50 歲。謚號聖武獻文孝皇帝。

　　李忱的裝傻功夫可謂爐火純青。他自信沉著地演了 36 年戲，將愚不可及的形象深入人心，在保全自己的同時，用內智成就了一番偉業。

　　看似精明的人成功起來的確會難一些，因為你還未開口，別人已經把你當成了假想敵，和防備著你的人共事總會有點難。或者週圍的人覺得你有不錯的資質，對你的期望過高也是一種助力，因此你讓他們失望的概率會更高。

　　如此看來，人還是愚一點好，不夠愚的話，就裝裝愚吧！

　　在為人處世中，與上司打交道是最不容易的，因為上司操縱著你的命運，弄不好，你的前途就玩完了。特別是當上司出錯時，最好的技巧就是「揣著明白裝糊塗」，不指明對方的錯誤，其實要做到這一點是非常不容易的，必須要有很高的演技才

行，然而不是人人都可以傻得恰到好處，如果沒有掌握得恰到好處，反而會弄巧成拙。

◎ 能而示之不能

《孫子兵法》中說：兵者，詭道也。故能而示之不能，用而示之不用，近而示之遠，遠而示之近。

兩軍對壘，聰明的將領常以假象造成對方的錯覺，能而示敵以不能，使敵人鬆懈戒心，而自身卻在積極準備，伺機制敵。本來能攻則守，有戰鬥力，卻故意佯裝不能攻、不能守、沒有戰鬥力的樣子，只是為了最後一舉成功。

春秋時期，吳國名將伍子胥的朋友要離，個子雖然又瘦又小，卻是個無敵的擊劍手。他和別人比劍時，總是先取守勢，待對方發起進攻，眼看那劍快挨著他的身子時，才輕輕一閃，非常靈巧地避開對方的劍鋒，然後突然進攻，刺中對手。

伍子胥向他請教取勝的訣竅，要離說：「我臨敵先示之以不能，能驕其志；我再示之以可乘之利，以貪其心，待其急切出擊而空其守，我則乘虛而突然進擊。」

三國時的張飛，是以嗜酒成癖而著稱的，這是他的一大弱點，經常因此誤事，但這弱點也給他幫了大忙。在硬仗面前，張飛偶爾利用自己逢酒必喝、喝酒必醉、醉必打人的形象，麻痹敵人的警惕神經，誘使其上當受騙。

一次，張飛在巴西一帶戰敗張郃之後，乘勝追擊，一直趕到宕渠山下。張郃利用有利的地勢據山守寨，堅持不出，五十

多天，相持不下。張飛見狀，就在山前紮住大寨，每日飲酒，飲至大醉，又坐在山前辱罵。劉備得知後，大驚失色，急忙找諸葛亮商議。諸葛亮不但不驚慌，反而立即派人送去三車好酒，還在車上插著「軍前公用美酒」的大旗。張飛得到美酒後，不但自己喝，還把美酒擺在帳前，令軍士開懷大飲。

那張郃在山上見此情景，以為張飛大寨全變成了醉鬼的天下，再也按捺不住殺敵的心情，便乘夜帶兵下山，直襲蜀營。當他殺到張飛的大寨時，見帳中端坐一位大漢，舉槍就刺，誰知竟是一個草人！等他知道中了張飛的埋伏時，已經晚了，結果被打得大敗。

能而示之以不能，是相互關聯，互為條件的。有能示不能，不能是假，能是本質，是基礎。這樣才能在敵方麻痺時伺機攻擊，戰而勝之。運用這一大智若愚術，是建立在對戰爭全局的全面把握基礎之上的，不是消極的，而是積極主動的。在現實生活中，為了達到「制敵而不至於敵」的目的，也常採用這種方法。

日本的著名拳擊手輪島功一曾經有過這麼一段事。由於前次的不幸失敗而失去拳王寶座的他，決心在下回比賽中奪回冠軍，於是宣佈要向上屆冠軍挑戰。但是不巧得很，在比賽前夕召開的記者招待會上，這名拳擊手居然全身裹著厚重的大衣，還戴著口罩，頻頻咳嗽，精神顯得異常憔悴，使在場的記者十分不安。他們想，在此重大比賽的前夕，這位老兄的身體竟然是這般狀況，真是太不幸了。

相反，功一的拳擊對手，身強體壯，一副自信的樣子，人

們都一致認定這場比賽的勝者非他莫屬。然而比賽的結果竟然出乎大家預料，拳王寶座竟然被功一成功奪回。這到底是怎麼回事？原來，在比賽的記者招待會上，功一不過是在「做戲」而已，其目的是要鬆懈對手的戒心。

生活中無論何種挑戰，其道理也是一樣的。如果要鬆懈對手的警戒心理，就要善於運用「能而示之以不能」的大智若愚術。縱使自己具備了十分有利的條件，也萬不可輕易地將它顯示出來。如是，則凡事勝算大增。

◎讓人不是軟弱

正如常人所說，地不畏其低，方能聚水成海；人不畏其低，方能孕眾成王。世間萬事萬物皆起之於低，成之於低，低是高的發端與緣起，高是低的嬗變與演繹。低調做人正是一種終成其高、必成其大的哲學。只有諳通此哲學的人方為大智之人，方成大價之身。

當自己的力量處於弱勢，例如兵力還不夠多，勢力還不夠大，威望還不夠高，這時你必須放低姿態，韜光養晦，做到深藏不露。

人生的路有起有落，逆境雖然痛苦壓抑，但對一個有作為、有修養的人來講，在各種磨礪中正好可以鍛鍊自己的意志，修煉自己的能力，一旦時機成熟，就可反敗為勝。

人生多舛，世事艱難。人的一生少不了逆境，少不了坎坷，少不了挫折。順境常常是過去艱苦耕耘收穫的結果，逆境也正

是日後峰迴路轉、否極泰來的前奏。因此，你要想取得成功，就得突破人生的逆境，走過人生的坎坷，忍受人生的挫折，放低姿態，在艱難困苦中不斷地修煉自己。

面對紛雜的社會、糾纏不清的事情，你可能會有很多自己獨到的見解，這些見解也許是對的，也許是錯的。但無論怎樣，只有用謙虛的態度對待和處理發生的問題，你才能得到他人的支持、信賴，這樣彼此的思想才能溝通，問題才能得到最圓滿的解決。

有的人做事不懂退讓之道，他們那種剛直不屈的性格，的確在處事過程中不會吃虧，但是，從各自所得的結果來看，卻是得不償失的。

有一對父子，兩人都是性格十分剛直的人，在生活中從不對他人低頭，也從來不向他人妥協，也就是說從來不讓他人一寸半步。有一天，他們家中剛好來了個客人，父親便讓兒子到集市上買肉來招待客人，兒子在集市上買好了幾斤肉，用繩子串著轉身回家，來到城門的時候，剛好從對面碰到一個人，兩人相碰後，互不相讓，都認為是對方的錯，就這樣他們對峙了很久。

到了正午的時候，家中的父親還在等肉下鍋，不由得很是著急，於是便出去找兒子。走到城門的時候，看到兒子正在和一個人僵持著，問清原因後，父親拍拍兒子的肩頭說:「好兒子，你現在先把肉送回去，陪客人吃飯，讓我來替你。」

於是，父親就和兒子換了位置，兒子回家陪客人了，父親則站在那個人的對面，瞪著怒目和那個人對峙著。

　　如果在當時能夠有一方退讓的話，結果就不會浪費各自的時間和精力了。所以，有些情況下，退讓才是最好的方法。有時候退就是一種進，所以遇事忍一點，退一步，才會有更大的收穫。

　　弄臣東方朔、奸臣王莽，還有大書特書韓信之忍的司馬遷，各種各樣的人以不同的方式認同了韓信的處世哲學。在戰亂年代的東漢，這種人就更是數不勝數了。就拿劉備來說吧，學了韓信的處世哲學後，劉備跳出了迂腐的框框，適時彎下剛直的脊樑，從而走出了人生的低谷，點燃了生命的輝煌。清代中興之臣曾國藩也是個典型，他曾經說過一句名言：好漢打脫牙，和血吞。他說自己一生之所以立了那麼多的功業，都是從韓信那裏學來的。

　　可以看出，韓信的胯下爬，其實是委曲求全的代名詞。但是因為我們讀了太多的中國歷史，知道了很多古訓，在剛開始讀的時候，肯定會覺得很在理。但是如果讀得多了，就會發現其中有許多的矛盾之處，而且這些問題老是在腦子裏打架。我們會想到大丈夫能伸能屈，還會想到士可殺不可辱。到底遇到實際問題時該怎麼辦呢？是學韓信胯下爬過，還是學項羽的「不肯過江東」？

　　其實，這些都是做人的大節與小節的問題，也就是大利益和小利益的關係。從市井無賴的胯下爬過，是小節；一生才華得不到施展，才是大節。人生的輕重，韓信是看得清清楚楚的。所以，得不到重用他就想到了逃。他要實現他一生的抱負就必須要逃，找一個讓他實現理想抱負的上司。

人在小節面前，應當能伸能屈。讓人幾尺又何妨？因小事而拳腳相向，頭破血流，進而毀了一生，值得嗎？人於大節面前，當士可殺不可辱。從胯下爬過，忍一時之痛才能從人生的低谷中爬出來，才能從無法實現願望的境界中逃離出來，這樣才能像韓信一樣，創造出一個亮麗的人生。

人生在世，生與死較，福與禍衡，小到自身，大到國家天下，確實都離不開忍，正所謂成大業者要忍，謀生存要忍，保平安要忍，解困境更要忍。

◎高處不勝寒，要常反躬自省

人一旦飛黃騰達了，就容易成為眾人注目的焦點，被人品評，被人臧否。因此，越是位居顯要處，就越是要經常反躬自省，越是要講究低調做人，融入大眾之中。唯此，才能做到更有效地保護自己。那麼怎樣才能做到這些呢？曾國藩以他身居高位的親身體驗，具體開出了三個藥方，以防居官之敗。

曾國藩說，身居高位的規律，大約有三端，一是不參與，就像是此事與自己沒有絲毫的交涉；二是沒有結局，古人所說的「一天比一天謹慎，唯恐高位不長久」，身居高位、行走危險之地，而能夠善終的人太少了；三是不勝任，唯恐自己不能勝任。

《周易》說：「鼎折斷足，鼎中的食物便傾倒出來，這種情形很可怕。」說的就是不勝其任。

方苞說漢文帝做皇帝時，時時謙讓，像有不能居其位的意

思，難道不是在不勝任這方面有體會嗎？孟子說周公遇到與自己政見不合的人，仰天而思慮事情的原委，以致夜以繼日，難道不是在唯恐沒有結局的道理上有體會嗎？

無論是爲人處世，還是經商做官，都要時時有如履薄冰的危機意識，特別是大功告成之日，更要有一種居安思危的意識。只有這樣，你才能永葆不敗之地。

人的價值在於義，不在於富貴貧賤，不以富貴爲榮，貧賤爲辱；而是以有德爲榮，以無德爲辱。如荀子所說：「先義而後利者榮，先利而後義者辱。」王符說：「寵位不足以尊我，卑賤不足以卑己……君子未必富貴，小人未必貧賤。」

東漢時昌邑縣的縣令王密，是由名醫楊震推薦為官的。王密為了感謝楊震，並希望在將來繼續得到他的推薦，就在夜晚帶著厚禮去拜見他。王密見到楊震後，捧上了十斤黃金。楊震見此，對王密說：「我知道你是個怎樣的人，所以推薦了你，可你怎麼不清楚我是個怎樣的人呢？」

王密說：「我給您送點禮，是要向您表達一下我的心意，您就別客氣啦。反正深更半夜，不會有人知道，您就收下吧！」

楊震露出很不滿意的神情，對王密說：「天知，地知，你知，我知。你怎麼能說沒有人知道呢？要想人不知，除非己莫為，為人要坦白誠實，這才是聰明人的做法。」

王密聽了，羞愧萬分，只好拿著黃金退了出去。楊震後來做了好幾年的太守，始終是兩袖清風。家裏人吃的蔬菜，全是自家種的，外出也從不坐公家的轎子。有個朋友對他說：「為了子孫後代，您多少也該置辦點家產呀。」

楊震笑著回答說：「讓我的後代做個清白官吏的子孫，這份遺產還不夠闊氣嗎？」有的人認為楊震這樣做很傻，但更多的人認為，楊震才是真正的聰明人。

君子應該得到富貴榮華，但富貴榮華卻不是一個人成為君子的條件；小人應該處於貧賤，但貧賤也不是一個人成為小人的依據。所以，人們應該在道德修養上努力做到求榮避辱，而不是一心去追求富貴，身在官場更需如此。

人活在世上，很多事情要看得淡才好，也就是說，要心平氣和地來面對一切，做到范仲淹先生所說的那樣「不以物喜，不以己悲」。

心得欄

第 *8* 章

貴而不顯，華而不炫

榮華富貴是每個人都追求的，但真正能做到貴而不顯、華而不炫的人卻寥寥無幾。富貴固然令人傾慕，但自古富貴險中求，富貴者常常被置於風口浪尖上：榮華固然令人嚮往。但自古榮華者難常在，榮華者多在枝頭惹眼處。富貴榮華者只有深諳低調做人之道，才能更好地成就自己。

◎人無遠慮，必有近憂

能夠在一片大好的形勢下看到隱憂，是真正的有遠見。俗話說：人無遠慮，必有近憂。未雨綢繆才能高枕無憂。在當今紛繁複雜的社會中，人們的眼光不能僅僅局限於眼前的一點點地方，鼠目寸光是無法對事情的發展做出正確判斷的。

馬援是東漢初著名的將領，曾任伏波將軍，被封為新息侯。

建武年間，大漢初定，諸王紛紛來到京城，四處結交朋友賢士，以籠絡人才，博取好的名聲。馬援身為武將，卻很有政治頭腦。他認為大漢朝初定，各方面的法律、政策都不完善，現在王子和大臣們紛紛結黨壯大自己的勢力，將來等到政局穩定，大漢天子一定會削弱各個王子的權力，以免他們結黨作亂。於是，當有人來拉攏他的時候，他都保持低調，即使平日裏和他關係不錯的大臣和王子來籠絡他，他也不表明自己的意見，總是推辭說：「我是一介武夫，朝政的事情我也不懂，我只知道大王讓我打到那裏，我就打到那裏，況且我也老了，不想再費神考慮朝廷裏的事情了，我還想安享晚年呢。」

這天，呂種又來拜見馬援。雖然呂種是個文官，但是和馬援卻很談得來。兩人相交多年，平日裏經常相互拜訪，喝酒談天，是很好的朋友。談笑間，呂種說起了自己的近況，他說自己目前結交了某個王爺，這個王爺很器重他，對他委以重任，還賞賜了他大量的金銀珠寶。呂種一邊說一邊顯現出滿足和興奮的神情，並問馬援：「馬將軍，我聽說也有不少的王孫貴族想要與您結交，您都不太樂意，說實話那些來找您的人真的沒有什麼發展前途，只有我的王爺才是最有實力的。王爺已經說了，如果能夠得到您的支援，他將如虎添翼，並且一定會重用您的。」

馬援聽到這兒，臉色立刻就變了，說：「你我相交這麼多年，你又不是不瞭解我的個性，我認定的事情，誰來勸我都不起作用！」

呂種知道自己有些冒失，嚇得不敢說話。馬援又說：「作為至交，我倒是要勸勸你，現在這些王侯都在壯大自己的勢力，

而朝廷限制藩王勢力的措施還沒有建立起來，如果他們再這樣廣交賓客，那麼以後勢必會野心大漲，最終還是要被天子鎮壓的，你要多加戒備啊。」呂種不以為意，後來果然有人上奏，指控諸王的賓客叛亂，皇帝下令逮捕他們，因此而受到牽連的人有好幾千人，呂種不幸也陷入了這場災禍，這時他才悔悟當初不該不聽馬援的勸說，可是現在後悔也晚了啊！他不禁感歎道：「馬將軍，神人也！」

還有一次梁松和竇固也來籠絡馬援，並向他許諾，如果馬援跟隨他們，就將得到萬貫家財。馬援則說：「對於普通人來說，富貴以後可能淪為卑賤，但是你們可就不能再變得卑賤了，你們可能因此招致殺身之禍啊。身居高位的人要始終把握好自己。你們好好想想吧。」後來，梁松果然因此而招致災禍，竇固也沒能倖免。

馬援作為一個武將，卻具有卓越的遠見，這是難能可貴的。東漢初年政權剛剛建立，還沒有健全的法律來約束諸侯的勢力，於是他們紛紛擴大自己的勢力，表面上看起來很風光，許多人也紛紛投奔他們。可是馬援卻能從歷史的經驗中得出判斷，認定諸侯擴大自己的勢力，勢必要遭到皇帝的鎮壓，結果也正驗證了馬援的判斷。

身在順境，應居安思危，這樣，當知道會有暴風雨的襲擊時，就會飛翔得更矯健；當知道浪峰前一定會有浪花時，你會搏擊得更勇敢。

◎樂極生悲

古人言:「樂不可極,樂極生悲。」樂極生悲一語幾乎婦孺皆知,但一般人對它的理解往往是一個因快樂過度而忘乎所以、頭腦發熱、動止失矩的人,結果不慎發生意外,惹禍上身,化喜為悲。

凡讀過王羲之的《蘭亭集序》,大致上可以領悟樂極生悲的含義。在崇山峻嶺、茂林修竹的雅致環境裏,眾賢畢至,高朋會聚,曲水流觴,詠敘幽情,這是何等快樂!王羲之欣然記道:「是日也,天朗氣清,惠風和暢。仰觀宇宙之大,俯察品類之繁,所以遊目騁懷,足以極視聽之娛,信可樂也。」但是,就在「快然自足,不知老之將至」之時,突然使人產生了萬物「修短隨化,終期於盡」的悲哀,於是情緒一轉:「及其所之既倦,情隨事遷,感慨系之矣!向之所欣,俯仰之間,已為陳跡,猶不能不以之興懷。」這是真正的樂極生悲。

蘇東坡與客泛舟江上,「飲酒樂甚,扣舷而歌」,這本來是很快活的,偏偏他又樂極生悲,「客有吹洞簫者,倚歌而和之」,其聲偏偏又嗚嗚然,「如怨如慕,如泣如訴」,這八個字真是把一個人由樂轉悲之後的難言心境寫絕。飲酒本是一件樂事,但多愁善感的人飲酒,往往會見物生情,情到深處反添恨。正如司馬遷所說:「酒極則亂,樂極則悲,萬事盡然。」

樂極生悲概括地講,是一個人對生命的熱愛和留戀而生出的惘然和悲哀,詳情而言,是一個人對生活中好花不常開、好

景難常在的無奈和悵懷。人的情緒很難停駐在一種靜止的狀態，人對世事盛衰興亡的更替習以為常之後，心境喜怒哀樂的輪回變換也成為自然，人在縱情尋樂之後，隨之而來的往往是莫名其妙的空虛傷懷，推之不去、避之不開，因為歡樂和惆悵本來就首尾並列。所以莊子在「欣欣然而樂」之後感歎：「樂未畢也，哀又繼之。」人只有在生命的愉悅中才能體會真正的悲哀。所以，真正的喪親之痛，不在喪親之時，而在闔家歡宴，或睹舊物思人的那一瞬間。人在悲中不知悲，痛定思痛是真痛。

在生活悲歡離合、喜怒哀樂的起承轉合過程中，人應隨時隨地、恰如其分地選擇適合自己的位置。正如孟子所說的：「可以仕則仕，可以止則止，可以久則久，可以速則速。」

◎驕氣是危險之源

古往今來由驕傲而奢侈、淫逸，以至於無惡不作，終致危險敗家的事例數不勝數。其中許多是父兄驕，子弟也驕；也有父兄並不驕，而是疏於管教子弟，致使其因驕橫而倒行逆施而喪生滅族。

西漢的上官桀，年輕時只是個小小的羽林侍郎。由於接近皇帝，一次偶然機會使他發了跡。一天，他跟隨武帝到甘泉宮，路上恰遇大風雨，輦車無法前進，車蓋也被刮得東倒西歪，使帝駕無法避風雨。於是上官桀把車蓋解下來雙手擎著以護駕，大風大雨持續了好長時間，他始終勉力用車蓋擋住風雨以護駕。事後，武帝對他的臂力感到很驚奇，升遷他做了未央廄令，

負責餵養馬匹。雖然這個官職不大，但他善於阿諛逢迎、巧言令色，隨時為自己尋找升遷的機會。

有一次，武帝生了一場病，病好後見許多馬匹都很瘦弱，就對他大發脾氣道：「你以為我再也不能來看我的馬了嗎？」並打算把他交付審判，上官桀磕著頭說：「我聽說聖體不安，日日夜夜都在憂傷著，確實沒有心思再去餵馬了。」邊說邊涕淚交流。武帝大為感動，認為他很忠誠，從此便格外親近、寵倖他，封官賜爵至太僕，位在霍光之上。武帝臨終遺詔命霍光任大將軍輔少主，以上官桀為副。自此之後，上官桀的驕橫日甚一日，仗著孫女兒是皇后，開始與霍光爭權。此人正是所謂得運乘時、幸致顯宦而自驕自滿者。

其子上官安由於家庭中的耳濡目染，加上因為是皇后之父而封侯升官，於是由驕橫而淫亂而作惡多端。在宮殿上受到賞賜，上官安出宮後便驕示於人：「剛才和我的女婿一起喝酒呢，好開心喲！」他常常喝醉了酒，光著身子在內室走進走出，淫亂無度，連他父親身邊的妻妾也不放過。

上官桀、上官安父子由極驕極滿終至要殺害霍光，廢皇帝而自立，最後被朝廷滅族。此乃父驕子傲而最終敗家的典型。

一個人即使有蓋世的豐功偉績，如果他恃功自傲、自以為是的話，他的功勞很快就會消失殆盡。

東漢大惡梁冀的父親梁商，雖然是皇后的父親，又被封為大將軍，皇親兼據高位，但為人較為謙恭和順，且能薦舉賢才，每逢民間鬧饑荒，他總要拿出自己封地的租穀賑濟災民。因此，東漢順帝很倚重他，旁人也對他大加稱讚。可惜的是，梁商謹

慎有餘，而果敢威嚴不足，雖然對親屬子弟也時有告誡，但終究沒有約束教導好自己的兒子梁冀，致使其驕橫日熾，最後招致滅族的慘禍。

梁冀在父親活著的時候，就非常暴戾驕橫，幹了許多違法的事情。洛陽令呂放曾經向梁商檢舉過梁冀，因而使他受到梁商的責備，梁冀便派人刺殺了呂放。事後還施放煙幕，嫁禍呂放的仇家，以遮蔽其父的耳目。梁商死後，梁冀任大將軍。東漢順帝去世後，無論沖帝或質帝在位時都由梁太后臨朝，太后即梁冀的妹妹，這樣實際上是梁冀專權。質帝雖然年僅八歲，但很聰明，眼睛瞧著梁冀，對朝臣們說：「這是一位跋扈將軍。」梁冀聽後，當天便把他毒死了。

桓帝初年，梁冀和他的家族成員一個個都加官晉爵，這就使其更加驕奢淫侈。那時候，全國各地凡向朝廷進貢，都得先送梁冀，皇帝還在其次。官吏和百姓帶著禮物和金錢去向梁冀求官或求情的，一批又一批地接連不斷。梁冀由驕而淫亂，竟和自己父親的美人私通。在人行大路上，誰家的婦女長得漂亮一點，只要被梁家的爪牙們見到了，隨時都有被搶掠去的危險。隨著榮寵和權力的增加，梁冀的驕橫更變本加厲，窮兇極惡。他掠奪良家婦女充作奴婢，多達數千人，毒殺向他辭行的荊州刺史，暗地笞殺上書朝廷指斥其罪行的郎中。最後，惡貫滿盈，禍及三族，終遭來滅頂之災。

從這些歷史人物和歷史事件中，我們可以看出把「驕」稱為敗家之弊的根源，實乃不虛不妄之言。

◎滿招損，謙受益

一個想有所作為的人，不應把功名利祿看得太重，而應抱著淡然一笑的態度。曾國藩在率領「曾家軍」攻破南京，平定了太平天國，立下赫赫戰功之際，馬上給他的弟弟曾國荃寄去一封信，信中附了一首詩：「左列鐘銘右讀書，人間隨處有乘除；低頭一拜屠羊說，萬事浮雲過太虛。」詩中告誡他的弟弟，千萬不能因此而驕傲自大，越有功勞越得低頭做人。

屠羊說是楚國的一個屠夫，曾跟著遇難的楚昭王逃亡。在流浪途中，昭王的衣食住行都是他幫忙解決的。後來楚昭王複國，昭王派大臣去問屠羊說希望做什麼官。屠羊說答覆道，楚王失去了他的故國，我也跟著失去了賣羊肉的攤位，現在楚王恢復了國土，我的羊肉攤也重新開張，生意依舊紅火，還要什麼賞賜呢？

昭王過意不去，再下命令，一定要屠羊說領賞。於是屠羊說更進一步說，這次楚國失敗，不是我的過錯，所以我沒有請罪殺了我。現在復國了，也不是我的功勞，所以我也不能領賞。我文武知識和本領都不行，只是因為逃難時偶然跟國王在一起，如果國王因為這件事要召見我，實在是有違政體，我不願意天下人譏笑楚國沒有法制。

楚昭王聽了這番理論，更覺得這個羊肉攤老闆非等閒之輩，於是派了一個更大的官去請屠羊說來，並表示要任命他為三公。可他仍堅持不受，並說：我很清楚，官做到三公已是到

頂了，比我整天守著羊肉攤不知要高貴多少倍；那優厚的俸祿，比我靠殺幾頭羊賺點小錢，不知要豐厚多少倍。這是君王對我這無功之人的厚愛。我怎麼可以因為自己貪圖高官厚祿，使我的君主得一個濫行獎賞的惡名呢？因此，我絕對不能接受三公職位，我還是擺我的羊肉攤更心安理得。

　　誰不想擁有豪宅美服，擁有萬貫家財？誰不想功成名就，受人尊敬與讚揚？但面對突然從天而降的榮華富貴，屠羊說沒有忘乎所以，沒有得意忘形，而是保持了一種難得的平常心，不僅體現了「功成，名逐，身退，天之道也」的老莊精神，而且這也是某種程度的自我保護。

◎表達方式要改變

　　在人際交往中，最聰明的人總能發現自己身處何處，知道左右存在什麼利害，然後巧妙應對，既不傷害自己，也不傷害他人。可以說，巧妙應對是待人處世中必不可少的手段，有些事情之成敗，全在於你應對的靈敏度。

　　蘇丹夢見自己所有的牙齒都掉了。於是，一覺醒來，他招來一位智者為他解夢。

　　智者說：「陛下，您很不幸，每掉一顆牙齒，就意味著您會失去一個親人。」

　　蘇丹大怒：「你這個大膽狂徒，竟敢胡說八道，給我滾出去！」隨後，他令人重打這位智者100大板。

　　蘇丹下令找來另一位智者，並向他講述了自己的夢。認真

聽完後，這位智者對蘇丹說：「高貴的陛下，您真幸福呀！這是個吉祥的夢，意味著您會比您的親人長壽。」

蘇丹大喜，令人獎賞這位智者 100 個金幣。

這位智者走出宮殿時，一位禮賓官很不解地問他：「真是不可思議！您對夢的解釋其實同第一位智者是一樣的，為什麼他受到的是懲罰，而您得到的卻是獎賞呢？」

第二位智者語重心長地說：「很簡單，一切都是由表達方式決定的。」

在很多時候，做人與處世的幸與不幸，都系於一句話之間。在任何時候我們都要儘量講真話，但說出真相時需要圓滑。有時，做人太真誠也會引起嚴重的問題。做人與處世就像一塊寶石，如果拿起來扔到別人的臉上，就會造成傷害；但是，如果加上圓滑，誠心誠意地奉上，對方必定欣然接受。

一位男士正在追求一位女士，男士說：「我想和你睡覺。」說完，女士一巴掌打了過去。

另一位男士則說：「我要在晨曦中與你一起醒過來。」女士聽完大受感動。

生活中不免會接觸到一些油滑的人，常常是「見人說人話，見鬼說鬼話」，人們對於這些人是既羨慕他們在別人面前遊刃有餘的能力，又討厭他們的油滑。那麼怎麼來看待這種性格油滑的人呢？如果我們碰到一些左右為難的情況，需不需要也變得油滑一些，以適應社會呢？

其實對於這個問題，200 多年前乾隆年間的紀曉嵐，認為做人要「處事圓滑，內心中正，不同流合污而為人謙和」。意思

就是說處理具體事情的時候，可以適當掌握尺度，依情況不同而採取不同的處理方法，但是內心一定要誠實忠厚，做人要保持誠信。該堅持的事，就該堅定地表達自己的想法；可以妥協的事，應該更能設身處地理解別人的意思，做出適當妥協，甚至放棄自己的意見。如果一個人什麼事都和別人計較，打得頭破血流，那不但會讓人覺得你是個好鬥的公雞，也覺得你情商偏低。

從社會交往的能力和適應力的角度看，為人適當圓滑，是一種良好的社會交往能力的體現。他們往往對所處的環境和他人的感受有著極其敏銳的判斷，會根據當時的處境說出在當時最該說的話，做出在當時最該做的事情。這種人通常在各個方面都適應得比較好，能夠很快投入到一個全新的人際環境當中。但是，人與人之間的交往說到底還是需要心與心之間的交流的。所以我們在處事圓滑的同時，一定要記住一個根本：為人誠實，誠信為本。試想一下與一個處事圓滑，做人虛偽的人長期交往，怎麼能讓人感覺到放心呢？這種人怎麼能得到真正的朋友呢？

做個圓滑的老實人，就是要做個處事靈活而心態成熟的人；就是要在人際交往中保持適度的彈性，把握說話的分寸，學會婉轉和含糊，以保持平衡的人際關係：重視生活中的應酬，通過一些生活和工作的細節樹立好的人緣；同時要與朋友進行真正有價值的交往，在日常生活中建立起深厚的友情。

在工作當中，對不同類型的同事應採取不同的策略，還要讓你的頂頭上司瞭解和喜歡你，與上級保持良好的人際關係便

於更好地開展工作。面對想要幹的事，則既要執著，又要會變通，要學會保護自己的利益，明智地推脫掉與自己不相干的事。而且一定要爲人善良，避免傷害到別人。

我們常常感歎「社會不公，小人當道」，是否想過可能是由於自己的過於「剛毅」而導致人際緊張，由於自己的缺乏變通而導致處事僵硬？如果是這樣話，那麼我們是不是也有必要改變一下，做一個「圓滑的老實人」呢？

◎方是做人的脊樑，圓是處世的錦囊

人生的價值就在於方圓之間，方是做人的脊樑，圓是處世的錦囊。方外有圓，圓中有方，以不變應萬變，以萬變應不變，才能無往而不利，才能容得萬事萬物，同時也能爲萬物所容。

蒯通是范陽人，陳勝吳廣揭竿而起，誅滅暴秦，蒯通也乘時而起。當時，武信君武臣受命進取趙地，聲勢浩大，蒯通見事有可爲，白頭巾紅臂帶打扮一番去見范陽縣令，范陽縣令幾日來正膽戰心驚，見蒯通如此打扮，覺得很奇怪。「白巾者，為吊你縣令大人；紅帶者，為賀你縣令大人也。」蒯通說，「天下勢不可擋，城內城外都說你是死定了。不過，幸虧遇上了我蒯通，說不定也還能逢凶化吉呢。」蒯通將反秦形勢，范陽形勢，縣令既往，何去何從分析得頭頭是道。又許諾保證只要歸降武臣，依然可做縣令。

如此如此之後，勸得縣令寫下降書。然後，蒯通又出城找武信去了。這時候的蒯通連武信君都沒見過面呢！幸虧武信君

早已聞知蒯通賢士大名，很恭敬地向他請教平治之策。蒯通說，一味攻打自然也可勝利，但時間慢，代價也大。莫若勸降納降，不戰而屈人之兵。武信君很是贊成。於是，派他招降范陽令。

范陽縣令開門歸降，轟動燕趙各城，一時間，各縣令爭先恐後獻城開門，武臣兵不血刃，傳檄而下燕趙之地三十餘城。

蒯通初試鋒芒，聲名大振。擔接下來幾年，他卻又回家隱居了，天下形勢因陳勝吳廣軍的失敗變得撲朔迷離。

漢王三軍，大將軍韓信進軍齊國，正待渡河之際，酈食其勸降齊王成功，韓信欲罷回車。蒯通則認為機會來了，星夜去見大將軍。韓信聽說是當年傳檄定千里的名賢蒯通來了，喜得趕緊詢問進退之大策。蒯通力主繼續進軍齊國。以幾十萬大軍乘機掩殺毫不設防的齊國，等於是既摘了酈食其的果子，又賣了那位好不容易成功的可憐懦生。韓信不信，此策也只好先在一邊放一放。

不過，僅僅這麼看蒯通還是不夠的，他之所以力勸韓信攻齊，還是看上了天下即將出現的三分格局。當時，楚漢相爭，你死我活而難分勝負，主動權實際已落入韓信之手。助漢則漢勝，助楚則楚勝。所以，韓信已成為雙方拉攏爭取的重點。蒯通則有自己的打算，他希望韓信能據齊自強，崛起到楚漢之間，鼎足而立。養精蓄銳，擴大力量，一旦天下有變，即可發兵出擊楚漢，收拾殘局。應該說，如此帝王之策而又有如此天賜良機，是個千載難逢的好機會。但是蒯通怎麼也想不到自己失算了。韓信廻避了蒯通的建議，他認為漢王待自己不薄，自己也沒有多大的野心，不必招致天下非議。任憑蒯通如何勸說，韓

信只是不聽。蒯通害怕起來，只得佯瘋避禍，做了巫師。

後人分析，蒯通此番遊說失敗，有兩個大的失誤：一是交淺而言深。在當時，他與韓信還未達到很深的關係，不過是個食客而已，顯然難與韓信討論個人前途命運等莫測大事。二是沒有真正擊中韓信的要害。「我不負人，人豈負我」，所以，「人未負我，我豈負人」是決定韓信此番態度的關鍵一點，而這不是不可駁斥的。韓信想做齊王已是暴露了慾望，劉邦難道不會疑慮他還要天下嗎？怕天下非議，那麼此事已經引起非議。既然要齊王與要天下都會引起非議，何不要了天下呢？而一旦真得到天下，又複有誰再非議？而且，有了天下照樣可以好好對待劉邦，借此報恩也未嘗不可。有小信而忘大信，慮小患而失大患，可惜蒯通並沒有擊破韓信的夢幻。

事還未完，韓信後來被呂後設計擒獲，監刑之際，才想到後悔不聽蒯通之言。遲了！且又帶累了蒯通，他被從齊抓來，劉邦下令烹之。

蒯通又一次顯示出自己遠勝於酈食其的權變圓滑。當時，酈食其面對齊王的責難，只要答應阻止漢軍進攻，還有可能取得信任，至少也不致被烹。可他就是不答應。「要殺要煮，絕不改」，蒯通連呼冤枉，搬出蹠犬吠堯，名為其主實為自己辯護，竟然又死裏逃生，免於被烹，後來還當了相國曹參的幕客。

正是圓滑使蒯通逢凶化吉，擺脫了危險，如果他僅僅是一個老實人的話，就很難保全自身的性命了。俗話說：「圓的不穩，方的不滾」，「圓」為靈活性，為隨機應變，為具體問題具體分析；「方」為原則性，為堅守一定之規，為以不變應萬變。

第 *9* 章

主動示弱，戒驕戒躁

在現代社會，低調做人更容易被人接受，顯露鋒芒則容易招來禍害。

低調是一種大智慧，它不是自卑，不是怯懦，不是軟弱，不是無能，不是退縮，而是清醒中的嬗變、理智中的圓滑、愚鈍中的機智。學會低頭，並且低得恰到好處，是一種處世的藝術。它能使我們從低處走到高處，從幕後走向前台，能使我們的人生從平凡走向精彩。

◎改變心境，勇敢面對逆境

曾經有悲觀主義哲學家說，我們出生時之所以哇哇大哭，是因為我們預知生命必然充滿痛苦，至於迎接新生命到來的成人之所以滿心歡喜，是因為世間又多了一個人來分擔他們的苦

難。當然，這是消極、負面的論調，人生有苦有樂，都是內心的感受，一切都得靠我們親自體驗，一如挫折，或許遭遇之時會讓我們感到痛苦，但正因為有了它，我們才能更加堅強、勇敢。

從前有個悲慘的少年，10歲時母親因病去世，由於父親是個長途汽車司機，經常不在家，也無法提供少年正常的生活所需。因此，少年自從母親過世後，就必須自己學會洗衣、做飯，並照顧自己。然而，老天爺並沒有特別關照他，當他17歲時，父親在工作中不幸因車禍喪生，從此少年再也沒有親人了，也沒有人能夠依靠了。只是，噩夢還沒有結束，在少年走出悲傷，開始獨立養活自己時，卻在一次工程事故中，失去了左腿。然而，一連串的意外與不幸，反而讓少年養成了堅強的性格，他獨立面對隨之而來的生活不便，也學會了使用拐杖，即使不小心跌倒，他也不願請求別人伸手幫忙。最後，他將所有的積累算了算，正好足夠開個養殖場，但老天爺似乎真的存心與他過不去，一場突如其來的大水，將他最後的希望都奪走了。

少年終於忍無可忍了，氣憤地來到神殿前，怒氣衝天地責問上帝，你為什麼對我這樣不公平。上帝聽到責罵，現身後滿臉平靜地反問：「喔，那裏不公平呢？」少年將他的不幸，一五一十地說給上帝聽。上帝聽了少年的遭遇後說：「原來是這樣，你的確很淒慘，那麼，你幹嗎要活下去呢？」

少年聽到上帝這麼嘲笑他，氣得顫抖地說：「我不死的，我經歷了這麼多不幸的事，已經沒有什麼能讓我感到害怕，總有一天我會靠我自己的力量，創造自己的幸福。」

上帝這時轉身朝向另一個方向，並溫和地說:「你看，這個人生前比你幸運得多，他可以說是一路順風地走到生命的終點，不過，他最後一次的遭遇卻和你一樣，在那場洪水裏，他失去了所有的財富，不同的是，他之後便絕望地選擇了自殺，而你卻堅強地活了下來。」

或許，從我們出生，哭出了生命中的第一聲時，我們就開始感受到，人生必定充滿了淚水與艱辛，但是，也唯有這些艱難，才能突顯出生命的可貴與不凡，讓我們在撒手人寰的時候笑著離開。其實，許多人的命運都像這個少年一般，經歷了種種痛苦與磨難，最後的結果卻會有所不同。因為每個人承擔磨難的心境不同，唯有經過磨煉的生命，才能累積出堅強的生命力，也唯有歷經風風雨雨的人，才知道生命的難得與珍貴。

◎完善自我，忍耐驕矜

驕矜，是指一個人驕傲專橫，傲慢無禮，自尊自大，自以為是。這樣的人在現實生活中還是經常能看到的。具有驕矜之氣的人，大多自以為能力很強，做事比別人強，看不起他人。由於驕傲，則往往聽不進去別人的意見；由於自大，則做事專橫，輕視有才能的人，看不到別人的長處。

太平軍攻破江南大營後，清將向榮戰死，太平軍舉酒相慶，歌頌太平軍東王楊秀清的功績。天王洪秀全更是深居不出，軍事指揮全權由楊秀清決斷。告捷文報先到天王府，天王命令賞罰升降參戰人員的事都由楊秀清做主，告諭太平軍諸王。像韋

昌輝、石達開等雖與楊秀清等同時起事，但地位低下如同偏將。

清軍大營既已被攻破，南京再沒有清軍包圍。楊秀清自認為他的功勳無人可比，陰謀自立為王，脅迫洪秀全拜訪他，並命令他在下面高呼萬歲。洪秀全無法忍受，因此召見韋昌輝秘密商量對策。韋昌輝自從江西兵敗回來，楊秀清責備他沒有功勞，不許入城；韋昌輝第二次請命，才答應。韋昌輝先去見洪秀全，洪秀全假裝責備他，讓他趕緊到東王府聽命，但暗地裏告訴他如何應付，韋昌輝心懷戒備去見東王。韋昌輝謁見楊秀清時，楊秀清告訴他別人對他呼萬歲的事，韋昌輝佯作高興，恭賀他，留在楊秀清處宴飲。

酒過半旬，韋昌輝出其不意，拔出佩刀刺中楊秀清，當場穿胸而死。韋昌輝向眾人號令：「東王謀反，我暗從天王那裏領命誅殺他。」他出示詔書給眾人看，又剁碎楊秀清屍身讓眾人咽下，命令緊閉城門，搜捕東王一派的人予以滅除。東王一派的人十分恐慌，每天與北王一派的人鬥殺，結果是東王一派的人多數死亡或逃匿。

洪秀全的妻子賴氏說：「祛除邪惡不徹底，必留禍。」因而勸說洪秀全以韋昌輝殺人太酷為名，施以杖刑，並安慰東王派的人，召集他們來觀看對韋昌輝用刑，可借機全殲他們。洪秀全採用了她的辦法，而突然派武士圍殺觀眾。經此一劫，東王派的人差不多全被除盡，前後被殺死的多達 3 萬人。

自滿是導致楊秀清被殺的原因之一。防止自滿情緒產生，就要不斷完善自我，不被表面的勝利所陶醉，時刻保持清醒的頭腦。

◎ 不懂裝懂是淺薄

孔子曾經說過:「知之為知之，不知為不知，是知也。」他的話告訴我們這樣一個哲理:在現實生活中，許多人不願意說出「不知道」這三個字，認為那樣做會讓別人輕視自己，使自己很沒面子，結果卻適得其反。

有一次，一位外國人去旁聽一位美國加州大學著名教授的演講。課上他提出他做的老鼠實驗的結果。此時，有一位學生突然舉手發問，提出了他的看法，並問這位教授假如用另一種方法來做，實驗結果將會怎樣? 所有的聽眾全都看著這位教授，等著看他如何回答這個他根本就不可能做過的實驗。結果，這位教授卻不慌不忙，直截了當地說:「我沒做過這個實驗，我不知道。」

當教授說完「我不知道」時，台下響起了經久不息的掌聲。

同樣的情況假如發生在另一位教授身上，情形恐怕就會完全不同。他也許定會絞盡腦汁，說「我想結果是……」的話來。

通常，一般人都有不想讓別人看出自己弱點的心理，因此很難開口說「不知道」。殊不知，有時對自己不知道的事情坦率地說不知道，反而可以增加人們對你的信任和親近。因為直截了當地說不知道，會給人留下非常誠實的印象，並且敢於當眾說不知道，其勇氣足以讓人佩服。這樣，對你所說的其他觀點，人們會認為一定是千真萬確的，因此對你也就會更加信任。

幾乎每個人的知識面都是有限的，學問上的精通是相對

的，認知上的缺陷是絕對的。世上沒有無所不知、無所不能的「全才」，儘管人們都在朝著這個方向努力。「知而好問然後能才。」聰明而不自以爲是，並且善於向別人請教的，才能成才。敢於承認有些事情、道理「不知道」，正是求得「知道」的基礎；「不知道」的強說「知道」，自作聰明，欺人自欺，最終只會貽笑大方。

◎永遠保持低調的本色

許多人在窮乏的時候，不得不過著簡樸的生活，而一旦發達，就會揮金如土，紙醉金迷。李嘉誠則與此完全相反，一直保持著當年創業時期艱苦樸素的生活作風。

一位外國記者曾評論說：「李嘉誠看上去不像一位難對付的老闆，而像一位和藹可親的中學校長。他經常身穿黑色西服、白色襯衣，佩戴素色領帶。有一次，他指著手上戴的電子錶對來訪的客人說：『你戴的錶要貴重得多，我這個是便宜貨，不到50美元。它是我工作上用的錶，並非因為我買不起一隻更值錢的錶。』」

在公司，李嘉誠與職員一樣吃工作餐。他去巡察工地，工人吃的大眾泡沫盒飯，他照樣吃得津津有味。公司來了客人，他並不帶他們去高級酒樓，而是在公司食堂吃。比平時多幾樣冷盤炒菜，分量不多，但能吃飽，又不至於浪費。正如他自己常說的一樣，我這個人對生活沒什麼高要求。

他有一輛勞斯萊斯，市值數百萬港元。他曾對記者講，我

自己絕不會坐，只有陪客時才勞駕它代步。他的意思是，坐太名貴豪華的車，恐會使自己貪戀奢侈，忘記勤儉。

在香港商界，潮州籍人以節儉、勤奮、精明而著稱。也有人說潮州人孤寒(吝嗇、小氣)。1995年12月1日，國際潮團聯誼會在港開幕，儀式完畢後，李嘉誠立即被記者包圍住，有記者提到潮州人孤寒與否的問題。

李嘉誠說：「潮州人只是刻苦，而非孤寒。」他強調：「我絕對不孤寒，尤其對公司、社會貢獻方面，絕不會吝惜金錢。」

是的，我們已經看到，李嘉誠不但不孤寒，而且是世上少有的大慈善家，一個慳己不慳人的大慈善家。他曾經做過多次善行義舉，而自己過的卻是一種極為儉樸的生活。這一點令人感慨萬千，欽佩之至！

◎要低調，不要出言不遜，否則會四處樹敵

在處境不利於生存和發展的時候，就不能與人家硬拼，要讓自己不引人注意或者不使人關注，以保全力量，然後在不顯山、不露水中悄然發展，以便東山再起，另謀大計。一些過分張揚、鋒芒畢露之人，不管功勞多大，官位多高，最終多數不得善終，這是盡人皆知的歷史教訓。

伊索還在做奴僕的時候，一天，主人要宴請當時的一些哲學家，吩咐伊索做最好的菜招待貴賓。伊索收集來各種各樣的動物的舌頭，準備了一席舌頭宴。

開席時，主人賓客都大感不解，伊索說：「舌頭能言善辯，

對尊貴的哲學家說，這難道不是最好的菜肴嗎！」客人們都笑著點頭稱是。

這時候，主人或許是刁難伊索，又吩咐他：「我明天要再辦一次宴會，菜要最壞的，你準備什麼菜呢？」伊索幽默地說：「還是舌頭宴，假如一個人用心險惡、語言齷齪，那麼就會禍從口出，難道不是最壞的東西嗎？」

如此回答，語驚四座，哲學家們開始對伊索刮目相看。

語言的力量是千萬不能小瞧的，它有著很重要的作用，甚至大到了「一言興邦」、「一言喪邦」的地步。

當年，魯定公見到孔子，就問他「一言喪邦」是真的嗎？孔子回答說：「當然是真的啊，如果一個國君昏庸無能又剛愎自用，胡亂發號施令，下面的人不敢違抗，那麼久而久之，國家不就接近滅亡了嗎」

古人說：「誠於中而形於外」，意思是對他人的真誠尊重要從謙恭的言辭上表現出來，言語是一個人內在德行的外化表現。一個人能夠從誠摯的內心中，自然流露出以禮待人的言語，就能夠使得家庭和睦，增進同事關係，減免人際關係衝突。

反之，「利刀割體痕易合，惡語傷人恨難消。」一個人如果口無遮攔、出言不遜，那就容易造成關係不和，就會四處樹敵，因此，好好說話是很重要的。

◎ 自貶自損，避禍遠罪

在古代封建社會，作為君王，不僅怕臣子的權力超過他，

也怕臣子的名聲超過他。所以，在處世中，作爲下屬，不可名高蓋主，除非你有野心、有實力取而代之。必要時，可以自汙聲譽、氣節，這是躲避災禍的一種有效手段。因爲，作爲「臣子」，你貪一點兒、「色」一點兒都不要緊，千萬不要有賢名，不要有實力。

實際上，上司授予你的權力越大，越對你提防；交給你的責任越重，對你越有戒心。當他把自己的身家性命都交給你時，不要得意，他可能在心裏已經把你當成潛在的對手。另外，如果你的建議沒有被上司採納，可是事情的發展，證明你的建議是正確的。這時，上司可能會放手讓你來做這件事。一旦出現這種情況，你的處境就不妙了。因爲，這等於說上司被迫承認你比他聰明，那麼這也許是一個上司將會打擊你的信號。此時，你必須想辦法來自保。

戰國末年，秦王嬴政準備吞併楚國時，老將王翦就曾遇到過這種情況。

王翦是秦代傑出的軍事家，是繼白起之後秦國的又一位名將，與其子王賁在輔助秦始皇統一六國的戰爭中立有大功，除韓之外，其餘五國均為王翦父子所滅。

戰國末年，秦王嬴政滅亡了韓、趙、魏三國，趕跑了燕王，多次擊敗楚軍。秦王政準備一鼓作氣，吞併楚國，繼續統一中國的大業。為此，他召集文臣武將們商議滅楚戰爭。

青年將領李信，在攻打燕國時，曾以少勝多，逼得燕王姬走投無路，只好殺了專與秦王作對的太子姬丹，向秦王謝罪求和。秦王認為李信忠勇賢能，很是賞識他。所以，他首先問李

信：「李將軍，你看吞併楚國需要多少人馬呢？」

李信年輕氣盛，不假思索地回答：「二十萬人足夠了！」

秦王暗暗稱讚李信果然是少年英雄。秦王又把目光轉向老將王翦，問道：「王將軍，您的意見呢？」

久經沙場的老將王翦，已經覺察出秦王對李信意見的傾向，他神色凝重地面對秦王，回答說：「滅楚，非六十萬大軍不可。」秦王聽了，冷冷地說：「哼，哼，看來，王將軍果真是老了，為什麼這麼膽怯呢？還是李將軍有魄力，我看他的意見是對的。」於是，秦王就派李信和蒙恬率領二十萬大軍南下攻楚。

王翦因為自己的意見沒有被秦王採納，就託病辭官，歸老家頻陽養老。這時的秦軍在李信的率領下攻平與，蒙恬攻寢丘，大破楚軍。李信又乘勝攻鄢、郢，均破之。於是引兵向西與蒙恬軍會師城父。誰知項燕率領的楚軍乘機積蓄力量，楚軍趁勢尾隨追擊秦軍，三天三夜馬不停蹄，攻入秦軍的兩個壁壘，殺死七名都尉，李信的部隊大敗而歸。

秦始皇聞秦軍失敗，非常生氣。他終於知道王翦的確有遠見，因此，立即將李信查辦革職。然後，親自飛馬前往頻陽，請老將王翦出馬，統率滅楚大軍。秦王向王翦道歉，說：「由於寡人沒有聽從將軍的意見，輕信李信，李信終使秦軍受辱，誤了國家大事。現在楚軍天天西進。將軍雖有病在身，怎能忍心背棄寡人？務請將軍抱病上陣，出任滅楚大軍的統帥。」

王翦推辭道：「老臣體弱多病，狂暴悖亂，腦筋糊塗，希望大王另選良將。」

秦王嬴政懇求道：「好了，老將軍就不要再推辭了。」王翦

說：「如果大王一定要任用我為滅楚大軍的統帥，那就非六十萬人馬不可。」

秦王連忙說：「我完全按照老將軍的意見辦。」

隨後，王翦率領六十萬大軍出發攻楚，六十萬人馬，幾乎是秦國的全部軍力。王翦統率六十萬軍隊，等於完全掌握了秦國的兵權，秦王嬴政當然不會完全放心。大軍出征那天，秦王親自率領文武百官送行到灞上。王翦深知秦王嬴政為人多疑不信，因此，喝了餞行酒後，王翦便請求秦王賜給他一大批良田、住宅和園林。秦王聽了，笑道：「老將軍放心地去作戰吧。你是寡人的肱股之臣，我富有四海，你還用得著擔心貧窮嗎？」

王翦說：「大王廢除了裂土分封制度，臣等身為大王的將領，雖立戰功卻終不得封侯。所以只得趁著大王還相信我的時候，請求多恩賜些良田、池塘、住宅、園林，作為留給兒孫們的產業。」秦王笑著答應了。

王翦到達函谷關後，先後五次派使者回朝廷，請求恩賜良田、住宅、園林和池塘。有的部將對王翦的做法不理解，問王翦說：「老將軍這樣不厭其煩地請求賞賜，不是太過分了嗎？」

王翦說：「不！我這樣做，是為了解除後顧之憂。秦王的為人你們不是不知道，他粗暴又對人不輕易相信。為了滅楚，他如今把六十萬大軍全部交給我指揮，他心裏不會不對我產生疑慮。我只有以多請田宅作為子孫基業的方法來穩固自家，打消秦王對我的懷疑，認為我並沒有什麼野心，從而使他不再疑心我軍權在握會威脅到他的王位。」

秦王果然因此而相信王翦沒有異心，放手讓他統軍對楚作

戰，不到一年的時間就吞併了楚國。王翦功著而晉封武成侯。

　　官場與戰場一脈相通，戰場上善於出奇制勝的將領，在官場行起手段來，也同樣駕輕就熟。王翦自損其名，伸手向秦王要求賞賜，使秦王更加深信他不會造反，從而全力支持他對楚作戰，使王翦無後顧之憂，一舉滅楚。

　　事實上，上司為了保持自己的位置，可能不會警惕身邊他眼中的蠢人，但是一定會處處提防聰明的下屬，害怕「日防夜防，家賊難防」，而且他一般會認為聰明的下屬容易成為「家賊」，因為只有有能力的人才有成「賊」的可能。你一旦成為上司潛意識裏的「賊」，那麼你以後的路也就多了一個強大的掣肘了。正所謂：功高震主者危，行高舉獨者謗，自古已然。所以功高之日，一定要忍住自己對美名的貪戀，想辦法自損自貶，才能遠避禍害。

　　當然，「自損清譽、避禍遠罪」也不是件容易的事，既要厚著臉來擔當惡名，忍受別人的嘲笑，又要摸清楚上司的好惡對症下藥，只有這樣才能消除上司的戒心。

◎功成身退為明智之舉

　　一切事物都在不斷變化，時世的盛衰和人生的沉浮也是如此，必須待時而動，順其自然。這就意味著，為人處世要精通時務，懂得「激流勇進」和「急流勇退」的道理。

　　歷史上許多真正的權謀家都懂得「進退有度」的道理，在創業之初，勇敢地「挺進」，大展宏圖；實現夙願之後，簡單地

「一退」，避開了災禍。

　　一代英豪，能夠在功成名就後，不為官祿所動心，真是難能可貴。

　　范蠡追隨勾踐 20 多年，軍國大計多出其手，為滅吳複國立下了汗馬功勞，官封上將軍。作為一名具有遠見卓識的戰略家和對人生社會具有深刻洞察力的思想家，憑藉他多年從政的經驗，深深懂得功高震主的道理。滅吳之後，越國君臣設宴慶功，他看取天下之時不惜群臣性命，而今天下已定，他就再也不想將功勞歸於臣下了。

　　常言道：「大名之下，難以久安。」范蠡知道自己名聲顯赫，不可在越國久留，何況他也深知勾踐的為人是可以共患難，而難以同安樂，於是，毅然決定急流勇退。他給勾踐寫了一封辭職信，信中說：「我聽說主上心憂，臣子就該勞累分憂；主上受侮辱，臣子就該死難。從前，君主在會稽受侮辱，我之所以沒有死，是為了報仇雪恥。現已報仇雪恥，我請求追究使君王受會稽之辱的罪過。」

　　越王對範蠡戀戀不捨，流淚說：「你一走，叫我倚重誰？你若留下，我將與你共分越國，否則，你將身敗名裂，妻子被戮。」

　　範蠡對宦海沉浮，洞若觀火。他一語雙關地說：「君行其法，我行其意。」他不辭而別，駕一葉扁舟，入三江，泛五湖，人們不知其所往。果不出他所料，在他走後，越王封他妻子百里之地，鑄了他的金像置之案右，以擬他仍同自己在朝議政。人走了，留下的只是一尊金像，可以崇拜，借此沽名釣譽。但對還留在朝中的功臣，勾踐則是另一種態度了。

範蠡泛舟江湖，跳出了是非之地，秘密來到齊國。此時，他想到了有知遇之恩，且風雨同舟 20 餘年的文種。他給文種作書一封，寫道：「凡物盛極而衰，只有明智者瞭解進退存亡之道，而不超過應有的限度。俗話說，飛鳥盡，良弓藏；狡兔死，走狗烹。越王為人，長頸鳥喙，鷹眼狼步，可以共患難，不可以共安樂，先生何不速速出走？」

文種接到範蠡的信，恍然大悟，便自稱有病不再上朝理政，但為時已晚。不久，就有人誣告文種企圖謀反，儘管文種反覆解釋，也無濟於事。勾踐賜文種一劍，說：「先生教我伐吳七術，我僅用其三就將吳國滅掉，還有四條深藏先生胸中，請去追隨先王，試行餘法吧。」再看所賜之劍，乃吳當年命伍子胥自裁之劍，這真是歷史的莫大嘲弄。文種一腔孤憤，仰天長歎：「我始為楚國南陽之卒，終為越王之囚，後世忠臣，一定要以我為借鑑！」引劍自刎而亡。

範蠡和文種對待官祿的態度不同，自然有兩種不同的結果。

一個人成就了功業就應及時抽身引退，這才是符合自然規律的。只知道進取而不知道引退，這就是《易經》「乾卦」所說的「亢」，也就是過分的意思。火中能驗證寒暑交替的徵候，處在鼎盛時要警覺進退兩難的災咎。天時人事同一樞機，進取引退道理相同，應當引退而不退，災害就會一起降臨。狡猾的兔子死了，走狗就會被殺掉，到那時再嗟歎後悔，那裏來得及！

第 10 章

在姿態上要低調

做人不要自以爲是，牛氣十足，一副高高在上的樣子。要學會放下架子、放低身段，力求跟普通人站在一個平面上，而不要把自己擺在比別人高的位置上。要知道：「樹大招風」，「槍打出頭鳥」。跟普通人擺譜、裝蒜、充大、顯闊、示強，到頭來常常陷自己於「招風」和「槍打」的被動境地。因此，在姿態上低調些，不僅是一種平和的處世技巧，而且是一種自我保全的做人藝術。

◎保持謙虛、低調，是智者的必然選擇

面對物慾橫流的世界，許多人越來越習慣有個性，習慣標榜自己，習慣看不起別人，習慣邀功攀比。謙虛低調和忍讓的美德逐漸被遺忘乃至拋棄，於是總覺得這個世界的人怎麼都這

麼討厭，似乎每個人走路都是鼻孔朝天，說話從來不看著你，每句話一開頭就是「我怎麼樣怎麼樣」，誰比誰更有錢，誰比誰官更大，等等，以此來炫耀顯示自己的非凡。

一位富人穿著華麗的衣服帶著家丁僕人和大筆金銀珠寶趕路，在路上遇到一位長相斯文的窮書生，於是一前一後同行。路上富人吃香的喝辣的，而窮書生吃著燒餅充饑。富人因為感到自己是有錢人，時常在窮書生面前炫耀鼓鼓的錢袋，並經常用不屑的眼神看一下書生，神氣十足，還不時對家丁僕人說:「這麼多貴重的東西一定要看緊點兒。」看著窮書生自愧不如的樣子，富人得到了一種自我的滿足感。

就在經過一處險要地段時，一夥強盜竄出來，撲向了富人一夥。他們貪婪地把財寶搶劫一空，愛財如命的富人為護奪自己的財寶而被兇狠的強盜殺害，家丁和僕人見狀作鳥獸散。強盜們看了看衣服補丁打補丁的窮書生，覺得他沒什麼油水，把他不當一回事兒，不加理會，揚長而去，而窮書生得以安然無恙。這個窮書生就是新上任的知縣，因為低調沒有受害，一上任就摸清這幫強盜的底細，將其一網打盡，造福一方。

從故事可以悟出：有時表面的強者是弱者，真正的強者常以弱示人。自我炫耀、好強和攀比是莽撞不明智的表現，往往會引起別人的注意、反感或妒忌，甚至會遭受陷害打擊，成為眾矢之的。因此，保持一點謙虛和低調才是強者和智者生存的必然選擇。

做人難，做一個低調的人更難，難於從躁動的情緒和慾望中穩定心態；它是一種修為，是一種對人生的理解，一個人必

須以一個合理的心態去踏踏實實做人，才能更容易成功。當然這其中包含了很多值得人們好好品味的內容。

◎為人不可太鋒芒

謙虛是一種以退為進的人生謀略，古人稱：「鶴立雞群，可謂超然無侶矣，然進而觀於大海之鵬，則渺然自小，又進而求之九霄之鳳，則巍乎莫及。」山外有山，人外有人，在做學問做官時，只要以「謙」字鋪路，你就會在人際關係上做到遊刃有餘，將來才會對自己、對社會盡到責任，才會有所作為、有所成功。而妄言輕人既使才華橫溢也難以成就大業。

古語稱：「美好者，不祥之器。」意思是事物過於完善美好了，必定會帶來毀滅的結果。古人曾反覆告誡世人，要防別人嫉妒之心，無論求名求利都不能太完美，這才是立身之本。在這一方面，唐朝的名臣李義琰就是榜樣。

李義琰曾為唐朝宰相，他的住所沒有像樣的房舍，他的弟弟為他買了建房的木料。李義琰知道這件事後，對弟弟說：「讓我擔任國家的宰相，我已經感到非常慚愧，怎麼可以再建造好的房舍，從而加速罪過和禍害的到來呢！」

其弟說：「凡是擔任地方丞、尉官職的，尚且擴建住宅房舍，你位居宰相，地位這麼高，怎麼可以住在這樣狹小低下的宅舍中呢？」

李義琰回答：「人們希望中的事情很難完全實現；兩件事物不可能同時光盛。已經處在顯貴的官位，又要擴展自己的居室

宅舍，如果不是有美好的品行，必然遭到禍害。」他最終沒有答應建房。後來，木料也腐朽了，只好扔掉。房子雖然沒蓋成，但謙遜的美德已經養成了，自己的地位也穩固了，這樣的策略當然更高明。

◎低調是至謙

　　不管是在社會上，還是在職場上；不管是在人際交往中，還是在日常生活中。細數人之所失，大都失之於言，敗之於口。有道是，「言多有失」「禍從口出」。人的天性中最本質的弱點就是在與人說話時喜歡「說上句」「佔上風」「奪上席」，於是便有了拿腔作勢的說教、滔滔不絕的神侃、咋咋呼呼的炫耀、尖酸刻薄的批評、盛氣凌人的指責、牛氣十足的吹噓，如此等等，都是言辭高調的表現。相反，有大智慧、大涵養、大城府的人，總是在言語上謙和而低調，從不與人爭口邊的勝利，做唇舌的贏家，這一點也正是他們在社會上成全自己和保全自己的秘密武器。

　　低調的人在與人交往的過程中自然會表現出謙遜和寬容來，這源於低調之人對別人的尊重，對成功處世的最理性思考。

　　威爾遜當選為美國新澤西州州長之後，有一次，在紐約出席一個午餐會，主持人在介紹他時，稱他為「未來的美國總統」。這自然是對他的刻意恭維，可是對其他在座的人來說，卻產生了相形見絀之感，眾人的臉上都有些掛不住了。

　　威爾遜因此想扭轉這種一人得意眾人愕然的局面。他起立

致詞，在幾句開場白之後，他說：「我自己感到我在某方面很像一個故事裏的人物。有一個人在加拿大喝酒過了頭，結果在乘火車時，本該乘坐北上的火車，卻乘坐了南下的火車。

「列車員發現這一情況，急忙給南下火車上的列車長打電報，請他把名叫詹森的人叫下來，送上北上的火車，因為他喝醉了。

「很快，他們接到列車長的回電：『請詳示詹森的姓，車上有好幾名醉漢，既不知自己的名字，也不知該到那裏去。』」

威爾遜最後說：「自然，我知道自己的名字，可是我卻不能像主持人那樣，知道我的目的地是那裏。」聽眾大笑。

威爾遜幽默地謙遜，自我貶損的低調笑話，消除了眾人敵對不服的惡意，為自己贏得了聲譽與政治家不可缺少的威信。

◎不能忘記自己的身份

在這個社會，每個人都有自己的身份，根據自己的身份有很多為人處世的禁忌，有些事情該做，有些事情不該做，有些事情該這樣做，而有些事情該那樣做。總之，無論何時何地，都不要忘記自己的身份，做自己該做的事，做對自己該做對的事情。

韓昭侯有一次喝醉了酒，伏在幾案上不知不覺地睡著了，專門為他管理帽子的人看到了，怕他受寒，就在他身上披了件衣服。韓昭侯一覺醒來，看見身上加了衣服，心裏非常高興，就問旁邊的人：「是誰給我加的衣服？」

旁邊的人回答說：「是管帽子的人。」

韓昭侯一聽，立刻下令，把管衣服和管帽子的一同治罪！旁人不解，韓昭侯只是微微一笑，並不作答。

從人性的角度上看，韓昭侯的行為非常惡劣，因為管帽子的人也是為了韓昭侯的身體，而幫他加衣服。可是從職場的角度上看，韓昭侯的懲罰是有道理的，因為這代表著職場上兩種非常典型的行為，一種是失職，另一種就是越權。對於管衣服的人來說，這是一種失職的行為，因為衣服本來就是應該他來管的，可是他沒有做到這一點，所以懲罰他是對的，也是應該的。而對於管帽子的人來說，他就是一種越權的行為，衣服本來就不應該去管，可是他出於好心竟然不顧越權的危險而去管自己不該管的事情，所以說，韓昭侯懲罰他也是對的，因為越權行為會讓整個職場的管理出現混亂，責任不明。

而這兩種行為就是一種忘記身份的表現，沒在自己的身份範圍內做該做的事情，甚至超出自己的範圍做自己不該做的事情。因此，在我們的職場生活中，我們應該注意到這一點，千萬不要被你的「韓昭侯」為這種事情而懲罰你。

◎只有飽滿的果實才會低頭

謙虛的心態、學習的態度應該是我們人生的常態。生命的過程就是學習的過程，只有這樣，成功才會在你堅持不懈的學習中向你微笑。

一家雜誌社做過一項題為「最受歡迎的人和最不受歡迎的

人」的社會調查，結果列「最受歡迎的人」之首的是富有才幹而為人謙虛的人；列「最不受歡迎的人」之首的是自命不凡、目空一切、誇誇其談的人。這項調查充分顯示出謙虛對一個人多麼重要。如果不懂得謙虛，沒有人會把成功的經驗傳授給你；如果剛學到一點皮毛就以為自己已是行家裏手，飄飄然自以為是，那麼，你永遠也不可能達到成功的頂端，永遠也進入不了成功人士的行列。

「越成熟的果實，頭垂得越低」，這是真正懂得了成功處世的意義後表現出來的謙虛的態度。成熟的果實沒有花兒那麼豔麗多姿，但它把自己奉獻給人們，並且留下金色的種子，為來年的豐收出力；只有那些半青不黃的果子才會得意揚揚地掛在梢頭，其實，此時的它沒有任何價值。

我們應該保持謙虛的學習態度，因為只有這樣，我們才能聆聽到良師的教誨。要尊敬他人的學識，真心地覺得自己在某些方面是有待學習和提高的。謙虛的態度才是學習的態度。謙虛的態度是叩開學習大門的敲門磚，是不斷學到新知識、為成功鋪路搭橋的前提。

一個人在工作上或在其他方面取得成就，迫不急待地想讓他人知道，這是人之常情。但這種急於體現自我價值、想被他人承認的心態，最後卻會引人走向失敗。因為如果一個人總想把自己的成就向他人炫耀以證明自己存在的價值，那麼這個人永遠都會活在疲憊中，最後反而會忘卻自己既有的成就，自己否定自己。

第 *11* 章

居功不傲，謙遜處世

　　人的一般心理都是在取得了成績之後，難免要得意一下，這實屬正常的情形。但得意也要有一定的限度，切不能忘乎所以。否則，得意之處就有可能成為阻礙你繼續前進的絆腳石。

◎ 得意不忘形

　　當一個人得意忘形的時候，往往就是悲劇的開始。

　　雖然大家都明白這個道理，可還是有許多人自覺不自覺地犯了這個毛病。究其原因，就是這些人錯把當初取得的小小成功當作了最終的奮鬥目標，從而鬆懈了繼續奮鬥的勁頭，應有的警惕之心，也隨之放鬆。

　　一個信徒經常向上帝做禱告，上帝覺得他很誠心，於是就給他一面寶鏡，說可以從這面鏡中得到自己想要的東西。果然，

信徒真的是要什麼有什麼。

　　他的親朋好友聽到了這個消息，紛紛跑來觀看這個寶鏡，信徒非常得意地一一給眾人進行演示。信徒感到異常的興奮，不停地向眾人誇讚這是由於自己的誠心，上帝對自己的獎賞。可是一不小心，他摔倒了，寶鏡也摔破了！

　　有一點小小的成功就沾沾自喜，就固步自封，這是目光短淺的表現，這種人是沒有大作為的。

　　現代的年輕人取得成績後難免產生得意情緒，這個故事提醒年輕人面對成功，務必要保持清醒的頭腦，要知道怎樣去規避未來的風險。縱觀中外古今，成功者大多能力戒驕傲，低調行事。

　　得意的背後往往隱藏著失意，如果一味沉醉在成功的喜悅裏，沉醉在他人的讚美聲中，那麼你就要為自己過分的得意而付出代價。因而，無論你取得多大的成績，都不要得意忘形，都要保持低調，時時反省自己的言行舉止，這是做人的境界，更是成功的智慧。

◎謙遜是終生受益的美德

　　一個懂得謙遜的人是一個真正懂得積蓄力量的人，謙遜能夠避免給別人造成太張揚的印象，這樣的印象恰好能夠使一個員工在生活、工作中不斷積累經驗與能力，最後達到成功。

　　羊祜出身於官宦世家，是東漢蔡邕的外孫，晉景帝司馬師的獻皇后的同母弟。他為人清廉謙恭，毫無官宦人家奢侈驕橫

的惡習。

他年輕時曾被薦舉為上計吏，州官四次徵辟他為從事、秀才，五府也請他做官，他都謝絕。有人把他比做孔子最喜歡的學生——謙恭好學的顏回。

曹爽專權時，曾任用他和王沈。王沈興高采烈地勸他一起應命就職，羊祜卻淡淡地回答：「委身侍奉別人，談何容易！」後來曹爽被誅，王沈因為是他的屬官而免職。王沈對羊祜說：「我應該常常記住你以前說的話。」羊祜聽了，並不誇耀自己有先見之明，說：「這不是預先能想到的。」

晉武帝司馬炎稱帝后，因為羊祜有輔助之功，任命他為中軍將軍，加官散騎常侍，封為郡公，食邑三千戶。但他堅持辭讓，於是由原爵晉升為侯，其間設置郎中令，備設九官之職。他對於王佑、賈充、裴秀等前朝有名望的大臣，總是十分謙讓，不敢屬其上。

後來因為他都督荊州諸軍事等功勞，加官到車騎將軍，地位與三公相同，但他上表堅決推辭，說：「我入仕才十幾年，就佔據顯要的位置，因此日日夜夜為自己的高位戰戰兢兢，把榮華當作憂患。我身為外戚，事事都碰到好運，應該警誡受到過分的寵愛。但陛下屢屢降下詔書，給我多的榮耀，使我怎麼能承受？怎麼能心安？現在有不少才德之士，如光祿大夫李熹高風亮節，魯藝潔身寡慾，李胤清廉樸素，都沒有獲得高位，而我無能無德，地位卻超過他們，這怎麼能平息天下人的怨憤呢？因此乞望皇上收回成命！」但是皇帝沒有同意。

晉武帝成寧三年，皇帝又封羊祜為南城侯，羊祜堅辭不受。

羊祜每次晉升，常常辭讓，態度懇切，因此名聲遠播，朝野人士都對他推崇備至，以至認為應居宰相的高位。晉武帝當時正想兼併東吳，要倚仗羊祜承擔平定江南的大任，所以此事被擱置下來。羊祜歷職二朝，掌握機要大權，但他本人對於權勢卻從不鑽營。他籌劃的良計妙策和議論的稿子，過後都焚毀，所以世人不知道其中的內容。凡是他所推薦而升的人，他從不張揚，被推薦者也不知道是羊祜薦舉的。

有人認為羊祜過於縝密了，他說：「這是什麼話啊！古人的訓誡：入朝與君王促膝談心，出朝則佯稱不知──這我還恐怕做不到呢！不能舉賢任能，有愧於知人之難啊！況且在朝廷簽署任命，官員到私門拜謝，這是我所不取的。」

羊祜平時清廉儉樸，衣被都用素布，得到的俸祿全拿來週濟族人。他去世後，羊祜妻不願按侯爵級別殮葬羊祜，晉武帝便下詔說：「羊祜一向謙讓，志不可奪。身雖死，謙讓的美德卻仍然存在，遺操更加感人。這就是古代的伯夷、叔齊之所以被稱為賢人，季子之所以保全名節的原因啊！現在我允許恢復原來的封爵，用以表彰他的高尚美德。」

羊祜是成功的，上至一國之主，下至黎民百姓，都對他表示敬佩。羊祜的參佐們讚揚他德高而卑謙，位尊而謙恭。

一個人只懂得如何做事是不夠的，還要學會如何做人。做事與做人，是硬幣的兩面。高調做事者，必須同時追求人際關係的和諧；低調做人者，也必須學會不避嫌怨，高調做事。

通用電氣最年輕的經理人湯姆・席勒曾經給別人解釋過這個道理：「我中學時參加過摔跤隊，從中學到了很重要的一課。

你可能從沒有把摔跤看成團體運動吧？它看起來就像越野或投擲什麼的，但摔跤真的是團體運動，因為你在賽場上的表現取決於你的平時訓練，而你平時訓練的好壞，又取決於跟你一塊訓練的人的水準。看看一些好的摔跤隊，你會注意到，多項國家冠軍往往是被一個團隊的成員獲得的。一個擁有 145 磅級國家冠軍的隊，往往在 138 磅級、155 磅級上也有很好的表現，這是註定的。我們隊一開始糟糕透了，2 比 14 慘敗，連教練都不想待下去了。可是我們團結得像一個人，整個隊一起跑階梯，一起訓練，第二年就變成 16 比 0 了。那時候我就懂得個人離開團隊將一事無成。」

謙遜是金，一個人只有謙遜爲人，才能夠保持不驕不躁的心態，才能在面對生活困境和順境時保持平和的心態，爲成功打下堅實的基礎。

◎要知足常樂

俗話說「人怕出名豬怕壯」、「樹大招風」、「木秀於林，風必摧之；行高於人，眾必非之」，這些古訓都是勸誡人們不要太露鋒芒。做人切忌恃才自傲，不知饒人。鋒芒太露易遭嫉恨，更容易樹敵，甚至招致殺身之禍。

老子在《道德經》中說：「禍莫大於不知足。」講的是知足常樂的道理。孟子說：「養心莫善於寡慾；其爲人也寡慾，雖有不存焉者，寡矣；其爲人也多慾，雖有存焉者，寡矣。」說的也是知足常樂的道理。知足常樂，可以說爲每個人所熟知，但

在現實中又有幾人能做到呢？

　　有一個人，偶然在地上撿到一張百元大鈔，他得到這筆意外之財以後，總是低著頭走路，希望還能有這樣的運氣。久而久之，低頭走路成了他的一種生活習慣。若干年後，據他自己統計，總共拾到紐扣近四萬顆，針四萬多根，錢則僅有幾百塊，可是他卻成了一個嚴重駝背的人，而且在過去的幾年中，他沒有好好地去欣賞落日的綺麗、幼童的歡顏、大地的鳥語花香。

　　不知足的可怕之處，不僅在於摧毀有形的東西，而且能攪亂你的內心世界。你的自尊，你的原則，都可能在貪心面前垮掉。人的不知足，往往由比較而來。同樣，人要知足，也可以由比較得到。

　　人的慾望如同黑洞一樣，沒有填滿的時候，任由其膨脹，則會由此生出許多煩惱。如果能多看一下不如自己的人，和他們比一下，而不是一味地和比自己強的人比較，那麼一切不平之心也許就會安寧。不妨抱一種「比下有餘」的人生態度。

　　有個青年人常為自己的貧窮而牢騷滿腹。

　　「你具有如此豐富的財富，為什麼還發牢騷？」一位智者問他說。

　　「它到底在那裏？」青年人急切地問。

　　「你的一雙眼睛，只要能給我你的一雙眼睛，我就可以把你想得到的東西都給你。」

　　「不，我不能失去眼睛！」青年人回答。

　　「好，那麼，讓我要你的一雙手吧！對此，我用一袋黃金作為補償。」

智者又說，「不，我也不能失去雙手。」

「既然有一雙眼睛，你就可以學習；既然有一雙手，你就可以勞動。現在，你自己看到了吧，你有多麼豐富的財富啊！」智者微笑著說道。

慾望無止境，如果任其膨脹下去，必將後患無窮。生活中如能降低一些標準，退一步想一想，就能知足常樂。

◎卑微之時，更要耐得住寂寞

誰都會有不順心的時候，也有逆境的時候，這也是促使自己身心成熟、鴻圖大展的時候。說到底，這之中最關鍵的是要沉著地等待時機，不怠不躁，就像《菜根譚》中所講的那樣「伏久者飛必高，開先者謝獨早，如此，可以免蹭蹬之憂，可以消躁急之念」。

長久潛伏林中的鳥，一旦展翅高飛，必然一飛衝天；迫不及待綻開的花朵，必然早早凋謝。解了這個道理，就會知道凡事焦躁是無用的。對待逆境能忍別人所不能忍，只有抱著這種信念，你才會順利地走完人生這段漫長的旅程。

劉邦和項羽在稱雄爭霸、建功立業時，其實就是在「挺」上見出高下、決出雌雄的。這是一種「忍」功的較量。誰能夠「挺住」，誰就得天下，稱雄於世；誰若剛愎自用，小肚雞腸，誰就失去天下，一敗塗地。

宋代著名大文學家蘇東坡在評論楚漢之爭時就曾說：漢高祖劉邦所以能勝，楚霸王項羽所以失敗，關鍵在於是否能忍。

項羽不能忍，白白浪費了自己百戰百勝的勇猛；劉邦能忍，養精蓄銳、等待時機，直攻項羽弊端，最後奪取勝利。劉邦可以成大業是他懂得忍下人之言，忍個人享樂，忍一時失敗，忍個人意氣；而項羽氣大，什麼都難以容忍，不懂得「小不忍則亂大謀」的道理。大業未成身先死，可悲可歎！

漢初三傑，張良居首。漢高祖劉邦曾說：「運籌帷幄中，決勝千裏外，子房（張良別號）功也。」

單從「運籌帷幄，決勝千里」這些字面含義，會誤以為張良對漢得天下的貢獻，主要在於軍事——張子房不過一個高明的軍師而已。其實不然，張良所運之籌，是助劉邦取天下的，他是帝王之師，是開國皇帝之師。

蘇軾在《留侯論》一文中論及：

「觀夫高祖之所以勝，而項藉（羽）之所以敗者，在能忍與不能忍之間而已矣。項藉唯不能忍，是以百戰百勝而輕其鋒。高祖忍之，養其全鋒，而待其斃，此子房教之也。」

張良以「忍」得到太公兵法，並以「忍」助劉邦得天下。張良的忍功不是消極的，他的忍功，是等待良機再發。劉邦在和項羽相約分兵入關時，劉邦原要以全力攻取嶢關，張良勸說：「秦兵尚強，不可輕。」讓劉邦暫時忍住，不要硬拼。等到以重金挑動秦軍叛變，再乘士卒心向不定，趁懈進兵奪關。張良在這一役中的忍，是保存實力，等到機會來臨，乘勢取勝。

千百年來，在政壇、商場，甚至在賭桌上，誰不明白「忍」功的重要？但很多人卻知之易、行之難，在緊要關頭，就是忍不住，小不忍則亂大謀。能忍得住，接著再狠得下，那自然能

常操勝算了。

胸懷大志的人，要達到自己的目的，就要藏巧用晦，尤其是他所處的環境並不盡如人意時，那就更要既弄機巧變，又不能為人所惡，所以，就有了藏巧用晦的種種做人的方法。

韜光養晦，比喻暫且隱藏自己的鋒芒或才能，不表現出來。這與低調的意思基本相同，是一種智慧的謀略。

◎百忍成金鋼

大凡一個有抱負、有才華的人，要實現自己的目標，在無所作為的時候，總是能忍受等待的種種煎熬。

要真正運用「忍」的策略並不容易，有時不能立竿見影，很多人就心浮氣躁，殊不知此時正是考驗你的心理功夫是否到家的時候。能忍「胯下之辱」的韓信算達到了這種境界。

漢初名將韓信年輕時家境貧窮，他本人既不會溜鬚拍馬，做官從政，又不會投機取巧，買賣經商。整天只顧研讀兵書，最後連一天兩頓飯都沒有著落，他只好背上家傳寶劍，沿街乞討。

有個財大氣粗的屠夫看不起韓信這副寒酸迂腐的書生相，故意當眾奚落他說：「你雖然長得人高馬大，又好佩刀帶劍，但不過是個膽小鬼罷了。你要是不怕死，就一劍捅了我；要是怕死，就從我褲襠底下鑽過去。」說罷雙腿架開，立了個馬步。眾人一哄圍上，且看韓信如何動作。

韓信認真地打量著屠夫，想了一想，竟然彎腰趴地，從屠

夫褲襠下面鑽了過去。街上的人頓時哄然大笑，都說韓信是個膽小鬼。

韓信忍氣吞聲，閉門苦讀。幾年後，各地爆發反抗秦王朝統治的大起義，韓信聞風而起，仗劍從軍，爭奪天下，威名四揚。

韓信忍胯下之辱而圖蓋世功業，成為千秋佳話。假如他當初爭一時之氣，一劍刺死羞辱他的屠夫，按法律處置，則無異於以蓋世將才之命抵償無知狂徒之命。假如他當初圖一時之快，與淩辱他的屠夫鬥毆拼搏，也無異於棄鴻鵠之志而與燕雀論爭。韓信深明此理，寧願忍辱負重，也不願爭一時之短長而毀棄自己長遠的前程。這樣的屈服，是退讓中另謀進取；不是逆來順受、甘為人奴，而是委曲求全以便我行我素。一旦時機到了，他就能如同水底潛龍衝騰而起，施展才幹，創建功業。

著名商人張榮發的發跡歷程，有一段相當漫長和曲折的故事。他在日本船上從當雜工開始，後來才成為正式水手。在艱苦的水手工作中，他堅持勤奮學習和工作，知識和技術得到不斷的長進，逐步晉升為二副、大副直至船長，這為他全面熟悉海運業打下了良好的基礎。

從打雜工到船長，在文字表達上僅僅用了 10 多個字，然而，張榮發在奮鬥過程中，卻足足用了 23 年時間。就這樣，他忍受了 23 年的艱苦單調的海上生活，積累了一點錢，於 1968 年開始自己創業。起步時他買了一艘殘破的洋船，航行於美國和遠東之間。他既是老闆，又是船上的船長，親自指揮航行。

經過 20 多年海上「臥薪嚐膽」的生活，他成立的長榮海運

公司十分瞭解貨主的需求和市場行情，做到服務優良，樣樣令顧客滿意。為此，他的生意十分興旺，盈利可觀。沒幾年時間，長榮公司的貨輪增至 3 艘，並增闢了遠東至波斯灣的定期航線。到 1975 年，張榮發已積累了不少資本，他注意到海運業競爭激烈，於是決定摒棄舊式貨船，逐步建立起新式快速的貨運船隊，以快速、安全、廉價和優質服務參與競爭。此招果然靈驗，其生意一馬當先，迅速發展。

1982～1983 年，世界航運業再次陷入低潮，很多航運商家難以為繼，被迫倒閉或壓縮業務。有卓見的張榮發認為這是短暫現象，於是利用這個機會以 7 億美元收購 24 艘全箱遠洋貨輪，迅速壯大自己的船隊，乘勢開創環球東西雙向全箱貨運定期航線，取得了史無前例的成功。經過這麼一番人退我進、人棄我取的發展，到 20 世紀 80 年代末，張榮發成為世界有名的船王。他擁有 10 多家規模龐大的公司，在世界五大洲幾十個國家和地區有分公司或辦事處，旗下有 66 艘大型貨輪，總噸數達 210 萬噸。

張榮發忍耐了 23 年的打工生涯，再用 20 多年的創業，終於成為一位世界級富豪。據《福布斯》雜誌介紹，他的財富已達 21.5 億美元。

「世上無難事，只怕有心人」。忍耐是成功的最好體現。成功之途是崎嶇曲折的，不可能是暢通無阻的康莊大道。成功者的特長之一，是善於處理前進中的障礙，有堅忍不拔的忍耐性。

要成大事，必須把忍耐當作一種習慣培養。事實上，堅忍是一種意識狀態，因此，與堅忍有關的心態是可以培養的。

◎ 低調不是低聲下氣

　　低調不是河水低流，不是唯唯諾諾，更不是低聲下氣。它是人生的「過門兒」，是生活的「瓊漿液」。它像曲子的過門是低調的，它像釘子的一邊是削小的，它像黃牛的頭是低著的，是憋足了勁的。但是，低調做人必須擺脫「低人一等」的感覺。

　　低調與低人一等的本質區別就在於是否產生自卑心理，缺乏自信。低調的人雖目前處於「低人一等」的劣勢，但卻能強化自信，厚積薄發，積累經驗，成就大事。俗話講得好，「要想人前顯貴，必須背後受罪。」縱觀古今成大事者，無不是經過艱苦磨煉和低調歷練，經過「低人一等」的磨難，而最後一飛衝天、一鳴驚人的。

　　現在的社會中，有許多人總是覺得自己低人一等，許多人在談論某企業家、某世界冠軍、某電影明星時，總讚不絕口，可一談到自己，便一聲歎息：「我不是成才的料！」他們認為自己沒有出息，沒有本事，不會有出人頭地的機會，理由是：「生來就比別人笨」，「沒有高級文憑」，「沒有好的運氣」，「缺乏社會關係」，「沒有一技之長」，「沒有資金」等等。這樣會使自己妄自菲薄，缺乏直面社會和人生的勇氣，難免會產生低人一等、矮人三分的感覺。這是多麼可怕的事。

　　低調做人，就是在為人處世時擺正自己的位置，低調點，謙虛點，該說則說，該做則做，友善和氣，甘於讓人。

　　假如，你為了謀求一份工作而去拜訪該公司的董事長，你

要先明白一個原則，你謁見的是一個身處高位的人物，在他面前似乎是矮人一頭；雖你有求於他，但求不求在你。李白有一句詩講：「安能摧眉折腰事權貴，使我不得開心顏！」面對高層人物你就心生畏懼而自卑，那麼你就不可能做成事，也不會謀到職位。所以，你要擺正自己的位置，擺脫「低人一等」的心理，展示自己的所長，以平常之心對待，顯出足夠的自信，就會在處事過程中從容自如，遊刃有餘。

低調人雖然行事低調，但他們從來不悲觀失望，因為他們永遠知道如何避免失敗。低調的人不會用種種負面的假設去證明自己的正確，也從不抱怨「社會太不公正」，「我總是吃虧」，「我處處碰壁」，「你為什麼就比我強」，他們很樂意承認自己的錯誤，因為這些錯誤，常常都是在他們的預計之中。

人生永遠不可能是一帆風順的，總是會遇到困難、挫折，總是會麻煩不斷，況且每一個人都不是完美無缺的人，總是會出現差錯與失誤，但低調的人能預見到事情發展的曲折性，預計到所有的事情都可能會出差錯。所以，在事情出現問題的時候，他們根本就不會失望，不會悲觀。

大凡樂觀的人往往是「憨厚」的人，而愁容滿面的人，又總是那些不夠寬容的人。他們看不慣社會上的一切，希望人世間的一切符合自己的理想模式，這才感到順心。

這種人常給自己戴上是非分明的桂冠，其實是一種消極的干涉。怨恨、挑剔、干涉是心理軟弱、心理「老化」的表現。

遇到情緒扭不過來的時候，不妨暫時廻避一下，打破靜態體驗，用動態活動轉換情緒。也許一曲音樂，會將你帶到夢想

的世界。如果你能隨歡樂的歌曲哼起來，手腳拍打起來，無疑，你的心靈會與音樂融化在純淨之中。同樣，看場電影，散散步，和孩子玩玩都能把你帶到另一個情緒世界。

如果你出了工傷，只能靠輪椅行動，這對你無疑是個重大的打擊。而有殘疾的身體，往往使人變得浮躁、悲觀。但是，浮躁、悲觀是無濟於事的，你不如冷靜地承認發生的一切，放棄生活中已成為你負擔的東西，終止不能取得的活動冀望，並重新設計新的生活。大丈夫能屈能伸，只要不是原則問題，不必過分固執。別人在背後說自己的壞話，或者輕視、怠慢自己，想想不是滋味，故以眼還眼，以牙還牙，結果你又多了一個人際屏障，多了一個生活的對頭，那當然也使你整日誠惶誠恐，不知他人在背後又要什麼。

正確的方法是：淨化自己的誠意，不廻避對方，拿出豁達的氣量，主動表示友好。這樣做，會使你在針鋒相對、逃避退縮、一如既往的三種態度上找到最利於個人情緒健康的方式。

排除悲觀情緒，保持樂觀健康的情緒，相信自己和別人都有不斷改善人際關係的能力，在這個基礎上設計一條自我可以接受的幸福道路，相信你的人生一定會變得更加多姿多彩。

懦弱，有句俗話講得好，就是「前怕狼，後怕虎」。懦弱的人總怕受挫折，自己的精神被打垮，他們沒有頑強的毅力。

懦弱的人，膽小怕事，進取精神差，意志薄弱，關鍵時刻好退縮，不敢面對困難和壓力，害怕挫折和失敗，害怕別人譏笑和傷害。這類人比較保守，不求有功，但求無過；喜歡安穩，害怕創新、冒風險；遇事顧慮重重，患得患失。

低調的人，顯得老實厚道，柔弱退讓，常常給人一種懦弱的感覺。其實，低調絕不是懦弱，卻是頑強毅力的象徵。正因為低調，才會保全自己，才會戰勝他人，才會成就大事。

我們都知道大象從不倒下，即使在它們生病的時候，也保持著站立的姿態。因為大象體形龐大，一旦倒下，內臟就會相互擠壓，再加上本身的重量，就會使自己受到更大的傷害。所以，除非到了生命的終結，否則大象是不會倒下的。

與大象比起來，人類就顯得脆弱多了。人的一生總有倒下的時候，或是疾病，或是打擊，或是災難。但是倒下了並不可怕，可怕的是倒下之後一蹶不振，從此站不起來了。

◎儉樸是低調做人的根本

儉樸是一種傳統美德。司馬光在《訓儉示康》中教育兒子司馬康說，古今以儉樸立業聞名，以奢侈而自遭敗落的事例多得很，你不但自身要儉樸，而且還要以此訓教你的子子孫孫，使他們也懂得我家先輩傳統的儉樸家風。

奢侈對於一個人來說危害很大，會讓人沉浸於物質生活享受之中，消融鬥志，不思上進，如此久而久之，既有的物質生活尚且難以為繼，而未來的美好生活就只能成為泡影。在這種情況下，奢侈者如果仍然一味巴望「美好生活」，那麼，或貪或盜也就在所難免了。縱觀歷史，凡是「揮金如土、奢侈無度」的人，沒有幾個下場是好的。

人生是複雜的，有時又很簡單，甚至簡單到只有取得和放

棄。應該取得的完全可以理直氣壯，不該取得的則當毅然放棄。取得往往容易心地坦然，而放棄則需要巨大的勇氣。若想駕馭好生命之舟，每個人都面臨著一個永恆的課題：學會放棄！

儉樸的意義遠遠超過了儉樸本身，它更代表了一種人生態度，一種人生原則。古往今來，大凡成功的人，凡事均能做到自我約束。他們雖然富有萬金卻仍然注意節儉，可說是智慧經營，「糊塗」生活。

在中國，古代帝王們雖然富甲天下，但他們也懂得節儉的道理，不少聖德的君王甚至也能做到以身作則。

趙匡胤登基後，十分關注國計民生，特別是在贖買收取兵權、財權之後，再加上不斷對南方用兵耗資巨大，使得趙匡胤更加注重節儉。平日的開銷降到最低，所用的車馬都很樸素。寢宮中的帷簾都是用青布包邊，宮中帷幕也與普通百姓家的無兩樣。趙匡胤經常把布衣等物賜給左右近侍，說：「朕過去當兵時就穿這些。」

趙匡胤不僅以身作則，厲行節儉，而且還嚴格要求家人，教導子女不能貪求奢華。一次趙匡胤的女兒魏國長公主穿了一件由翠鳥羽毛作裝飾的短上衣入宮見父皇，趙匡胤見到後，十分不高興。他對公主說：「回去把它放起來，別再穿了，從今以後，不要用翠鳥羽毛作裝飾了。」

公主笑著說：「這有什麼了不起，一件衣服能用去幾根翠鳥羽毛？」

趙匡胤正色說道：「此話差矣，你穿這樣的衣服，宮中其他人必會爭相效仿，這樣一來京城翠鳥羽毛價格便會上漲了。百

姓見有利可圖，就會從各個地方販運來，那要危害多少翠鳥呀！你難道不覺得自己有錯嗎？」

在一旁的宋皇后對趙匡胤說：「您當了這麼長時間的天子，就不能用黃金把乘坐的車馬裝飾一下，出來進去也顯得氣派一點嗎？」

趙匡胤說：「我大宋富甲天下，即使宮殿全用金銀來裝飾，也不難辦到。但朕為一國之君，就要為天下百姓著想，國家的錢財怎可以亂用呢？古人說，以一人治天下，怎可以天下奉一人呢？如果全為自己考慮，奢侈無度，那麼天下人又該怎麼做呢？他們又怎麼想我這個皇帝呢？以後你們不要再提這類事了。」

歷史上凡是「做大事、成大業」的偉人、名人無一不是「艱苦樸素，厲行節儉」的身體力行者。

儉樸是一種美德，也是致富的手段。真正白手起家、艱苦創業的大富翁們，可能在投資、捐贈等方面出手闊綽，但在己身的支出上卻又異常儉省。

坐擁巨額財富的葵斯吉曾把紙板塞進鞋子，以遮掩破洞；他也因第一次打高爾夫球就在草地上弄丟一粒球而放棄該項運動。沃爾頓雖然沒有如此小氣，但以一個富翁而言，他也是出了名的節儉。

沃爾頓一生只搭過一次頭等艙（南美到非洲的漫長飛行）；與員工一起出差時，也遵守公司二人一房的住宿規定；公司用車甚至還稱不上是豪華轎車。有一次，家庭倉庫公司的董事長馬克斯到本頓維爾開會，會後與沃爾頓一起外出用餐。馬克斯

回憶當時情況說：「我跳進沃爾頓的紅色小貨車，車上沒有冷氣，坐椅上還留有咖啡漬跡。抵達餐廳時，我的襯衫早就濕透了。這就是沃爾頓，沒架子，沒排場。」

「我穿的鞋子，比沃爾頓今天身上穿的任何東西都貴。」一位朋友在商業活動中遇見沃爾頓後說。沃爾頓對這一類開玩笑的話處之泰然。在小岩城的一次會議中，他站起來展示縫在外衣內裏的商標給眾人看，然後宣佈：「沃爾瑪百貨公司有賣，55美元。長褲呢？沃爾瑪百貨公司也有賣，16美元。」

沃爾頓卻以個人或公司名義捐數額眾多的錢給醫學研究、獎學金基金、基督教及保護藝術品的慈善團體。在家裏，沃爾頓全家人靠沃爾頓擔任總裁的薪水過活。沃爾頓夫婦分別在不同的時候說過，沒有多花錢的唯一原因是，他們實在想不出來還需要些什麼。

心得欄

- -

- -

- -

- -

- -

- -

第*12*章

感恩做人，謙卑處世

「人怕出名豬怕壯」，人一旦成名了，發達了，就容易成為眾人注目的焦點，被人品評，被人臧否。稍有不慎，言行舉止過激，就會招來非議和攻擊，輕則名聲利益受損，重則身敗名裂。

◎ 位高名顯之時，更要低調謹慎

清朝曾國藩以他身居高位的親身體驗，具體開出了三個藥方，以防居官之敗。

風險和成就是相比較而存在的，成就越大，風險也越高。曾國藩就說：越走向高位，失敗的可能性越大，而慘敗的結局就越多。那麼，每升遷一次，就要以十倍於以前的謹慎心理來處理各種事務。他借用劣馬駕車，繩索已朽，形容隨時有翻車

的可能。

　　曾國藩詳細闡述：國君把生殺予奪之權授給督撫將帥，如東家把銀錢貨物授給店中眾位夥計。如果保舉太濫，對國君的名器不甚愛惜，好比低價出售浪費財物，對東家的貨財不甚愛惜一樣。進而推說：「偷人家的錢財，還說成是盜；何況是貪天之功以為是自己的力量。」曾國藩認為利用職權牟取私利，這就是違背了不干預之道，是註定要自食惡果的。一事想貪，則可能事事想貪；一時想貪，則可能時時想貪。從而陷自己於不利之地。

　　至於不終、不勝，曾國藩則更是深有體會，他說：陸遊說能長壽就像得到富貴一樣。開始我不知道他的意思，就擠進老年人的行列中了。我近來混了個虛浮的名譽，也不清楚是什麼原因就得到了這個美好的聲名了。古代人獲得大的名聲的時候正是艱苦卓絕的時候，通常不能順利地度過晚年！

　　想到這些不禁害怕。想要準備寫奏摺把這些權力辭掉，不要再管轄這四省吧，害怕背上不勝其任、以小人居君子的罪名。

　　正因為如此，曾國藩雖身居高位，也時時猶履薄冰，大功告成之日，更是感覺如蹈危局。倒使得曾國藩該得到的也得到了，不終也「終」了，不勝也「勝」了。

　　曾國藩是中國歷史上最有影響的人物之一，他從湖南一個偏僻的小山村以一個書生入京赴考，中進士留京師後十年七遷，連升十級，37歲任禮部侍郎，官至二品。緊接著因母喪返鄉，恰逢太平天國巨瀾橫掃湘湖大地，他因勢在家鄉拉起了一隻特別的民團湘軍，歷盡艱辛為清王朝平定了天下，被封為一

等勇毅侯，成爲清代以文人而封武侯的第一人，後歷任兩江總督、直隸總督，官居一品，死後被諡「文正」。

曾國藩生前風光，死後揚名，他的後代也是個個超凡脫俗，在科技、文學、經濟等領域做出了不小的成就，不僅名利雙收，而且平安健康，可謂「福德」不淺。這從根本上說，是由於曾國藩低調謙卑謹慎的爲人處世哲學，以及通過家教把這種文化內涵、思想靈魂傳承給後代的原因。

人們常說，富不過三代，爲官不過兩代。但曾國藩卻破了這個「週期律」，這就是低調做人的力量——歸根到底就是文化內涵的力量，因爲只有掌握文化，明白道理後才能真正做到低調處世！要知道，曾國藩爲人處世的智慧的背後，是以孜孜不倦而積累的深厚的文化底蘊爲基礎的。

在我們身邊，爲什麼有的人活得那麼累？有的人卻活得那麼輕鬆呢？活得累的人，不一定是窮人，也不一定是惡人；活得輕鬆的人，不一定是富人，也不一定就是好人。但是，爲什麼有的人就那麼招人喜歡，而有的人就那麼讓人厭惡呢？

其中，有一個如何做人的問題。人要想活得不累，活得自如，活得讓人喜歡，最簡單不過的辦法，就是學會感恩做人、謙卑處世。感恩做人和謙卑處世，可以讓你與週圍的人和諧相處，還能讓自己暗蓄力量、悄然潛行。

◎姿態越低越難受傷

在秦始皇陵兵馬俑博物館，有一尊被稱為「鎮館之寶」的跪射俑。這尊跪射俑是保存最完整的、唯一一尊未經人工修復的秦俑。秦兵馬俑坑至今已經出土清理各種陶俑 1000 多尊，除跪射俑外，其他皆有不同程度的損壞，需要人工修復。為什麼這尊跪射俑能保存得如此完整呢？

原來，這得益於它的低姿態。首先，跪射俑身高只有 1.2 米，而普通立姿兵馬俑的身高都在 1.8～1.97 米之間。天塌下來有高個子頂著。其次，跪射俑作蹲跪姿，右膝、右足、左足三個支點呈等腰三角形支撐著上體，重心在下，增強了穩定性，與兩足站立的立姿俑相比，不容易傾倒、破碎。因此，在經歷了 2000 多年的歲月風霜後，它依然能完整地呈現在我們面前。

由跪射俑的低姿態想到我們的做人之道。一個人若能在人群中保持低姿態，才高不自詡，位高不自傲，也同樣可以避開無謂的紛爭，在顯赫時不會招人嫉妒，卑賤時不會遭人貶損，能更好地讓自己的生活平靜祥和。

颶風掃蕩過的原野一片狼藉，連高大偉岸的橡樹也被攔腰折斷。然而蘆葦卻堅強地活了過來，在微風中跳起了輕快的舞蹈。颶風以橫掃一切的氣勢，將高大偉岸的橡樹折斷，卻沒有傷害到纖細如指、柔弱如柳的蘆葦，究竟是什麼原因？原來，蘆葦在颶風來臨時，將自己的身子一再放低、放低……幾乎與地面平行，使颶風加在自己身上的力量減少到最低，因而得以

保全自己。而橡樹，仗著自己有堅實的腰板，不肯放下自己的身段，最終免不了被颶風吹折。

嫉妒是人性的弱點之一，只不過有的人會把嫉妒表現出來，有的人則把嫉妒深埋在心底。嫉妒是無所不在的，朋友之間、同事之間、兄弟之間、夫妻之間、父子之間，都有嫉妒存在。而這些嫉妒一旦處理失當，就會形成足以毀滅一個人的烈火，特別是發生在朋友、同事間的嫉妒情緒，對工作和交往更會造成麻煩。

朋友、同事之間嫉妒的產生有多種情況。例如：「他的條件不見得比我好，可是卻爬到我上面去了。」「他和我是同班同學，在校成績又不比我好，可是竟然比我發達，比我有錢！」在工作中，如果你升了官、受到上司的肯定或獎賞、獲得某種榮譽，那麼你就有可能被別人嫉妒。女人的嫉妒會表現在行為上，說些「哼，有什麼了不起」或是「還不是靠拍馬屁爬上去的」之類的話。但男人的嫉妒通常藏在心裏，有的藏在心裏就算了，有的則明裏暗裏跟你作對，表現出不合作的態度。

因此，當你一朝得意時，應該想到並注意到的問題是：同單位之中有沒有比我資深、條件比我好的人落在我後面？因為這些人最有可能對你產生嫉妒。觀察同事們對你的「得意」在情緒上產生的變化，可以得知誰有可能在嫉妒。一般來說，心裏有了嫉妒的人，在言行上都會有些異常，不可能掩飾得毫無痕跡，只要稍微用心，這種「異常」就很容易發現。

而在注意這兩件事的同時，你應該儘快在心態及言行方面做如下調整：不要凸顯你的得意，以免刺激他人，徒增他人的

嫉妒情緒，或是激起其他更多人的嫉妒，你若洋洋得意，那麼你的歡欣必然換來苦果。

把姿態放低，對人更有禮，更客氣，千萬不可有倨傲侮慢的態度，這樣就可在一定程度上降低別人對你的嫉妒，因為你的低姿態使某些人在自尊方面獲得了滿足。

在適當的時候適當地顯露你無傷大雅的短處，例如不善於唱歌、外文很差等，以便讓嫉妒者的心中有「畢竟他也不是十全十美」的幸災樂禍的滿足。和所有嫉妒你的人溝通，誠懇地請求他的幫助和配合，當然，也要指出並讚揚對方有而你沒有的長處，這樣或多或少可消弭他對你的嫉妒。

遭人嫉妒絕對不是好事，因此必須以低姿態來化解，這種低姿態其實是一種非常高明的做人之道。

學會低調做人，就是要不喧鬧、不矯揉、不造作、不故作呻吟、不假惺惺、不捲進是非、不招人嫌、不招人嫉，即使你認為自己滿腹才華，能力比別人強，也要學會藏拙。而抱怨自己懷才不遇，那只是膚淺的行為。

韜光養晦不只是一種生存策略，也是一種發展策略。一個甘願處於次要位置的人，一個謙卑的人，更能贏得大家的尊重和愛戴。

◎少出頭，多自由

美麗的花草最容易招人採摘，而一朵不顯眼的平凡花草，反而更能夠自由自在地開放。

　　低調做人者首先給人的感覺就是「貌不驚人」。當然，所謂的「貌」不完全是指外貌，嚴格地說是「看上去」的意思，即包括一個人的相貌穿著，也包括了行為舉止。這種人給人的感覺是內斂而不張揚、柔和而不粗暴，不顯山露水，也不鋒芒畢露。這種做人的低姿態，能夠減少別人的反感與嫉妒之心。

　　不過，在這個個性張揚的時代，更多的遇事喜張揚，遇人好顯擺，更要命的是抬高自己時還一本正經的樣子，不見絲毫的羞澀。我們經常看到一些人，有十分的才能，就要十二分地表現出來。生怕別人不知道，還要十三分地說出來。他們往往有著充沛的精力，很高的熱情以及一定的能力。他們說起話來咄咄逼人，做起事來不留餘地。

　　俗話說：槍打出頭鳥。先出頭的鳥，最容易成為獵人眼裏的靶子。處世也經常有類似的境遇。木秀於林，風必摧之；行高於眾，眾必非之。要想不成為別人眼裏的靶子，最好是自己要主動放下身段，低調做人。

　　人的低調之一體現在不輕易出頭，體現在多思索、少說話，體現在多安靜、少喧嘩。不要讓人以為你是個愛搶風頭的人，這樣容易激起嫉妒，產生矛盾和公憤。

　　但矛盾來了：我們每天忙碌奔走，不是希望自己能夠有一天出人頭地嗎？如果事事都不出頭，怎麼會有出人頭地的那一天呢？想出人頭地並不是什麼錯，一個對自己有事業心的人、一個對家人有責任感的人，都有一種出人頭地的慾望，只不過有些人隱藏得深一點，有些人隱藏得淺一點。

　　做人做事，我們要適當出頭，但不可強行出頭。所謂「強

出頭」，「強」在兩層意思。

第一，「強」是指「勉強」。也就是說，本來自己的能耐不夠，卻偏偏要勉強去做。當然，我們承認一個人要有挑戰困難的決心與毅力，但挑戰一定要有尺度。明知山有虎，偏向虎山行，如果沒有一定的能耐，何必去送死？如果一定要打虎，先練練功夫才是最明智的選擇。失敗固然是成功之母，但我們不是爲了成功而去追求失敗。自不量力的失敗，不僅會折損自己的壯志，也會惹來了一些嘲笑。

第二，「強」是指「強行」。也就是說，自己雖然有足夠的能力，可是客觀環境卻還未成熟。所謂「客觀環境」是指「大勢」和「人勢」，「大勢」是大環境的條件，「人勢」是週圍人對你支持的程度。「大勢」如果不合，以本身的能力強行「出頭」，不無成功機會，但會多花很多力氣；「人勢」若無，想強行「出頭」，必會遭到別人的打壓排擠，也會傷害到別人。

少些出頭，你的身心就會多些隨意與自由。

世間萬事萬物皆起之於低，成之於低，低是高的發端與緣起，高是低的嬗變與演繹。

◎扯下自己的面子給人

西漢時，有個叫胡常的老儒生和儒生翟方進一起研究經書。胡常先做了官，但名譽不如翟方進好，在心裏總是嫉妒翟方進的才能，和別人議論時，總是不說翟方進的好話。翟方進聽說了這事，就想出了一個應付的辦法。

胡常時常召集門生，講解經書。一到這個時候，翟方進就派自己的門生到他那裏去請教疑難問題，並一心一意、認認真真地做筆記。一來二去，時間長了，胡常明白了，這是翟方進在有意地推崇自己，給自己面子。想到這裏，胡常心中十分不安。後來，在官僚中間，他再也不去貶低而是讚揚翟方進了。

如果說翟方進以尊敬對手的方法，轉化了一個敵人，那麼王陽明則憑藉給面子保護了自身。

明朝正德年間，朱宸濠起兵反抗朝廷。王陽明率兵征討，一舉擒獲朱宸濠，建了大功。當時受到正德皇帝寵信的江彬十分嫉妒王陽明的功績，以為他奪走了自己大顯身手的機會，於是，散佈流言說：「最初王陽明和朱宸濠是同黨，後來聽說朝廷派兵征討，才抓住朱宸濠以自我解脫。」想嫁禍並抓住王陽明，作為自己的功勞。

在這種情況下，王陽明和張永商議道：「如果把擒拿朱宸濠的功勞讓出去，可以避免不必要的麻煩。假如堅持下去，不做妥協，那江彬等人就要狗急跳牆，做出傷天害理的勾當。」為此，他將朱宸濠交給張永，使之重新報告皇帝：朱宸濠捉住了，是總督軍們的功勞。這樣，江彬等人便沒有話說了。

王陽明稱病休養到淨慈寺。有了面子的張永回到朝廷，大力稱頌王陽明的忠誠和讓功避禍的高尚事蹟。皇帝明白了事情的始末，免除了對王陽明的處罰。

王陽明扯下自己的面子給別人，避免了飛來的橫禍。

在給人面子時，緊緊抓住這兩點，找到別人最在乎的東西並以適當的途徑和方式提供給別人，往往會使別人感到一種超

乎尋常的滿足，別人對你提供的東西滿意，你也就能從中獲得極大的好處，達到自己的原來目的。

大作家雨果曾說過：「世界上最寬闊的東西是海洋，比海洋更寬闊的是天空，比天空更寬闊的是人的心靈。」我們應該像大海一樣笑納百川，像天空一樣任鷹翱翔，像高山一樣簇擁群峰，摒棄自大、自負和自滿，毫不吝嗇地對別人的才智、德操、品行送上一句由衷的讚美吧。

金無足赤，人無完人；凡人皆有其長處，亦必有其短處。對待他人的短處，不同的人則有不同的方法。有的人在與他人的談話中，儘量多談及對方的長處，極力避免談及對方的短處；也有的人專好無事生非，推波助瀾，有聲有色地編撰別人的短處，逢人便誇大其詞地談論別人的短處；有的人雖無專說別人短處的嗜好，但平時卻對此不加注意，偶爾也不小心談到別人的短處。

每一個人都有自身無法消除的弱點，就像個子矮是天生的一樣。如果我們老是把眼光盯在別人的弱點上，總是將別人的弱點當成攻擊的對象，那麼只會出現兩種情況：一是別人不願意再與你交往。如此一來，你的朋友會越來越少，別人都躲著你，避開你，不與你計較，直到剩下你自己孤家寡人一個。二是別人也對你進行反攻，揭露你的短處。這樣勢必造成互相揭短、互相嘲笑的局面，進而發展到互相仇視。如此結局，相信沒有人願意「享受」。

在歷史有所謂「逆鱗」之說，據說在龍的喉部下，大約直徑一尺的部位上長有「逆鱗」。這是龍身上最痛的地方，如果有

誰不小心觸摸到這一部位，必定會被激怒的龍所殺死。

事實上，無論多麼高尚偉大的人，身上都有「逆鱗」存在，這就是每個人身上最不願意被提及的痛處。一旦這個痛處被擊中，必定會引起他們的劇痛與反擊。所以，有一句俗語說：打人莫打臉，揭人莫揭短。打人不打臉，罵人不揭短。沒有一個人願意讓別人攻擊自己的短處。若不分青紅皂白，一味說對方的短處，其結果往往是引發唇槍舌劍，兩敗俱傷。

你有沒有發現：人們看自己的過錯，往往不如看別人那樣苛刻。原因當然是多方面的，其中主要原因可能是我們對自己犯錯誤的來龍去脈瞭解得很清楚，因此對於自己的過錯也就比較容易原諒；而對於別人的過錯，因為很難瞭解事情的方方面面，所以比較難找到原諒的理由。

大多數人在評判自己和他人時，不自覺地用了兩套標準。例如：如果我們發現了旁人說謊，我們的譴責會是何等嚴酷，可是那一個人能說他自己從沒說過一次謊？也許還不止 100 次 1000 次呢！

或許是生活中有太多需要忍耐的不如意：被老闆罵了，被妻子怨了，被兒子氣了⋯⋯這些都似乎需要無條件忍耐。有的人忍一忍，氣就消了；有的人忍耐久了，心中的不平之氣就如堤內的水位一樣節節攀升。對於後者來說，一旦抓到一個合理的宣洩口子，心中的怒氣極易如洪水決堤般洶湧而出，還美其名曰：「理直氣壯。」

做人要學會給他人留下台階，這也是為自己留下一條後路。每個人的智慧、經驗、價值觀、生活背景都不相同，因此

在與人相處時，相互間的衝突和爭鬥難免——不管是利益上的爭鬥還是非利益上的爭鬥。

　　大部份人一陷身於爭鬥的旋渦，便不由自主地焦躁起來，一方面為了面子，一方面為了利益，因此一旦自己得了「理」便不饒人，非逼得對方鳴金收兵或豎白旗投降不可。然而「得理不饒人」雖然讓你吹著勝利的號角，但這也是下次爭鬥的前奏，因為這對「戰敗」的一方而言也是一種面子和利益之爭，他當然要伺機「討要」回來。

　　最容易步入「得理不讓人」偏失的，是在能力、財力、勢力上都明顯優於對方時，也就是說你完全有本事乾淨俐落地收拾對方。這時，你更應該偃旗息鼓、適可而止。因為，以強欺弱，並不是光彩的行為，即使你把對方趕盡殺絕了，在別人眼中你也不是個勝利者，而是一個無情無義之徒。

　　《菜根譚》中說：「鋤奸杜倖，要放他一條生路。若使之一無所容，譬如塞鼠穴者，一切去路都塞盡，則一切好物俱咬破矣。」所謂「狗急跳牆」，將對方緊追不捨的結果，必然招致對方不顧一切的反擊，最終吃虧的還是自己，這也算是一種讓步的智慧吧。

　　有一位哲人說過這麼一句引人深思的話：「航行中有一條公認的規則，操縱靈敏的船應該給不太靈敏的船讓道。我認為，人與人之間的衝突與碰撞也應遵循這一規則。」

◎給人下台階的機會

鄭國國君鄭莊公,有個弟弟段。因為他的母親武姜非常喜歡段,想讓段當國君,就支持段反叛,結果被鄭莊公滅了,武姜被發配到邊遠地帶。

武姜臨行前,鄭莊公發誓說:「不及黃泉,未相見也」,不見黃泉路,不跟她見面,意思是到死都不想見母親了。

因為這件事,百姓背後議論紛紛,鄭莊公背上了「不孝」的名聲。

後來,鄭莊公後悔自己做得太絕了,但是「金口玉言」,說過的話,也不好反悔,所以有點進退兩難。

這時,有個叫穎考叔的人,出了個主意:在地上挖個大坑,一直挖到出水,就是見到了「泉水」,這樣就相當於見了「黃泉」。然後放個梯子,武姜和鄭莊公順梯子下去,在大坑裏見面,就等於誓言實現。

鄭莊公依計照辦,母子相見,抱頭大哭。鄭莊公把母親接回王宮奉養,百姓交口稱讚。

這個故事的版本說是修建了台階下去的,所以後人把幫人保面子打破尷尬局面的事情,稱為「下台階」。

當然,給人台階下,除了需要寬大的胸懷,還需要智慧。

19世紀英國,有位軍官一再請求首相狄斯雷利加封他為男爵。可此人有些條件不能達標。

狄斯雷利無法滿足他的請求,可他並沒有直接說「不行,

你不達標！」而是用溫婉的語氣說：「親愛的朋友，很抱歉我不能給你男爵的封號，但我可以給你一件更好的東西。我會告訴所有的人，我曾多次請你接受男爵的封號，但都被你拒絕了。」

消息傳出後，大家都稱讚軍官謙虛，淡泊名利，對他的禮遇和尊敬遠遠超過了任何一位男爵。

後來，這位軍官成了狄斯雷利最忠實的夥伴和軍事後盾。

可見，給尷尬者以「台階」下，尊重其人格，給予寬容和體諒，使對方感受到你的誠摯與溫暖，誰還會以怨報德而一錯再錯呢？

給人以台階，是件心態與智慧並舉的事情。具體來說，應做好以下幾點：

如果是對方或是身邊人失誤，而造成不好下台的局面，那麼「指鹿為馬」是巧妙化解矛盾的方法。

如果是自己失誤而造成不好下台，聰明的辦法是：多些調侃，少些掩飾；多些低姿態，少些趾高氣揚；多些自嘲，少些自以為是。

善用假設，巧避鋒芒。例如，一件事情，雙方都認為自己的觀點正確。爭執不下，你可以說一句「如果你說得正確，那我肯定錯了。」相信對方也就不會再爭辯了。

有一次，一個男生和班主任老師爭論起來，焦點是男生能不能到女生宿舍串門。班主任老師一口咬定絕對不能，學生認為可以適當串門，可是兩人誰也沒能說服誰。男生看到不能說服老師，又見老師似有怒意，只好結束話題：「如果老師您說得正確，那我肯定錯了。」班主任老師聽了，沉默一會兒便不再

爭執了。這個假設句本來是一句廢話,既沒有肯定老師的觀點,也沒有否定自己的觀點,然而卻讓老師偃旗息鼓。為什麼呢?因為這個學生用的是假設句,他表達了放棄,老師當然會適可而止。由此可見,爭執不下的時候,不妨多用假設句來表達,這也是一種互給台階下的方式。

善於利用對方的虛榮心。

有一次,解縉陪朱元璋釣魚,整整一天一無所獲。朱元璋十分懊喪,命解縉寫詩記下這一天的情況。這詩可怎麼寫呢?解縉不愧為才子,稍加思索,信口念道:「數尺綸絲入水中,金鉤拋去永無蹤,凡魚不敢朝天子,萬歲君王只釣龍。」朱元璋聽完,龍顏大悅。

承認自己的錯誤。人際交往中,出現矛盾很正常,傷害了別人的人,多些自我反省,勇敢承認自己的錯誤,向受害人誠懇道歉,便不難化解矛盾。

你傷害過誰也許早已忘記。但是,被你傷害的人卻永遠不會忘記你。其實,給別人留個台階,不傷別人的面子,也是給自己留面子。

◎攀比之風害人不淺

生活中,我們常常看到有人為了面子互相攀比,鋪張浪費。新人結婚時一定要大擺宴席,豪華名車成隊,知名人士捧場,仿佛不這樣就不算是結婚,就會非常沒有面子,這樣的攀比風是萬萬要不得的。

晉武帝時期，在京都洛陽，有一個超級大富豪石崇，可以算得上是富甲天下。但錢多了就壞事，財富讓他變成了一位極度虛榮的人。

為了炫耀自己的豪富，他特地派人到全國各地採集珍貴的奇花異草，在住宅邊上造了一個有鮮花簇擁著的金穀園，園中又建造了一座精緻的綠珠樓，裏面有他用五鬥珍珠買來的歌女。

南朝文學家劉義慶在《世說新語》中記載，大富豪石崇家的廁所比現在的五星級大飯店的臥房都闊氣，裝飾豪華自不必說，還備有甲煎粉、沉香汁等高級香料和化妝品，甚至還擺了一張絲紗帳的大床，用途為何，這就不得而知了。更令人瞠目的是，連廁所裏一天到晚都有十來個漂漂亮亮的小丫鬟，身穿華麗的衣裳，塗脂抹粉，打扮得花枝招展，輪流值班侍候前來上廁所的人。上完廁所後，她們就會讓你脫下身上的衣服，換上一件新衣服後才能出來。凡上過廁所，衣服就不能再穿了。

這樣的豪華的廁所，還弄出不少笑話。一次，一個叫劉實的人去拜訪石崇，上廁所時，見廁所裏有絳色蚊帳、墊子、褥子等極講究的陳設，還有婢女捧著香袋侍候，忙退出來，笑著對石崇說：「對不起！我不小心進了你的臥室。」

石崇聽了，哈哈大笑道：「你進去的正是廁所啊！」

那麼，石崇到底有多少錢呢？據《耕桑偶記》載，外國進貢火浣布，晉武帝制成衣衫，穿著去了石崇那裏。石崇故意穿著平常的衣服，卻讓從奴50人都穿火浣衫迎接武帝。石崇的姬妾美豔者千餘人，他選擇數十人，妝飾打扮完全一樣，乍然一看，甚至分辨不出來。

石崇刻玉龍佩，又製作金鳳凰釵，晝夜聲色相接，稱為「恒舞」。每次召喚她們的時候，不稱呼姓名，而是聽佩聲看釵色。佩聲輕的居前，釵色艷的在後，次第而進。侍女各個口中含著異香，一笑香氣就從口氣中飄出。石崇又在象牙床上撒上沉香屑，讓所寵愛的姬妾踏在上面，沒有留下腳印的賜珍珠一百粒；如果留下了腳印，就讓她們節制飲食。

由此可知，石崇的富裕程度是常人無法想像的。

可當時還真有人不信他這一套，根本不把他放在眼裏。那就是王愷——當朝皇帝的舅舅。每次聽見別人說石崇如何如何富有，便怒從心頭起，有心跟他比一比。

為了顯示自己的富有，他家裏用糖水洗刷鍋子，並在家門口兩旁，用珍貴的細絲線編織成屏欄，足足有 40 裏長。人們要上王愷家，就必須走過這道長長的細絲線屏欄。

石崇聽說後，便用比紫絲貴重的彩緞，鋪設了 50 裏屏障，比王愷的屏障更長、更豪華。

兩個人爭來鬥去，王愷雖然低了一籌，但是他還不甘心，便向晉武帝請求幫忙。這個晉武帝也是個唯恐天下不亂的主兒，聽到這樣的事情，他居然覺得很有趣，就把宮裏收藏的一株兩尺多高的珊瑚樹賜給王愷，好讓王愷在眾人面前誇耀一番。

王愷如獲至寶，連忙發出請帖，特地請石崇和一批官員上他家吃飯。宴席上，王愷得意地對大家說：「我家有一件罕見的寶物，請大家觀賞一番怎麼樣？」

說完命兩個侍女小心翼翼地捧出珊瑚樹。那株珊瑚有兩尺高，紅中帶粉、晶瑩透亮、枝條勻稱、棱角分明，是珊瑚中的

上品。大家看了讚不絕口，都說真是一件罕見的寶貝。

可石崇只輕蔑地掃了一眼，站在一旁冷笑。他看到案頭有一隻鐵如意，便順手抓起，將珊瑚樹劈裏啪啦敲了個粉碎。

官員們都大驚失色，王愷更是氣急敗壞，讓他賠「國寶」。石崇仰天大笑說：「這破玩意兒根本就不值得心疼，我現在就賠你一個。」立即命隨從回家去取。一下子搬來了幾十株珊瑚樹，三四尺高的就有六七株，株株條於挺秀，光彩奪目，個個都是稀世珍品。王愷這才明白，自己家的財寶確實敵不過石崇，只得作罷。

家財天下第一，連皇帝都自歎不如，石崇可謂掙足了面子，但是，他的下場又是什麼呢？

晉武帝死後，趙王司馬倫發動了宮廷政變，掌握了大權。正所謂一朝天子一朝臣，石崇的大靠山賈謐是司馬倫的死對頭，賈謐被殺後，石崇也只能任人宰割。司馬倫的中書令孫秀不但抄沒了他的所有家產，還直接判了他死刑。

就刑前，石崇仰天長歎：「這個狗奴才是貪圖我的家財啊！」押送犯人的小官聽到石崇的歎息，應聲道：「你早知道財貨傷身，為什麼還一心炫耀？怎麼不散結鄉里，收買民心？你有現在的下場，都是為了一個面子啊！」

像石崇這樣位高權重的人也爲面子所害，窮人就更不必說了，因爲人小勢微，對面子的追求越狂熱，下場必然越慘。

虛榮心容易使人沉淪，虛榮心像一個絢麗的夢，當你在夢中的時候，仿佛擁有了許多，但當夢醒來的時候，你就會發現原來你什麼都沒有。

◎示弱有時勝過逞強

在一輛擁擠的公車上，一個彪形大漢因為有人踩了他的腳而怒氣衝天，他站起身，晃動著拳頭，正要砸向那個踩他腳的人。那人突然來了一句：別打我的頭啊，我剛動了手術出院。大漢聽了這話，頓時如斷了電的機器人一樣，高舉的手定格在半空中，然後如洩氣的皮球倒在自己的座位上。過了一會兒，大漢居然起身，要把自己的位子讓給那個踩了他的腳的人。

這一幕極具戲劇性的場景，是真實發生過的。這不免令人想到人與人之間的許多糾紛，不光只是靠講道理或比實力來解決的。有時候，主動扯下臉面示弱也是一種極其有效的化解方式。人都有一種爭面子當強者的心態，而要當強者至少有兩條途徑：與人角力鬥爭獲勝，可以滿足自己的強者心態；而對於弱者的遷就與照顧，實際上也滿足自己愛面子的強者心態。

人人都喜歡當強者，但強中更有強中手。一味地好強，自有強人來磨你，還不如在適當的時候示弱效果好。在強者面前示弱，可以消除他的敵對心理。誰願意和一個明顯不如自己的人計較呢？當「強」與「弱」出現明顯的差距時，自認為的強者若與弱者糾纏，實在是把自己的身份與地位降低。就像一個散打高手，根本就不屑於和一個文弱書生動手——除非在忍無可忍的情況之下。

再舉一個例子，如果一個不懂事的小孩罵了你，你會和他對罵嗎？肯定不會，除非你也是一個小孩，或者你自願成為一

個只有小孩心胸的成年人。

除了在強者面前要學會示弱外，在弱者面前我們也應該學會示弱。在弱者面前示弱，可以令弱者保持心理平衡，減少對方或多或少的嫉妒心理，與之拉近距離。弱者面前如何示弱呢？

例如：地位高的人在地位低的人的面前不妨展示自己的奮鬥過程，表明自己其實也是個平凡的人；成功者在別人面前多說自己失敗的記錄、現實的煩惱，給人以「成功不易」、「成功者並非萬事大吉」的感覺；對眼下經濟狀況不如自己的人，可以適當訴說自己的苦衷，讓對方感到「家家有本難念的經」；某些專業上有一技之長的人，最好宣佈自己對其他領域一竅不通，袒露自己日常生活中如何鬧過笑話、受過窘等；至於那些完全因客觀條件或偶然機遇僥倖獲得名利的人，完全可以直言不諱地承認自己是「瞎貓碰上死耗子」。

曾有一位記者去採訪一位政治家，原本打算搜集一些有關他的一些醜聞資料，做一個負面的新聞報導。他們約在一間休息室裏見面。在採訪中，服務員剛將咖啡端上桌來，這位政治家就端起咖啡喝了一口，然後大聲嚷道：「哦！該死，好燙！」咖啡杯隨之滾落在地。等服務員收拾好後，政治家又把香煙倒著放入嘴中，從過濾嘴處點火。這時記者趕忙提醒：「先生，你把香煙拿倒了。」政治家聽到這話之後，慌忙將香煙拿正，不料卻將煙灰缸碰翻在地。政治家的整個做派，就像一個糊塗之極的老人，平時趾高氣揚的政治家出了一連串洋相，使記者大感意外，不知不覺中，原來的那種挑戰情緒消失了，甚至對對方懷有一種親近感。

其實，整個出洋相的過程，都是政治家一手安排的。政治家都是深諳人性弱點的高手，他們知道如何消除一個人的敵意。當人們發現強大的假想敵也不過如此，同樣有許多常人擁有的弱點時，對抗心理會不知不覺消弭，取而代之的是同情心理。人皆有惻隱之心，一旦同情某一個人，大多數人是不願去打擊他的。

在強者面前示弱，可以消除他的敵對心理；在弱者面前示弱，可以令弱者保持心理平衡，減少對方的或多或少的嫉妒心理，拉近彼此的距離。

◎有資格嘲笑的是自己

自嘲，顧名思義，就是自己嘲笑自己，自己「胳肢」自己，拿自己尋開心，讓別人跟著樂。

美國一位身材肥胖的女士曾經這樣自我解嘲:「有一次我穿上白色的泳裝在大海裏游泳，結果引來了俄羅斯的轟炸機，以為發現了美國的軍艦。」引得聽眾哈哈大笑。這種自揭其短、自廢武功的話語，使得大家根本就不會認為她的胖是醜，都將注意力集中在她的風趣上。結果，肥胖不再是她的劣勢，反而成為她的特點，使她在社交中遊刃有餘。

自嘲是一個人心境平和的表現。它能製造寬鬆和諧的交談氣氛，能使自己活得輕鬆瀟脫，使人感到你的可愛和人情味，從而改變對你的看法。

人的一生，是很難一帆風順，事事順意的。面對各種缺陷

和不快，自卑和唉聲歎氣固然無補於事，一味遮掩辯解又會適得其反，最佳的選擇恐怕就是幽默的自嘲了。

「光頭諧星」淩峰不就是用「長得難看出名」，「使女同胞達到忍無可忍的程度」，這麼幾句自嘲的話，而令春節聯歡晚會上的觀眾發出會心的微笑，進而接受他、喜愛他的嗎？

君子處世要大氣。所謂大氣，就是豁達，就是捨得。不斤斤計較，不過分認真，多想自己的缺點和無能，捨得拿自己尋開心。

威廉對公司董事長頗為反感，他在一次公司職員聚會上，突然問董事長：「先生，你剛才那麼得意，是不是因為當了公司的董事長？」

這位董事長立刻回答說：「是的，我得意是因為我當了董事長，這樣就可以實現從前的夢想，和董事長夫人同床共枕。」

董事長敏捷地接過威廉取笑自己的目標，讓它對準自己，於是他獲得了一片笑聲，連發難的人也忍不住笑了。

自嘲不傷害任何人，因而最安全。你可用它來活躍氣氛，消除緊張；在尷尬中自找台階，保住面子；在公共場合表現得更有人情味。總之，在社交場合中，自嘲是不可多得的靈丹妙藥，別的招不靈時，不妨拿自己來尋開心，至少自己罵自己是安全的，除非你指桑罵槐，一般不會討人厭。智者的金科玉律便是：不論你想笑別人怎樣，先笑你自己。

人不自嘲非君子。能夠捨得拿自己開玩笑的人，是一個自信、平和、睿智、討人喜歡的人。

第 *13* 章

八分飽的人生哲學

　　饕餮是中國古代傳說中的一種怪獸，它沒有身體，只有一個巨大的頭和一張碩大的嘴。它十分貪吃，逮著什麼就吃什麼。由於吃得太多，饕餮最後被撐死了。

　　一分、二分餓著了，八分飽正好，十分、十二分撐死了。《周易‧複卦‧象辭》說：「日中則昃，月盈則食。」人生變故，猶如水流，事盛則衰，物極必反。酒飲微醉處，花看半開時。得意時莫忘回頭，著手處當留餘步。此所謂「知足常足，終身不辱，知止常止，終身不齒」。

◎昌家之道留餘忌盡　

　　世事如浮雲，循環往復，瞬息萬變。在《周易‧複卦‧象辭》上說：「日中則昃，月盈則食。」指的是太陽到了正午，就

會西落，十五的月最圓，殘缺之時馬上到來。天地有此虧盈消長之道，人世間的事物也是如此。當《紅樓夢》中的賈府處於「烈火烹油，鮮花著錦」的盛世時，其實也正是走向日暮窮途的「拐點」。最後，終於「呼啦啦似大廈傾，昏慘慘似燈將盡」地一敗塗地。

天道的盈虧不以人的意志為轉移，太陽到了正午自然中天，月亮到了農曆十五必然最圓。而人卻能夠進行自我控制，使自己保持不「滿」的狀態，以避免走下坡路。

號稱「中國三大莊園」之一的莊園——河南康百萬莊園，始建於明末清初。「康百萬」指的不單是一個人，而是對明清以康應魁為代表的整個康氏家族的統稱。當年慈禧太后逃難西安，回鑾北京時，路過康店，曾經得到康家的資助，便賜名「康百萬」，於是康氏家族因慈禧的封賜而名揚天下。

在康百萬莊園裏，珍藏著一塊名為「留餘」的匾，該匾開篇提到：「留耕道人四留銘云：留有餘，不盡之巧以還造化；留有餘，不盡之祿以還朝廷；留有餘，不盡之財以還百姓；留有餘，不盡之福以還子孫。」。康家的前輩以此來教育子孫，凡事都要留有餘地，人生在世，不要把福祿壽財都享盡佔盡，把它留給需要它的人。接著，該匾又引用明朝進士高景逸的兩句話：「臨事讓人一步，自有餘地；臨財故寬一分，自有餘味。」最後又總結道：「若輩之昌家之道乎？留餘忌盡而已。」

什麼是昌家之道呢？無非是「留餘忌盡而已」！所謂的「留餘」，在表面上包含兩層意思。一是給自己留餘地，使自己行不至於絕處，言不至於極端，有進有退，措置裕如，以便日後更

能機動靈活地處理事務，解決複雜多變的社會問題。二是給別人留餘地，無論在什麼情況下，都不要把別人推向絕路、致人於死地。狗急了會跳牆，兔子急了會咬人，人被逼急了很容易做出極端的反抗，例如很多暴力犯罪就是源於「忍無可忍」。這樣一來，事情的結果對彼此都沒有好處。很多時候，人能生時定要求生，有百條生存之路可行，鬥爭中給他斷去 99 條，留一條與他行，他也不會提著自家腦袋來拼命。倘若連他最後一條路也斷了，那麼，他一定會絕地反擊，背水一戰。想一想，世界之大，人事之繁，何必逼人無路、激人無顏呢？

俗話說：「富不過三代」，歷史的車輪行駛在今天這個高速度、快節奏的路上，「富」與「窮」的轉換速度與節奏也隨之變得頻繁而又快速。看那些財富榜上的英雄，不出三五年，或一蹶不振，或身陷囹圄……「富不過三代」大有「富不過三年」之勢。原因何在，一個字：「滿」。反觀康氏家族，上自六祖康紹敬下至十八世康庭蘭，一直富裕了 12 代、400 多年、縱跨明、清、民國三個歷史時期！

企業的常青需要良好的企業文化基座，家族的常青又何嘗不是如此？可以說，康家良好的家族文化，是康家繁榮昌盛四百年的秘訣。而在康家的家族文化裏，康家家訓──「留餘」是文化的內核。儒家從週而復始的自然變化中得到心靈的啟示：「無來不陂，無往不復。」即人生變故，猶如水流，事盛則衰，物極必反。

天道的盈虧不以人的意志為轉移，太陽到了正午自然中天，月亮到了農曆十五必然最圓。而人卻能夠進行自我控制，

使自己保持不「滿」的狀態，以避免走下坡路。

◎過猶不及

有一個成語叫「過猶不及」，《現代漢語詞典》對這個成語的解釋是：「事情辦得過火，就跟做得不夠一樣，都是不好的。」《現代漢語詞典》的權威解釋，應該是不容置疑的。只是，我們身邊的許多事實常常告訴我們：有些時候，事情辦得過火，要比做得不夠更加壞。當然，這裏所指的「事情」不是壞事，壞事做得過火比做得不夠要更加壞，這個簡單的道理不在我們討論之列。我們要討論的是看似平常之事。

例如口渴了喝水，倒了十二分滿，肯定會溢出二分，然後端著滿滿的一杯水，顫悠悠地湊近嘴唇——說不定又會有些潑灑，濕了地毯毀了鍵盤。就這樣，費時費力不打緊，還浪費了水，不如倒個幾分滿，利利索索喝個滴水不漏，即省時省力，又節約資源，還能給人留下穩重的良好形象。

給汽車輪胎打氣，打到十二分必然爆胎，還不如少打些，不夠可以再補。人生變故，猶如水流，事盛則衰，物極必反。樂不可極，樂極生悲；慾不可縱，縱慾成災。八分最好，不要十二分，因為十二分就「爆」了。十二分在很多時候還不如二分，這就是所謂的「過」不如「不及」的道理。

很多時候，事情辦得過火，要比做得不夠更加壞。

◎退後也是一種前進

　　一個人若能在紛繁複雜的環境中措置裕如地駕馭人生局面，做到逢凶化吉，遇難呈祥，把不可能的事變為可能的事，最後達到成功的目的，就需要牢記一個「退」字。退是一種糊塗謀略，更是一種維繫生存的手段。面對千難萬阻，要完成自己的目的，不來點糊塗可不行。

　　有時候，退不是膽怯、更不是窩囊的表現。退是為了進，退是最好的進。《左傳·僖公二十二年》裏記載了「退避三舍」的故事。

　　春秋時候，晉獻公聽信讒言，殺了太子申生，又派人捉拿申生的弟弟重耳。重耳聞訊，逃出了晉國，在外流忘十幾年。

　　經過千辛萬苦，重耳來到楚國。楚成王認為重耳日後必有大作為，就以國君之禮相迎，待他如上賓。

　　一天，楚成王設宴招待重耳，兩人飲酒敘歡，氣氛十分融洽。忽然，楚成王問重耳：「你若有一天回晉國當上國君，該怎麼報答我呢？」

　　重耳略一思考說：「美女侍從、珍寶絲綢，大王您有的是，珍禽羽毛，象牙獸皮，更是楚地的盛產，晉國那有什麼珍奇物品獻給大王呢？」

　　楚王說：「公子過謙了。話雖然這麼說，可總該對我有所表示吧？」

　　重耳笑笑回答道：「要是托您的福，果真能回國當政的話，

我願與貴國友好。假如有一天，晉楚國之間發生戰爭，我一定命令軍隊先退避三舍(一舍等於 30 裏)，假如還不能得到您的原諒，我再與您交戰。」

四年後，重耳真的回到晉國當上了國君，這就是歷史上有名的晉文公。晉國在他的治理下日益強大。

西元前 633 年，楚國和晉國的軍隊在作戰時相遇。晉文公為了實現他許下的諾言，下令軍隊後退 90 裏，駐紮在城濮。楚軍見晉軍後退，以為對方害怕了，馬上追擊。晉軍利用楚軍驕傲輕敵的弱點，集中兵力，大破楚軍，取得了城濮之戰的勝利。

晉文公運用了以退為進的戰略，最終尋找到了殺敵的最佳突破口。

以退為進，實在是一種大智慧，在日常生活中，以退為進的謀略隨處可見。

一位印度商人帶著 3 幅名家畫到美國出售。印度商人給 3 幅畫開價為 250 美元，少一元也不賣。美國商人也不是商場上的平庸之輩，他一美元都不想多掏，便和印度商人討價還價起來，一時間談判陷入僵局。

忽然，印度商人怒氣衝衝地拿起一幅畫就往外走，二話不說就點火把畫燒掉了。美國畫商看著畫被燒非常心痛，趕緊問印度商人剩下的畫賣多少錢。想不到印度商人這回口氣更是強硬，聲明少於 250 美元不賣。少了一幅畫，還要 250 美元，美國商人覺得太委屈，便要求降低價錢。但印度商人不理會這一套，又怒氣衝衝地拿起一幅畫點火燒掉。

這一回，美國畫商大驚失色，只好乞求印度商人不要把最

後一幅畫燒掉，因為自己實在太愛這幅畫了。接著，他又問這最後一幅畫多少錢。想不到印度商人開口要了 500 美元。印度商人接著說：「如今這隻剩下一幅，可以說是絕世之寶了，如果你真想要這幅畫的話，最低得出價 500 美元。」美國畫商一臉苦相，沒辦法，只好成交。

誠然，印度商人的「奸詐」讓人氣憤，但同時，也不得不讓人對他滋生出些許敬佩之情。當局面一時無法朝自己的預期目標扭轉時，學會示弱，學會放下，沉住氣，結果往往就會有一百八十度的轉彎。這就是以退為進的神奇力量。

◎ 不要盲目與天鬥，與地鬥

哲學家叔本華提醒世人說：「一種適當的認命，是人生旅程中最重要的準備。」這句話可以作為八分飽人生哲學的一個最佳注腳。八分飽人生哲學提倡人的奮進與不屈精神，但決不鼓勵人盲目地與天鬥與地鬥。

大衛王是古代猶太以色列國王(約西元前 1000～西元前 960年在位)，這個偉大的國王對美女有著深深的迷戀。一天，他從王宮的平台上看見容貌甚美的婦人，頓時心搖神馳。大衛王急忙打聽出她是誰之後，隨即差人將她接進宮中，和她發生了關係。這個美貌婦人叫拔示巴，是大衛王手下將領烏利亞的妻子。

和部下之妻拔示巴風流過後，拔示巴告訴大衛王自己懷上了他的孩子。大衛王便將拔示巴的丈夫烏利亞派去前線，並寫信給前線的元帥，要求他把烏利亞安排在陣勢最險惡的地方，

希望借敵人的手將其剷除，使自己「合法」得到拔示巴以及拔示巴腹中的孩子。

大衛王的計謀當然是得逞了。烏利亞戰死在前線，而大衛王則如願以償地將拔示巴迎娶進宮，成為他眾多女人當中最為寵倖的人。然而大衛王借刀殺人、霸佔人妻的陰險行為激怒了天神，天神耶和華讓他和拔示巴產下的孩子得了重病。

大衛王為這孩子的病懇求神的寬恕。他開始禁食，把自己關在內室裏，白天黑夜都躺在地上。他家中的老臣來到他的身旁，要把他從地上扶起來，他卻怎麼也不肯起來，也不吃飯。

大衛王希望用這種方法，求得天神的原諒，降福於他的孩子。

然而，在大衛王的「苦肉計」進行到第七天時，患病的孩子終於死去了。大衛王的臣僕都不敢告訴他孩子的死訊。他們想：孩子還活著的時候，我們勸他，他都不肯聽我們的話，如果現在告訴他孩子死了，他怎麼能不更加傷心呢？

大衛王見臣僕們彼此低聲說話、神色戚戚的樣子，就知道孩子死了。於是他問臣僕們說：「孩子死了嗎？」

臣僕們不敢撒謊，只得如實回答：「死了。」

大衛王聽了孩子的死訊，就從地上起來，沐浴後抹上香膏，又換了衣服，走進耶和華的宮殿敬拜完畢，然後回宮，吩咐人擺上飯菜，大口大口地吃了起來。

臣僕們疑惑地問：「大衛王啊！你這樣做是什麼意思呢？孩子活著的時候，你不吃不喝，哭泣不止，現在孩子死了，你倒反而起來又吃又喝。」

　　大衛王說：「孩子還活著的時候，我不吃不喝，哭泣不已，是因為我想到也許天神耶和華會體恤我，說不定還有希望不讓我的孩子死去；如今孩子都死了，怎麼也無法復活了，我又何必繼續禁食、哭泣來折磨自己呢？我怎麼做都不能使死去的孩子回來了！」

　　這個故事當然只是一個傳說，但其中傳遞了一個深刻的哲理：接受你所不能改變的。如果你努力過了，奮鬥過了，爭取過了，即使失敗我們也沒有必要感到遺憾與悲傷，因為一切都已經無法改變，一切努力與悲傷都於事無補。有時候，我們需要認命。

　　談到認命，「命運」是一個無法迴避的話題。一些人一聽到「命運」，要麼是迷信到底，要麼是嗤之以鼻。其實，「命運」並不神秘，也不深奧，它是由「命」與「運」組成。其中，「命」是死的，是過去式，例如你生在何家，例如你被炒了魷魚，這些情況都是在發生後你才知道的，是不可更改的事實。而「運」是一個建立在將來時基礎上的現在時，你夢想成為富豪，你夢想擁有一份好的工作，你為這些夢想而運動、而運作、而運籌，你通過努力有可能實現它們，這個過程稱之為「運」。「命」是死的，「運」是活的。有一個窮爸爸的「命」是無法改變的，但我們可以通過「運」來讓自己成為富爸爸；被炒的「命」已經無法改變，但我們可以通過「運」來讓自己重新獲得一份更好的工作或乾脆當個不被老闆炒的老闆。

　　其實，在「接受你所不能改變的」這句話的後面，還有一句叫：「改變你所不能接受的」。這不是什麼文字遊戲，而是兩

句非常具有哲理的睿智之語。在我們所不能接受的事物當中，有 20%是無法改變的，因此我們只能選擇接受；我們只能去改變我們所不能接受的事物當中的 80%。對 20%的坦然接受，就是叔本華所謂的「適當的認命」。

用你的勇敢來改變你所不能接受的，用你的胸懷來接受你所不能改變的，用你的智慧來區分這兩者的區別。

◎該放手時要捨得放手

在印度熱帶叢林裏，人們用一種奇特的狩獵方式捕捉猴子：在一個固定的小木盒子裏面裝上猴子愛吃的堅果，盒上開個小口，剛好夠猴子的前爪伸進去。猴子總是喜歡滿滿地抓住一把堅果，這樣爪子就抽不出來了。人們常常用這種方式捉到猴子，因為猴子有一種習性：不肯放下已經到手的東西。

我們一定會嘲笑猴子很蠢！鬆開爪子不就溜之大吉了嗎？但想想我們自己，看看身邊的一些人，也許你會發現：其實，人也會犯猴子的錯誤。

因為放不下到手的名利、職務、待遇，有的人整天東奔西跑，荒廢了工作也在所不惜；因為放不下誘人的錢財，有的人成天費盡心機，利用各種機會想撈一把，結果卻是作繭自縛；因為放不下對權利的佔有慾，有的人熱衷於溜鬚拍馬、行賄受賄，不怕丟掉人格的尊嚴，一旦事件敗露，後悔莫及……

生命如舟，載不動太多的物慾和虛榮。要想使之在抵達理想的彼岸前不在中途擱淺或沉沒，就只能輕載，只取需要的東

西，把那些可放下的東西果斷地放掉。

假如你的腦袋像一個塞滿食物的冰箱，你應當盤算什麼東西應該丟出去，否則，永遠不可能有新的東西放進來。不丟出去，有些東西反而還會在裏面慢慢變壞；有些東西，丟了可惜，但放一輩子，也吃不了。所謂的「人生觀」，大概就是如何為自己的「冰箱」決定內容物的去留問題吧！

生活中，每個人都應該學會盤算，學會放棄。盤算之際，有掙扎有猶豫。沒有人能夠為你決定什麼該捨，什麼該留。所謂的豁達，也不過是明白自己能正確地處理去留和取捨的問題。丟掉一個丟掉了之後並不會對你產生多大影響的東西，你會對自己說，你可以做得比現在更好，還怕找不到更好的？在工作與生活中，我們每個人時刻都在取與捨中選擇，我們又總是渴望著取，渴望著佔有，常常忽略了捨，忽略了佔有的反面——放棄。

心得欄 _

_ _

_ _

_ _

_ _

第 *14* 章

在低調中等待時機

低調是生存的重要技能，不懂得低調的人就沒法立足社會，不懂得低調的人最終將一事無成。要生存就必須學會低調，學會在低調中蘊積力量，學會在低調中等待，在等待中涵養銳氣，在等待中尋覓機會，鷹立如睡，虎行似病，那是在等待出擊。

◎處於劣勢要守拙

古人云：「大勇若怯，大智若愚。」意思是說本來膽大如鬥的，卻表現得膽小如鼠；本來足智多謀的，卻表現得寡言訥語。智而示之以愚，強而示之以弱，能而示之以不能，用而示之以不用。

大智若愚，不僅可以將有爲示無爲，而且可以若無其事，

然後靜待時機，把自己的過人之處一下子顯示出來。

大智若愚，關鍵是心中要有對付對方的策略。常用糊塗來迷惑對方，寧可有爲而示無爲，萬不可無爲示有爲，本來糊塗反裝聰明，這樣就會弄巧成拙，失策於人。

人生並不總是一帆風順的，在你處於劣勢時，守拙也許是最好的辦法。《史記‧老子韓非列傳》中說：「良賈深藏若虛，君子盛德，形貌若愚。」只有深藏若虛的人，才能使人感到老練、穩重和值得信賴，才能在激烈的社會競爭中立於不敗。

1966 年 1 月，印度總理夏斯特裏突然去世。消息傳出，印度政壇各派便紛紛出馬，試圖在角逐新總理職位中一舉成功。

當時，國大黨資歷最深的德塞和代總理南達是爭奪新總理職位強有力的人選。印度第一任總理尼赫魯的女兒英迪拉不過是宣傳與廣播部的部長，自從她的父親逝世後，她的處境一直很艱難。然而，英迪拉卻向她的幕僚表示了競選總理的決心。怎樣才能擊敗強大的對手呢？經過冷靜的分析之後，英迪拉決定採取深藏不露的策略，不操之過急，也不洩露天機，等到條件成熟時再予以出擊。

形勢的發展果然如英迪拉所料。德塞以唯一的候選人自居，南達也聲稱總理非自己莫屬，兩個人互相攻擊，無所不用其極，他們的驕橫固執令選民大失所望，引起國大黨內辛迪加派的不滿。辛迪加派在國大黨內和政府中有較強的勢力，針對德塞和南達的表現，他們一致同意阻止德塞和南達上台，另覓新的候選人。

由於英迪拉沒有過早地投入角逐，她給公眾的印象仍然是

一個有謙恭風範的政治家。在局勢對她有利的情況下，英迪拉不失時機地開始行動。她憑藉大名鼎鼎的尼赫魯之女的特殊身份，說服並得到了辛迪加派的支援，顯示出其卓越的政治才華。經過辛迪加派的疏通，國大黨執政的 10 個邦的首席部長表示支持英迪拉當總理。南達見稱雄政壇無望，宣佈退出競選。唯有德塞欲與英迪拉決一死戰。德塞對英迪拉大肆攻擊和挖苦，令公眾感到反感。而英迪拉以女性特有的溫和態度行事，獲得了公眾的一致好評。

1966 年 1 月 19 日，英迪拉以 355 票的優勢票數當選為印度第一位女總理。在這裏，英迪拉成功的奧秘在於她處於劣勢時善於守拙，深藏不露，在時機到來時果斷出擊，週旋於政治力量之間，利用矛盾，尋求支持，最後終於登上了權力的巔峰。

過多地暴露自己，就會更多地經受世間的風吹雨打，相對於隱蔽處的橡子自然要首先腐爛。一個人在社會上，如果不合時宜地過分張揚、賣弄，那麼不管他多麼優秀，都難免會遭受挫折。

◎時機未成熟時，要學會忍

在客觀環境於己不利時，要有忍的精神。

劉邦和項羽在稱雄爭霸、建功立業時，其實就是在忍上見出高下、決出雌雄的。誰能夠忍住，誰就得天下，稱雄於世；誰若剛愎自用，小肚雞腸，誰就失去天下，一敗塗地。

楚漢戰爭之前，高陽人酈食其拜見劉邦，獻計獻策，一進

門看見劉邦坐在床邊洗腳，便不高興地說：「假如你要消滅無道暴君，就不應該坐著接見長者。」劉邦聽後，不但沒有勃然大怒，而且趕快起身，整裝致歉，請酈食其坐上座，虛心求教，並按酈食其的意見去攻打陳留，將秦積聚的糧食弄到手。劉邦圍困宛城時，被困在城裏的陳恢溜出來見劉邦，告訴他圍城與攻城都不如對城內的官吏勸降封官，這樣就可以化敵為友、放心西進，先入咸陽為王。劉邦採納了他的意見，使宛城不攻自破。

與劉邦容忍的態度相反，項羽則剛愎自用、自以為是。一個有識之士建議項羽在關中建都以成霸業，項羽不聽，那人出來發牢騷道：「人們說『楚人沐猴而冠』，果然！」結果項羽知道了，大怒，立即將那人殺掉。楚軍進攻咸陽時到了新安，只因投降的秦軍有些議論，項羽就起了殺心，一夜之間把二十多萬秦兵全部活埋，從此殘暴的名聲天下皆知。他怨恨田榮，因此不封他，而立齊相田都為王，致使田榮反叛。他甚至不能充分信任身邊最忠實的範增，結果錯過了鴻門宴殺劉邦的機會，最後氣走范增，成了孤家寡人。

劉邦也不是不食人間煙火的聖人，劉邦在沛縣鄉裏做亭長時，好酒好色。當劉邦軍進了咸陽，將士們紛紛爭著搶著去皇宮的倉庫，往自己的腰包裏揣金銀財寶時，劉邦也曾被阿房宮的富麗堂皇和美貌如天仙的宮女弄得眼花繚亂。但在部下樊噲「沛公要打天下還是要當富翁」的提醒下，立時醒悟，忍住了貪圖享樂的念頭，吩咐將士封了倉庫和宮殿，帶著將士仍舊回到灞上的軍營裏，並約法三章，對百姓秋毫無犯，這就使他贏

得了民心，得到了民眾的支持。

而項羽一進咸陽，就殺了秦王子嬰，燒了阿房宮，收取了秦宮的金銀財寶，虜取宮娥美女，據為己有，並帶回關東，相比之下，他怎能不失人心呢？

楚漢戰爭中，劉邦的實力遠不如項羽，當項羽聽說劉邦已先入關後怒火衝天，決心要將劉邦的兵力消滅。當時項羽 40 萬兵馬駐紮在鴻門，劉邦 10 萬兵馬駐紮在灞上，雙方只相隔 40 裏，兵力懸殊，劉邦危在旦夕。在這種情況下，劉邦做到了「得時則行，失時則蟠」。他先是請張良陪同去見項羽的叔叔項伯，再三表白自己沒有反對項羽的意思，並與之結成兒女親家，請項伯在項羽面前說句好話。然後，第二天一清早，又帶著張良、樊噲和一百多個隨從，拿著禮物到鴻門去拜見項羽，低聲下氣地賠禮道歉，化解了項羽的怒氣，緩和了與項羽的關係。

表面上看，劉邦忍氣吞聲，項羽掙足了面子，實際上劉邦以小忍換來自己和軍隊的安全，贏得了發展和壯大力量的時間。甚至是當自己胸部受了重傷時，劉邦也能忍著傷痛在楚軍陣前故意弓著腰，摸摸腳，罵道：「賊人射中了我的腳趾」，以此麻痺敵人，回到大營後又忍著傷痛巡視軍營，來穩定軍心。他對不利條件的隱忍，對暫時失敗的堅忍，反映了他對敵鬥爭的謀略，也體現了他巨大的心理承受力，這是成就大業者必備的一種心理素質。

宋代大文學家蘇東坡在評論楚漢之爭時就曾說，漢高祖劉邦所以能勝，楚霸王項羽所以失敗，關鍵在於能忍不能忍。項羽不能忍，白白浪費了自己百戰百勝的勇猛；劉邦能忍，養精

蓄銳，等待時機，直攻項羽弊端，最後奪取勝利。

要成就大業，就得分清輕重緩急，大小遠近，該捨的就得忍痛割愛，該忍的就得從長計議，這樣才能成大事，創大業。

◎在默默等待中練好本領

世界上有些事情，越是急切地想解釋明白，越說不明白，所以此時你不應急於表白，或暫時不表明，時間長了，頭腦冷靜之後，或許他人自然清楚，千萬不要因為急躁反而加深雙方的誤解；世上有很多人，你越是急切地想拉他跟隨自己，他越是不服從，那就不如讓他自由發展，這樣也許他慢慢覺悟過來，自然會順從你，千萬不要因勉強而增加他的逆反和固執。

西元前 613 年，楚成王的孫子楚莊王新即位，做了國君。晉國趁這個機會，與幾個一向歸附楚國的國家訂立盟約，約定要共抗楚國。楚國的大臣們很不服氣，都向楚莊王提議要他出兵爭霸權。

無奈楚莊王不聽那一套，白天打獵，晚上喝酒、聽音樂，什麼國家大事全不放在心上，就這樣窩窩囊囊地過了三年。楚莊王知道大臣們對他的作為很不滿意，還下了一道命令：誰要是敢勸諫，就判誰的死罪。

楚莊王真是一個昏庸的國君嗎？當然不是。然而如果當時楚莊王聽從其他人的計策，或許能打敗其他國家，但從當時的局面來看，這樣不妥，其一，他剛剛即位，對於一個國家來說，此時正是人心浮動的時候，自己的威信沒有建立就冒然發兵是

不妥的。其二，如果楚莊王一即位就準備發起戰爭，肯定會引起其他國家的聯合，那麼，楚國或許能夠取勝，但勝算畢竟不大。通過博弈分析，楚莊王最好的選擇是等待機會，但是在這期間還不能引起其他諸侯的注意，看出他有想當霸主的野心。因此，楚莊王選擇了吃喝玩樂，以此分散其他諸侯的注意力。

在這之後，有個名叫伍舉的大臣，實在看不過去，決心去見楚莊王。楚莊王正在那裏尋歡作樂，聽到伍舉要見他，就把伍舉召到面前，問：「你來幹什麼？」

伍舉說：「有人讓我猜個謎，我猜不著。大王是個聰明人，請您猜猜吧。」

楚莊王聽說要他猜謎，覺得怪有意思，就笑著說：「你說出來聽聽。」

伍舉說：「楚國山上，有一隻大鳥，身披五彩，樣子挺神氣。可是一停三年，不飛也不叫，這是什麼鳥？」

楚莊王心裏明白伍舉說的是誰。他說：「這可不是普通的鳥。這種鳥，不飛則已，一飛將要衝天；不鳴則已，一鳴將要驚人。你去吧，我已經明白了。」

過了一段時期，另一個大臣蘇從看看楚莊王沒有動靜，又去勸說楚莊王。楚莊王問他：「你難道不知道我下的禁令嗎？」

蘇從說：「我知道。只要大王能夠聽我的意見，我就是觸犯了禁令，被判了死罪，也是心甘情願的。」

楚莊王認定此時機會到了，再加上大臣們勸他，也就接納了蘇從的勸諫。

從此以後，楚莊王決心改革政治，把一批奉承拍馬的人撤

了職，把敢於進諫的伍舉、蘇從提拔起來，幫助他處理國家大事，並大力製造武器，操練兵馬。當年，楚國就收服了南方許多部落。第六年，打敗了宋國。第八年，又打敗了陸渾的戎族，並一直打到周都洛邑附近。

為了顯示楚國的兵威，楚莊王在洛邑的郊外舉行了一次大檢閱。

這樣一來，可把那個掛名的周天子嚇壞了。他派大臣王孫滿到郊外去慰勞楚軍。

楚莊王和王孫滿交談的時候，問起周王宮裏藏著的九鼎大小、輕重。九鼎是象徵周王室權威的禮器。楚莊王問起九鼎，就是表示他有奪取周天子權力的野心。

王孫滿是個善於辭令的人。他勸說楚莊王，國家的強盛，主要靠德行服人，不必去打聽鼎的輕重。楚莊王知道自己當時還沒有滅掉周朝的條件，也就帶兵回國了。

從這以後，楚莊王又請了一位楚國有名的隱士孫叔敖當令尹。孫叔敖當了令尹以後，開墾荒地，挖掘河道，獎勵生產。為了免除水災旱災，他還組織楚國人開闢河道，灌溉成百萬畝莊稼，每年多打了不少糧食。沒過幾年，楚國更加強大起來，先後平定了鄭國和陳國的兩次內亂，終於和中原霸主晉國衝突起來。

西元前 597 年，楚莊王率領大軍攻打鄭國，晉國派兵救鄭，在鄭地和楚國發生了一次大戰。晉國從來沒有打過這麼慘的敗仗，人馬死了一半，另一半逃到黃河邊。船少人多，兵士爭著渡河，許多人被擠到水裏去了。掉到水裏的人往船上爬，船上

的兵士怕翻船，拿起刀把往船上爬的兵士手指頭都砍了下來。

　　有人勸楚莊王乘勝追擊，把晉軍趕盡殺絕。楚莊王說：「楚國自從城濮失敗以來，一直抬不起頭。這回我們打了這麼大的勝仗，總算洗刷了以前的恥辱，何必多殺人呢？」說著，楚莊王立即下令收兵，讓晉國的殘兵逃了回去。自此以後，這個一鳴驚人的楚莊王就成了霸主。

　　事實上，在我們的生活中，能力不足、基礎不穩固之時，能不動聲色地等待時機絕對是一種智慧。

　　在默默等待之時練好本領，讓自己有扎實的根基。如果實力不如對方，等待機會不失為扭轉局面、贏得對方的最佳選擇。

◎藏巧守拙，掩蓋你的意圖

　　藏巧守拙者最常用的招數就是「假癡不癲」，從處世的角度來看，這是一種很高的謀略。用於職場之中，就是韜晦之術，在形勢對自己不利的時候，給人以碌碌無為的印象，實際上卻隱藏自己的意圖，掩蓋內心的抱負，等待時機，從而一舉實現自己的抱負。

　　三國時期，曹操與劉備青梅煮酒論英雄的故事，就是個典型的例證。將真實意圖隱藏起來，含而不露，不但可以免禍，而且可以給競爭對手造成假象，使之判斷失誤。

　　唐人王叔文經常和皇太子下棋。有一次，下棋之間眾人談論時政，曾談到官市的弊病，太子說：「我覺得官市的弊病積習已久，正想勸諫皇上廢止呢。」在場的人都交口稱讚太子，唯

有王叔文不說話。

眾人走後，太子單獨留下王叔文，問他為什麼不說話。王叔文說道：「太子的職責是侍參皇上的飲食起居，早晚問安，不應議論其他的事情。陛下在位多年，如果懷疑太子勸諫廢止官市是為了收買人心，太子如何解釋呢？」太子大吃一驚，流著淚說：「若不是先生指點，我那能知道這個道理！」於是對王叔文格外寵信。

王叔文教給太子的韜晦之術，並不是簡單的免除災禍，而是為實行其改革朝政的偉大事業而採取的權宜之計。王叔文後來成為「二王八司馬」革新運動的首領，而這個皇太子即後來的順宗，是這場革新運動的堅定支持者。他們的韜晦之為，使整個行動得以實施。

因此，一個有才華的人要做到不露鋒芒，才能更有效地保護自我，同樣也能充分地發揮自己的才華。所以在為人處事的時候，我們不僅僅要說服、戰勝自己盲目驕傲自大的病態心理，凡事不要太張狂、太咄咄逼人，更要養成謙虛讓人的美德。

做大事的人不會心急一時，他懂得養深積厚，培養實力，尤其深知韜光養晦之妙，不讓自己過於鋒芒畢露。他們也滿懷理想、一身抱負，然而由於沒有「天時地利人和」的良好條件，只好大巧若拙，在低調中等待，在等待中壯大。

◎大智若愚，韜光養晦

古人說：「寧偽作不知不為，不偽作假知妄為。靜不露機，

雲雷屯也。」意思是說，寧可裝著糊塗不行動，而不可裝聰明輕舉妄動。

春秋時，鄭國鄭武公是個足智多謀的侯君，他想吞併鄰邦——胡國。胡國雖是個小諸侯國，但也兵強馬壯，國人英勇善戰，鄭國若是貿然出戰，未必能獲勝。於是，鄭武公想出一個欲擒故縱的計策：他首先假意與胡國通好，把美麗的公主下嫁給胡國國君。胡國國君自然是喜出望外，而鄭國公主肩負重任，她一方面引誘胡君整日沉醉於花天酒地中，鬆怠國政；一方面，又為鄭武公打探胡國的政治和軍事情報。

鄭武公又假意召開如何攻打小國、拓展國土的秘密會議。大夫關其思不知情，大膽進諫說：「目前來看，攻打胡國最容易，一來滅胡後可得利，二來又替朝廷征伐了外族，鞏固了周邦。」鄭武公大怒道：「我與胡國最近才締結友邦，更何況我的公主在那邊，如果把胡侯殺死了，我女兒豈不成了寡婦？大膽狂徒！」鄭武公說完，下令立刻斬殺了關其思。其他大臣都不敢再言。消息馬上傳到了胡國，胡君就更加相信鄭武公了，因而完全放鬆了警惕，也更加放縱自流。鄭武公見時機成熟，大舉進攻胡國。不久，就攻克了胡國，胡君被殺，胡國疆域全歸鄭國。

兩晉末年，幽州都督王浚企圖謀反篡位。晉朝名將石勒聞訊後，打算消滅王浚的部隊。王浚勢力強大，石勒恐一時難以取勝。他決定採用「欲擒故縱」之計麻痺王浚，他派門客王子春帶了大量珍珠寶物敬獻王浚，並寫信向王浚表示擁戴他為天子。信中說，現在社稷衰敗，中原無主，只有你威震天下，有資格稱帝。王子春又在一旁添油加醋，說得王浚心裏喜滋滋的，

信以為真。正在這時，王浚有個部下名叫游統的，伺機謀叛王浚。

游統想找石勒做靠山，石勒卻殺了游統，將游統首級送給王浚。這一著，使王浚對石勒更加放心了。

西元 314 年，石勒探聽到幽州遭受水災，老百姓沒有糧食，王浚不顧百姓生死，苛捐雜稅有增無減，民怨沸騰，軍心浮動。石勒親自率領部隊攻打幽州。這年 4 月，石勒的部隊到了幽州城，王浚還蒙在鼓裏，以為石勒來擁戴他稱帝，根本沒有做應戰的準備。等到他被石勒將士捉拿時，才如夢初醒。王浚中了石勒「欲擒故縱」之計，身首異處，美夢成了泡影。

在現實生活中用「藏巧於拙，用晦而明，聰明不露，才華不逞」等韜略來隱蔽自己的行動，做事情過於張揚就會洩漏「事機」，會讓對手警覺，就會過早地把目標暴露出來。

心得欄 ⸻⸻⸻⸻⸻⸻⸻⸻⸻⸻⸻⸻⸻⸻⸻

⸻⸻⸻⸻⸻⸻⸻⸻⸻⸻⸻⸻⸻⸻⸻⸻

⸻⸻⸻⸻⸻⸻⸻⸻⸻⸻⸻⸻⸻⸻⸻⸻

⸻⸻⸻⸻⸻⸻⸻⸻⸻⸻⸻⸻⸻⸻⸻⸻

⸻⸻⸻⸻⸻⸻⸻⸻⸻⸻⸻⸻⸻⸻⸻⸻

⸻⸻⸻⸻⸻⸻⸻⸻⸻⸻⸻⸻⸻⸻⸻⸻

第 *15* 章

高中蘊低，低中藏高

做人不能太高調，應該懂得適度低調。沒有適度低調的智慧，只能是明裏吃虧，暗裏受氣，碰得頭破血流，千瘡百孔。想保護自己，發展自己，就要懂得適度低調的智慧。

在高調中適度低調，在低調中把握高調，做到高中有低，低中蘊高，就可以左右逢源，進退自如，在高低之間成就自我。

◎練好暢遊社會的「規定動作」

孟買佛學院是印度最著名的佛學院之一。這所佛學院之所以著名，除了它的建院歷史久遠、建築輝煌和培養出了許多著名的學者之外，還有一個特點是其他佛學院所沒有的。這是一個極其微小的細節，但是，所有進入這裏的人，當他再出來的時候，幾乎無一例外地承認，正是這個細節使他們頓悟，正是

這個細節讓他們受益無窮。

這是一個很簡單的細節：孟買佛學院在它的正門一側又開了一個小門，這個小門只有 1.5 米高、40 釐米寬，一個成年人要想過去必須學會彎腰側身，不然就只能碰壁了。

這正是孟買佛學院給它的學生上的第一堂課。所有來校的新生，教師都會引導他到這個小門旁，讓他進出一次。很顯然，所有的人都是彎腰側身進出的，儘管有失禮儀和風度，但是卻達到了目的。教師說，大門當然出入方便，而且能夠讓一個人很體面很有風度地出入。但是，有很多時候，要出入的地方並不都是有著壯觀的大門的。

這個時候，只有暫時放下尊貴和體面的人，才能夠出入。

佛學院的教師告訴他們的學生，佛家的哲學就在這個小門裏，人生的哲學也在這個小門裏，尤其是通向這個小門的路上，幾乎沒有寬闊的大門，所有的門都是需要彎腰側身才可以進去的。

其實，我們的社會就像這所佛學院，它裏面的「門路」甚至要比佛學院的「門路」複雜得多。有很多「門」更小，很多「路」更窄，我們要想順暢地在其中行走，「彎腰、低頭、側身」就是不可缺少的動作。學會「彎腰、低頭、側身」這幾個「規定動作」，對每個人來說都是一門必不可少的修煉，它可以使我們在人生旅途中一帆風順，少遇挫折，而低調做人正是這種修煉的最佳境界。

低調做人是一種境界，一種風度，一種修養，一種去留無意的胸襟，一種寵辱不驚的情懷。甘於低調做人者，總能以平

常心面對喧囂的世界，紛擾的人群，在爲人處世上不表現出驕慢、賣弄和過分張揚的姿態來，而是把自己的舉止言行融於常人當中，並始終把自己看作是社會上普普通通、實實在在的一員。所以，低調做人實在是做人的一門藝術，一種智慧。

誰都想在社會上生活得坦然、瀟灑，行走得遊刃有餘，避免遭受打擊和傷害。所以，我們必須要面對、瞭解這個社會的條條框框，只有符合了這些條條框框的要求，才有資格跨進社會門庭，實現壯麗的人生。

◎想出人頭地，先練好忍氣吞聲

史蒂芬是哈佛大學機械製造業的高才生。畢業後，他非常想進美國最著名的機械製造公司——維斯卡亞公司。當他到這家公司面試時，卻被面試人員傲慢地拒絕了，理由是——他是沒有實踐經驗的新手。史蒂芬很氣憤，但他沒有選擇就此離去，爲了能進該公司，史蒂芬採取了一個特殊的策略——忍氣吞聲，假裝自己一無所長。

史蒂芬首先找到公司人事部經理並向他提出：自己願意爲公司無償提供勞力，無論公司分派給他任何工作，他都不要任何報酬來完成。公司人事部經理覺得這簡直不可思議，但考慮到不用任何花費，也用不著操心，於是便分派他去打掃工廠裏的廢鐵屑。

史蒂芬就這樣勤勤懇懇地重覆著這種簡單但卻非常辛苦的工作。爲了糊口，下班後他還要去酒吧打工。日子雖然很苦，

但史蒂芬相信自己的苦心一定可以換來回報，做這些小事是他進入公司的唯一機會。

機會終於降臨了。一次，公司的許多訂單紛紛被退回，理由均是產品品質有問題，為此公司蒙受了巨大的損失。公司董事會為了挽救劣勢，緊急召開會議商議對策。當會議進行了一整天還沒有結果時，史蒂芬闖入會議室，提出要直接見總經理。

在會上，史蒂芬把這一問題出現的原因作了令人信服的解釋，並且就工程技術上的問題提出了自己的看法，隨後拿出了自己對產品的改造設計圖。這個設計非常先進，恰到好處地保留了原來機械的優點，同時克服了出現的弊病。

總經理及董事會的董事們見到這個編外清潔工如此精明在行，便詢問他的背景以及現狀。史蒂芬解釋了當初自己為什麼願意當清潔工的原因後，他當即被聘為公司負責生產技術問題的副總經理。

原來，史蒂芬在做清掃工時，利用清掃工到處走動的特點，細心察看了整個公司各部門的生產情況，並一一做了詳細記錄，他發現了存在的技術性問題並想出了解決的辦法。為此，他花了近一年的時間進行設計，獲得了大量的統計數據，為最後一展雄姿奠定了基礎。

每個人都想出人頭地，成龍成鳳，但別人不會馬上認可我們的才幹與能力。這個時候，唯有低下高貴的頭，埋頭耕耘。

其實，許多有抱負的人都忽略了積少可以成多的道理，一心只想一鳴驚人，而不去做埋頭耕耘的工作。等到忽然有一天，他看見比他開始晚的，比他天資差的，都已經有了可觀的收穫，

他才驚覺自己這片園地上還是一無所有。他才明白，不是上天沒有給他理想或志願，而是他一心只等待豐收，卻忘了播種。

正如爬山，你只好低著頭，認真耐心地去攀登。到你付出相當的辛勞努力之後，登高下望，你可以看見你已經克服了很多困難，走過來不少險路。這樣一次次的小成功，慢慢才會累積成大成功。

最終的目標絕不是轉眼之間可以幸至，在未付出辛勞艱苦的代價之前，空望著那遙遠的目標著急是沒有用的，唯有從基本做起，按部就班地朝著目標進行才會慢慢地接近它，達到它。

正所謂：「唯有埋頭，才能出頭。」種子只有經過在堅硬的泥土中掙扎奮鬥的過程，才能發芽滋長成一株參天大樹。

◎放低做人的姿態，提升做人的境界

很多人做人不想吃虧，怕吃虧，為了不吃一點小虧而斤斤計較，最後卻吃了大虧，這樣的事情發生得還少嗎？如果明白低調做人的智慧與道理，就會改變自己的想法，心裏就不會覺得那麼難過了。

放低做人的姿態，不但可以提升我們做人的境界，對我們還有很多的好處。學會低調，可以讓自己的心冷靜、冷靜、再冷靜。世界的百般誘惑，讓人眼花繚亂，頭暈目眩。人一旦頭腦發熱，就會異想天開，無端地惹來許多的是是非非，攪得人食不甘、夜不寐，神不守舍。做個低調的人會冷靜思考，不會讓慾望衝昏頭腦，少了許多不必要的麻煩。

放低做人的姿態，可以讓自己峰迴路轉，絕處逢生。人只要學會低調一點，即使有什麼差錯或者是非，因為在別人的眼裏始終是弱者，別人也就不在乎你的得失，也就有時間和精力來彌補缺漏，就會有迴旋的餘地。如果你不是如此低調，也許別人會乘虛而入，輕則落井下石，重則一棍子將你置於死地。

放低做人的姿態，可以讓自己降低失望後的失落。慾之愈多，得之愈少。人的貪慾就像賭博一樣，希望越大，失望也就越大。事情往往是想的越好，失望的時候也就越不能接受，所以還是低調點好，這樣就不會因為失意而承受過重的打擊。其實有的時候，人低調一點反而會表現得樂觀一些。低調一點，總是讓自己有勇氣去接受，不會因為什麼大起大落而頹廢，反而容易在平淡中贏得成功。

放低做人的姿態，老實人常在。無論處在什麼環境下，無論從事什麼樣的工作，總是需要實實在在做事情的人。低調一點的人往往不計得失，不講報酬，任勞任怨，就憑踏實、忠實就會被人看成優點，起碼會賞給一個飯碗，只要再低調點，不顯山不露水，就不會有人找你的麻煩，萬事順其自然。槍打出頭鳥，而低調的人恰恰能避開當這個頭，只要不出頭，就會相安無事，這也許就是老實人常在的道理。

當然，放低做人的姿態並不是消極，無所作為，無所事事，而是要時刻「慎獨」，修養自己，磨煉自己，提高自己。低調做人，絕不意味著低沉，意味著因循守舊，而是要振奮精神，腳踏實地，幹好每件工作。自豪而不自滿，低調而不低沉，這才是正確的態度！

◎得志不意滿，後路自然好

有了功勞而不驕傲，得意時不失態，放低姿態，就會化解別人的嫉妒，得以自保。春秋時期晉國國卿魏絳就很懂這方面的道理。

魏絳的先祖是庶人，與周同姓，因伐紂有功而被周武王封於畢，於是以畢為姓；後事晉獻公，伐霍、耿等國有功，封於魏，遂又以魏為姓。晉文公時，魏氏列為大夫。晉悼西元年(前573年)，魏絳為司馬，執掌軍法。

晉悼公大會諸侯，想借此誇耀他的地位和實力，而他弟弟楊幹卻擾亂隨從儀仗軍的行列。魏絳嚴格執法，戮死楊幹的僕從，此舉震驚了眾人，魏絳名聲遠揚。沒想到晉悼公非常惱怒，認為魏絳這也是在污辱自己，破壞自己的聲望，所以一定要殺魏絳。

魏絳執法時已考慮到嚴重的後果，但為了整肅軍紀，他已經將自身利害置之度外。執法完畢，魏絳上書陳述行刑的理由：「軍師不武，執事不敬，罪莫大焉。」還說出了楊幹這樣的事，說明軍紀鬆弛，自己身為司馬，應負責任。但在諸侯會盟這樣的重要場合，如不執行軍法，後果將不堪設想。對楊幹之僕行刑，確實是迫不得已，自己一向未能盡職盡責，願以一死謝過。

呈書以後，魏絳即要自殺，被人攔住。晉悼公閱書後大受感動，匆忙赤足出外，向魏絳道歉。後來晉悼公又專門設宴與魏絳歡敘，並擢升其為新軍將佐，予以重用。

魏絳還向悼公提出了「和戎」的重要主張，即與少數民族改善關係。當時與晉國相鄰的北方少數民族時常與晉發生戰爭，數為邊患。以前從無和戎之說，只是討伐，故很難理解和戎的積極意義，當時悼公即說：「戎狄無親而貪，不如伐之。」魏絳懇切地向悼公陳述了和戎的「五利」：第一，可以利用遊牧民族輕視土地、重視財貨的習俗，發展對戎狄的貿易；第二，沒有戰爭，人民安居樂業，利於發展農業生產；第三，戎狄事晉，四鄰震動，在諸侯爭霸中有威懾作用；第四，維持和平局面，軍隊得到休息，軍備物資不需消耗，可以保存晉國實力；第五，借鑑歷史的經驗，只有採用以德服人的辦法，才能保持長久的安寧局面。經過這些詳細解釋，魏絳終於說服了晉悼公，並受託和戎。

魏絳從國家大局出發，衝破傳統偏見的束縛，積極主張和戎，開創了歷史上漢族爭取團結少數民族的先例。和戎政策實施後大見成效，到晉悼公 12 年，僅短短的 8 年時間內，便取得了漢戎和睦相處的局面。悼公非常高興，將鄭國贈送的樂師、樂器、女樂的一半賜給魏絳，說：「先生教寡人和戎，以正諸華。八年之中九合諸侯，如樂律那樣和諧，就請先生接受這些賞賜。」但是魏絳並沒有接受，而是謝絕了所賜，謙虛地對悼公說：「和戎狄乃國之福，是君之威，也是其他人的功勞，臣並沒有出什麼力氣。」

魏絳不但在八年之中九合諸侯，而且帶兵打仗多有戰功。他還曾請悼公賑濟貧民，解除民困，贏得了民心。所有這些，都給魏絳贏得了巨大的榮譽和名聲，可是魏絳從不驕傲炫耀。

魏絳後來因功改封安邑，卒後諡為「昭子」。

　　無獨有偶，曾國藩雖然身為清朝重臣，但也一直力戒驕傲。他不僅自己認真地做謙虛之人，還要求家人要謙虛謹慎。

　　曾國藩曾給在家中主持家務的澄弟寫信，要他加強對在家子弟的教育，並對驕傲的幾種表現形式做了闡述：「凡畏人，不敢妄議論者，謙謹者也，凡好譏評人短者，驕傲者也……諺云：『富家子弟多驕，貴家子弟多傲。』非必錦衣玉食，動手打人而後謂之驕傲，但使志得意滿毫無畏忌，開口議人短長，即是極驕極傲耳。」並說自己以不輕易譏笑人為第一要義。對澄弟表現出來的驕傲，他也進行了尖銳的批評，說他對軍營中的「諸君子」「譏評其短，且有譏到兩三次者」。由此可推知澄弟對鄉間熟識之人，更是鄙夷之至了！他認為傲氣可表現在言語、神氣和臉色上，所以要做到「謙退」，須時時檢點自己的言行。

　　能做到時時處處謙虛的人，是在給自己留條後路。因為一個人不會總是志得意滿，得罪了人就有可能讓你在小溝裏翻船。所以，悲喜不著於色，才能讓自己平平安安。

◎張狂人得意一時

　　老趙自從當上部門主任以後，就開始顯山露水了。由於他的成績顯著，很快就被提拔到了公司經理的位置上。他在人力資源建設工作方面做得也很出色，公司內外口碑極佳。他作為肩負公司未來重任的角色，深深吸引住了大家的目光。可出人意料的是，在被提升以後，他在管理工作當中卻沒有更顯著的

表現，不久被派去出任一家關聯企業的董事，可是沒幹多久便退休了。

多年以後，人們才聽到了當時公司董事長對他所作的評價：「老趙的的確確是個出類拔萃的人，有能力，也有魄力，但他過於張狂了。不僅伸手要這要那，還經常越權處理事務。這樣的人不適合做管理工作。」

做人張狂，隨意攻擊別人，可能會一時得意，但失意絕對是早晚的事情。

俗話說，「打人莫打臉，罵人不揭短」。人們的短處是不喜歡被別人揭的，揭短就是損害人家的名譽。

幾乎每個人都有不太光彩的過去，或者有身體或性格上的缺陷，這就構成了一個人的短處，每個人的短處都是不願意讓人知道的。與人相處時，即使是為了對方或為了大局而必須指出對方的缺點、錯誤時，也要講究正確的方法、策略，否則不僅達不到本來的目的，還可能會惹下麻煩。

明太祖朱元璋出身貧寒，做了皇帝後自然少不了有昔日的窮親戚窮朋友到京城投靠他。這些人滿以為朱元璋會念在昔日共同受苦的情分上，給他們封個一官半職，誰知朱元璋最忌諱別人揭他的老底，以為那樣會有損自己的威信，因此對來訪者大都拒而不見。

有位朱元璋兒時一塊長大的好友，千里迢迢從老家鳳陽趕到南京，幾經週折總算進了皇宮。一見面，他便當著文武百官大叫大嚷起來：「哎呀，朱老四，你當了皇帝可真威風呀！還認得我嗎？當年咱倆一塊兒光著屁股玩耍，你幹了壞事總是讓我

替你挨打。記得有一次咱倆一塊偷豆子吃，背著大人用破瓦罐煮。豆還沒煮熟你就先搶起來，結果把瓦罐都打爛了，豆子撒了一地。你吃得太急，豆子卡在嗓子眼兒還是我幫你弄出來的。怎麼，不記得啦！」

這位老兄還在那喋喋不休嘮叨個沒完，寶座上的朱元璋再也坐不住了，心想此人太不知趣，居然當著文武百官的面揭我的短處，讓我這個當皇帝的臉往那兒擱。盛怒之下，朱元璋便下令把他殺了。

這位窮朋友犯了揭人短的致命錯誤，尤其揭短的對象是已貴為天子又極要面子的朱元璋，他的人頭落地也就不奇怪了。其實，無論對象是誰，口無遮攔都是要不得的。即使當時沒危險，但是你給對方心裏結下疙瘩，終究沒什麼好處。

與人說話如同走路，必須注意不能踩進陷阱。不然，傷害了別人的自尊，引起爭端糾紛，自己的臉上也不會增光添彩。所以，在人際交往中，必須首先記住這一條：不揭人之短，給對方面子。必須學會設身處地地想一下，別由著自己的性子和習慣，學會換一種面孔做人。

 心得欄

第 *16* 章

低調做人的韜晦術

　　在條件不具備時，要想奪取或保存某種東西，必須暫時交出或放棄它，等待時機，創造條件，最後再把它奪回來；在我們的實力尚處於劣勢的條件下，為了刺激對手、戰勝對手，不計較一城一池的得失，這種以最終打敗對手為主的放棄是為了更牢固、更長久的佔領。

◎鷹立如睡，虎行似病

　　「鷹立如睡，虎行似病」，是說君子要聰明不露，才華不逞，才能肩鴻任钜的力量。在為人處世中，可以以此計施於強敵，在其面前，儘量鋒芒斂蔽，忍住自己想有所表現的慾望，表面上百依百順，裝出一副為奴為婢的卑躬，使對方不起疑心，一旦時機成熟，即如閃電般地把對手結果了。

　　明成祖朱棣也正是靠這一招贏得了時間，最終發動了政變，打敗了建文帝，登上了皇位。

　　明朝的開國皇帝朱元璋有許多兒子，其中朱棣為人沉鷙老辣，在太子朱標病死以後，朱元璋曾想立朱棣為太子，但遭到許多大臣的反對。朱元璋無奈，只得立朱標的兒子為皇太孫。在朱元璋死後，皇太孫即位，是為建文帝。

　　建文帝年幼，他的叔叔們各霸一方，並不把他放在眼裏。這樣一來，建文帝的皇權受到了威脅，在一些大臣的鼓勵下，建文帝開始削藩。在削藩的過程中，殺了許多親王，燕王朱棣聽了，十分著急。

　　好在燕王朱棣封在燕地，離當時的都城金陵很遠，又兼地廣兵多，一時尚可無虞。僧人道衍是朱棣的謀士，在他的慫恿下，朱棣便積極操練兵馬。道衍唯恐練兵走漏消息，就在殿中挖了一個地道，通往後苑，修築地下室，圍繞重牆，在內督造兵器，為了不使外人聽到裏面的聲音，又在牆外的室中養了無數的鵝鴨，日夕鳴叫，聲流如潮。但消息還是走漏出去了，不久就傳到朝廷。大臣齊泰、黃子澄兩人十分重視此事，黃子澄主張立即討燕，齊泰認為布兵馬，剪除黨羽，然後再興兵討之。建文帝聽從了齊泰的建議，使命工部侍郎為北平布政使，都指揮謝貴掌北平都司事，又命都督宋忠屯兵開平，再命其他各路兵馬守山海關，保衛金陵。

　　朱棣為了打消建文帝的疑忌，便派自己的三個兒子前往金陵，祭奠太祖朱元璋。等祭奠完了，建文帝便想把這三人留下，作為人質。正在遲疑不決之際，朱棣早已料到這一手，飛馬來

報，說朱棣病危，要三子速歸。建文帝無奈，只得放三人歸去。

　　不久，朱棣的得力校尉于諒、周鐸兩人被建文帝派來的北平都司事張信、謝貴設計騙去，送往京師處斬了。兩人被斬以後，建文帝又發朝旨，嚴屬責備朱棣，說朱棣私練兵馬，圖謀不軌。朱棣見事已緊迫，起事的準備又未就緒，就想出了一條緩兵之計：裝瘋。

　　朱棣披散著頭髮，在街道上奔跑發狂，大喊大叫，不知所云。有時在街頭上奪取別人的食物，狼吞虎嚥，有時又昏昏沉沉地躺在街邊的溝渠之中，數日不起，張信、謝貴聽說朱棣病了，就前往探視。當時正值盛夏時節，烈日炎炎，酷熱難耐，但見燕王府內擺著一座火爐，烈火熊熊，朱棣坐在旁邊，身穿羊羔皮襖，還凍得瑟瑟發抖，連聲呼冷。

　　張信和謝貴把這些情況報告給了朝廷，建文帝便不再成天琢磨著該怎樣對付燕王了。

　　等到條件成熟了，朱棣設計殺死了張信、謝貴兩人，衝散了指揮使彭二的軍馬，安定了北平城，改用洪武三十二年的年號，部署官吏，建制法令，公然造反了。經過三年的反覆苦戰，朱棣終於打敗了建文帝，登上皇位，並遷都北京，成為中國歷史上較有作為的皇帝。

　　朱元璋早就想把帝位傳給朱棣，朱棣也是有能力擔當這個責任的，可是，天不遂人願。在這種情況下，他沒有怒而興兵，以硬碰硬，而是懂得以「裝瘋」來贏得時間，積蓄力量，以便順利地完成既定的方針計劃，足見他厚黑處世手段之高。

　　鷹立如睡，虎行似病。在現實生活中用「藏巧於拙，用晦

而明、聰明不露，才華不逞」等韜略來隱蔽自己的行動，可以達到出奇制勝的目的。表現低調些，做事情過於張揚就會洩露「事機」，就會讓對手警覺，就會過早地把目標暴露出來，成爲對手攻擊和圍剿的「靶子」。保護自己的最好方式就是不暴露，儘管這樣做會有損失，卻能避免更多不可預知的風險。

◎ 深藏不露

假癡不癲，指表面上裝作癡呆、愚笨而內心卻非常清醒。在軍事上指爲了麻痹對方或爲了隱瞞自己的實力而僞裝笨拙和怯懦，暗地裏卻積極行動準備攻擊對方。

假癡不癲是從「裝瘋賣傻」、「裝聾作啞」等轉化而來的。在日常生活中，人們爲了迴避某種矛盾，或者爲了渡過某種危難，或爲了對付某個勢力強大的對手，在一定時期內，故意裝作愚蠢、呆癡，行「韜晦」之計，以求保存自己，等待時機戰勝對手。

諸葛亮死後幾年裏，蜀漢對魏國只採取守勢。魏國的勢力強大起來了，但是它的內部卻發生了動亂。

魏國的大將司馬懿，出身大士族。曹操剛剛掌權的時候，曾經徵召司馬懿出來做官。那時候，司馬懿嫌曹操出身低微，不願意應召，但是又不敢得罪曹操，就假裝得了風癱病。曹操懷疑司馬懿有意推託，派了一個刺客深夜闖進司馬懿的臥室去察看，果然看到司馬懿直挺挺地躺在床上。刺客還不相信，拔出佩刀，架在司馬懿的身上，裝出要劈下去的樣子。他以爲司

馬懿要不是風癱，一定會嚇得跳起來。司馬懿也真有一手，只瞪著眼望著刺客，身體紋絲不動。刺客這才相信他是真癱，收起刀向曹操回報去了。

司馬懿知道曹操不會就此放過他。過了一段時期，讓人傳出消息，說風癱病已經好了。等曹操再一次召他的時候，他就不拒絕了。

司馬懿先後在曹操和魏文帝曹丕手下，擔任了重要職位。到了魏明帝即位，司馬懿已經是魏國的元老。由於他長期帶兵在關中跟蜀國打仗，魏國兵權大部份落在他手裏。後來，遼東太守公孫淵勾結鮮卑貴族，反叛魏國。魏明帝又調司馬懿去對付遼東的叛亂。

司馬懿平定了遼東，正要回朝的時候，洛陽派人送來緊急詔書，要他迅速趕回洛陽。

司馬懿到了洛陽，魏明帝已經病重了。魏明帝把司馬懿和皇族大臣曹爽叫到床邊，囑咐他們共同輔助太子曹芳。

魏明帝死後，太子曹芳即了位，就是魏少帝。司馬懿和宗室曹爽同為顧命大臣，一同執政。曹爽對司馬懿這個外人不大放心，便用魏少帝的名義提升司馬懿為太傅，實際上是奪去他的兵權。自兵權落到曹爽的手裏之後，司馬懿就託病在家休養。曹爽高枕無憂，經常帶著家將門客出外打獵，有時幾天不回城去，他的弟弟以及門客都勸他說，幾天不回城，恐怕會有人發動兵變。曹爽笑道：「軍權在我的手裏，司馬懿又在家養病，有什麼可怕的呢？」後來，曹爽的弟弟曹羲求大司農恒范規勸曹爽，曹爽聽了，多少注意了一些。

　　恰在這時，李勝升任青州刺史，前來辭行。曹爽靈機一動，有了主意，讓他借出任荊州刺史之機，以向司馬懿辭行為由，前去探聽虛實。

　　司馬懿知道李勝來訪的真實意圖，於是作了一番精心安排，李勝來到司馬懿的居室，只見司馬懿正在兩個丫鬟服侍下更衣，他渾身顫抖，久久地穿不上衣服。他又稱口渴，待丫鬟捧上粥來，他以口去接，將粥弄翻，流了一身，樣子十分狼狽。

　　李勝看著心喜，說：「聽說您風痺舊病復發，沒想到病情竟這樣嚴重，我受皇帝恩典，委為荊州刺史，今天是特來向您告辭的。」

　　司馬懿故意裝作氣力不濟的樣子說：「我年老體衰活不了多久，你調任並州，並州鄰近胡邦，要多加防範，以免給胡人製造進犯的機會啊！恐怕我們今後再難相見，拜託你今後替我照顧兩個兒子司馬師和司馬昭。」

　　李勝說：「我是出任荊州，不是並州啊！」

　　司馬懿又問道：「你不是說並州嗎？」

　　李勝又重覆說：「不是並州，是荊州。」

　　司馬懿說：「我精神恍惚，沒有聽清楚你的話。以你的才能，可以大建一番功業。」

　　李勝回去後，將所見所聞的詳情告訴了上司，曹爽聽後大喜，從此對司馬懿消除戒心，不加防範。

　　西元 249 年新年，魏少帝曹芳到城外去祭掃祖先的陵墓，曹爽和他的兄弟、親信大臣全跟了去。司馬懿既然病得屬害，當然也沒有人請他去。

等曹爽一幫人一出皇城，太傅司馬懿的「病」全好了，他披戴起盔甲，抖擻精神，帶著他兩個兒子司馬師、司馬昭，率領兵馬佔領了城門和兵庫，並且假傳皇太后的詔令，把曹爽的大將軍職務撤了。

曹爽和他的兄弟在城外得知消息，急得亂成一團。有人給他獻計，要他挾持少帝退到許都，召集人馬，對抗司馬懿。但是曹爽和他的兄弟都是只知道吃喝玩樂的人，那兒有這個膽量。司馬懿派人去勸他投降，說是只要交出兵權，絕不為難他們。曹爽就乖乖地投降了。

過了幾天，就有人告發曹爽一夥謀反，司馬懿派人把曹爽一夥人全下了監獄處死。這樣一來，魏國的政權名義上還是曹氏的，實際上已經轉到司馬懿手裏。司馬懿的城府和心機之深，從中可見一斑。

凡是成大事者，均有識時務、謀深計的功夫，這是他們成功的兩大砝碼。識時務要求做到對時事情況及發展趨勢，自己的處境瞭若指掌；謀深計要求做到用假癡不癲之計偽裝、隱藏自己，並謀劃好對付、打敗對手以成就自己的方法、步驟，從而做到在對手毫無覺察、防備之時，輕鬆將其擊敗！

◎明修棧道，暗渡陳倉

在複雜的現實生活中，適當地隱藏自己也是必要的。如果你下決心要做一件事，是不是要讓別人知道呢？親友要是知道了，會把他們的經驗、想法甚至是想像的東西統統講給你，讓

你無法分辨、無所適從。你的對手或者敵人要是知道了，更會千方百計地給你出難題設障礙，即使最終你的目的達到了，也是疲累欲死，滿身傷痕。

曾國藩練兵時，每天午飯後總是邀幕僚們下圍棋。一天，忽然有一個人向他告密，說某統領要叛變了。告密人就是這個統領的部下。曾國藩大怒，立即命令手下將告密者殺了示眾。一會兒，被告密要叛變的統領前來給曾國藩謝恩。曾國藩臉色一變，陰沉著臉，命令左右馬上將統領捆綁拿下。

幕僚們都不知為什麼，曾國藩笑著說：「這就不是你們所能明白的了。」說罷，命令把統領斬首了。他又對幕僚們說：「告密者說的是真實的，我如果不殺他，這位統領知道自己被告發了，勢必立刻叛變，由於我殺了告密的人，就把統領騙來了。」

日本的前圍棋高手高小秀格，曾以「流水不爭先」為座右銘。他在和別人對弈時，常把陣式佈置得如同緩緩的流水一樣悠閒散漫，讓對手掉以輕心，絲毫不加戒備。但一經發動自己的陣勢，卻能在瞬間聚湧流水波瀾中所蘊藏著的無限能量，使對手在驚慌失措中迅速被擊潰，投子認輸。

這種「明修棧道、暗度陳倉」的做法，無論是在戰場、官場還是商海中都屢見不鮮，而且往往能夠出奇制勝，收到奇效。

人活著，學會隱藏自己的意圖非常重要。一方面，它可以使你始終保持清醒的頭腦，避免自誤；另一方面也可以借此迷惑你的對手和敵人，減少干擾，等到他們驚覺時，你早已是一騎絕塵，他們也只有望而興歎的份了。當然，隱藏自己並不等於埋沒自己。隱藏是手段，是方法，藏到有利時機果斷出擊，

徹底打敗對手才是目的。

「藏」是手段，不是目的，是爲了更好地表現，是爲了取得更大的成功；低調是爲了取得更多、更長遠的成功。

◎藏鋒露拙，匿銳示弱

明智的人待人處世，特別注意藏鋒露拙，匿銳示弱。這裏所說的要藏鋒露拙，匿銳示弱，並非是要人埋沒自己的才能，而是爲了保護自己，不導致禍端，從而更好地發揮自己的才能和專長。追求卓越和超凡出眾，本身是一種積極的人生態度。但一味孤芳自賞，無視週圍環境，就會與人格格不入，招人厭惡，千方百計讓你過不去。

戰國末期韓國貴族韓非(約西元前 286～前 233 年)與吳起、商鞅的政治思想一致，著書立說，鼓吹社會變革。他的著作流傳到秦國，被秦王嬴政(即後來的秦始皇)看到，極爲讚賞，設法邀請他到秦國。但才高招忌，入秦後，還未受到重用，就被李斯等人誣陷，屈死獄中。宏圖未展身先死，縱使有滿腹經綸又有何用。如果韓非不是招搖才華，而是謙卑抱樸，等待時機，或另待明主，或婉轉上奏，使自己的政治抱負得以施展，相信他並非僅僅就是一個思想家，同時又會成爲一代名臣巨相，而不會是一個悲劇人物。

有成語曰「鋒芒畢露」，鋒芒本是刀劍的尖端，它比喻顯露出來的才幹。古人認爲，一個人若無鋒芒，那就是提不起來，所以有鋒芒是好事，是事業成功的基礎，在適當的場合顯露一

下既有必要，也是應當。

然而，鋒芒可以刺傷別人，也會刺傷自己，運用起來應小心翼翼，平時應插在劍鞘中。所謂物極必反，過分外露自己的才華只會導致自己的失敗。尤其是做大事業的人，鋒芒畢露既不能達到事業成功的目的，又失去了身家性命。所以，有才華的人應該隱而不露，該裝糊塗時一定要裝糊塗，待機而行動。

杜祁公有一個學生做縣官，祁公告誡他說：「你的才華和學問，當一個縣官是不夠你施展作為的。但你一定要積存隱蔽，不能露出鋒芒，要以中庸之道治理縣政，求得和諧安定，不這樣的話，對做事沒有好處，只會招惹禍端。」

他的學生說：「你一生因為正直忠信被天下尊重，現在卻教我這些是什麼原因呢？」

杜祁公說：「我為官多年，做了許多職位。對上被皇帝知道，對下又被朝廷的官員相信，所以能抒發志向，現在你當縣令，什麼事情都會發生，牽涉到上下官吏，那縣令可不是好當的，如果你不被別人瞭解，你怎麼能施展你的抱負呢？只會惹來災禍罷了。這就是我要告訴你不方不圓，在中庸之道中求得和諧的這些話的原因啊！」

一個喜歡誇耀自己名聲的人，倒不如避諱自己的名聲顯得更高明；一個潛心研究事物的人，倒不如什麼也不做來得更安閒。這正是「隱者高明，省事平安」之謂。

◎靜待良機

《戰國策》曰:『將欲敗之,必姑輔之;將欲取之,必姑予之』。」這是一種暫時讓步,等待進攻的策略。在這個計策中,「取」是目的,「予」是手段,「予」是爲了「取」。一切的「予」,都是以「取」爲前提的,都要看對大局是否有利。

此計相近於欲擒故縱。其用意在於,當敵人處於強盛之時,或對手的猙獰面目尚未完全暴露或未被世人所識破之時,不是急於去與之較量,而是等待時機,採取措施以驕縱敵志,待敵懈怠失警之時,待世人更加清醒、朋友積極支持之時,再採取行動戰而勝之,它與欲擒故縱之計有異曲同工之妙。

東周時期鄭莊公克段于鄢的故事幾乎盡人皆知。這裏,鄭莊公就是運用「欲擒故縱」的計謀得勝的。

鄭莊公的同胞兄弟共叔段企圖裏應外合、篡奪政權。其實,鄭莊公對胞弟的陰謀早已覺察,而他不但不予制止,反而許之封地築城,對共叔段一系列準備工作置若罔聞。

鄭母姜氏請求封共叔段於京地。公子呂諫阻,莊公卻故作姿態,說:「母親姜氏希望這樣,不滿足她的要求就不得安寧。」有人報告說,共叔段正招兵買馬,訓練卒乘,他故意說共叔段為鄭國操練兵馬,勞苦功高;有人稟報說,共叔段佔領了京城附近的兩個小城,公子呂請莊公出兵討伐,他卻說:「多行不義必自斃,子姑待之。」

直到共叔段和其母的陰謀充分暴露,鄭莊公才說:「可以收

拾他們了。」然後週密佈置，在共叔段與其母姜氏舉事之時採取果斷措施，挫敗了共叔段的奪權陰謀，逐共叔段出國，流放姜氏於城穎。

「慶父不死，魯難未已」是一句成語，可見慶父是死有餘辜。魯莊公晚年，他的同父異母哥哥慶父為了奪取王位，殺害國君，製造內亂，引起公憤。他收買刺客殺死公子般，立年僅八歲的國君閔公，實權則操在自己手裏。閔公是齊桓公的外甥，請求齊桓公幫忙。齊桓公瞭解情況後，想派兵把慶父幹掉。大夫仲孫湫建議等慶父再幹壞事時再誅他。慶父不久又派刺客殺死了閔公，國人動怒，包圍了慶父住宅。齊桓公派兵三千去魯國，立公子申為君。慶父在被押回魯國的途中自殺。

鄭莊公和齊桓公所採取的手段，都是讓對手沿著自己的「邏輯」發展，充分暴露其行徑，當事態發展到極端，開始走向反面時，才採取有效措施一舉成功。開始的姑息慈惠都是為了等待時機，贏得主動，為採取決定性的行動鋪平道路。

所以，在條件不具備時，要想奪取或保存某種東西，必須暫時交出或放棄它，等待時機，創造條件，最後再把它奪回來；在我們的實力尚處於劣勢的條件下，為了迷惑對手、戰勝對手，不計較一城一池的得失，這種以最終打敗對手為主的放棄是為了更牢固、更長久的佔領。

◎臥薪嚐膽只為以後的放手一搏

戰國時期，出生於魏國的範雎，因家境貧窮，開始時只在

魏國大夫須賈手下當門客。有一次，須賈奉命出使齊國，范雎作為隨從前往。到了齊國，齊襄王遲遲不接見須賈，卻因仰慕範雎的辯才，叫人賞給範雎十斤黃金和酒，但範雎辭謝了。須賈卻由此產生了疑心，認為範雎是把秘密情報告訴齊國，才得了齊襄王的禮物。回國後，須賈將自己的憂慮告訴了魏國宰相魏齊。魏齊下令把范雎傳來，用竹板責打他，打折了肋骨，打落了牙齒。範雎假裝死了，被人用席子捲起來，丟在廁所裏。接著魏齊設宴喝酒，喝醉了，輪流朝範雎身上小便。後來，範雎設法逃出魏國，改換姓名，輾轉到了秦國，最後通過自己的智慧和能力，當了秦國的宰相。

晉國公子重耳在曹國和衛國流亡時，並沒有要稱霸的雄心，但是由於遇到不公正的待遇，他才憤而入秦，並在秦國的幫助下回國繼承大統，進而成為「春秋五霸」之一。

歷史已無數次證明了，忍辱負重能使弱者變為強者，能使失敗轉入成功。「苦心人，天不負，臥薪嚐膽，三千越甲可吞吳」，這其中「臥薪嚐膽」的歷史故事，在我們建功立業路上留下的啟示可謂良多。

吳國和越國都是春秋時代江浙一帶的諸侯小國，兩地緊緊相鄰，因彼此都想消滅對方，故而成了宿敵。勾踐三年，兩國交戰，吳王夫差的力量明顯勝過越王勾踐。勾踐的數萬部隊被吳王夫差消滅，最後只剩下 5000 人，被吳王夫差的大部隊圍困在會稽。勾踐被迫求和，到吳國去服侍吳王。於是，勾踐將國事托給大夫文種，讓範蠡隨他到吳國。

勾踐夫婦來到了姑蘇，吳王夫差就讓他們住在闔閭墳墓旁

邊的一間石頭屋子裏，為吳王養馬。夫差每次乘車出去，也總是讓勾踐給他拉馬，並令人辱罵堂堂一國之君的勾踐，在吳國所受的恥辱，那是可想而知的。但勾踐卻是一副奴才的樣子，馴服無比。

有一次，勾踐聽說夫差病了，就說要來看望他。夫差聽到勾踐這樣惦記自己，就答應了他。勾踐進了夫差的房間時，正趕上夫差要大便，勾踐就迅速過去攙扶。夫差叫勾踐出去，勾踐說：「父親有病，做兒子的應當服侍，大王有病，做臣子的也應該服侍。再說，我還有點小經驗，看看大王拉的屎，就知道大王的病是輕還是重。」夫差被說得心花怒放，就沒有退卻勾踐的盛情。夫差拉完屎，勾踐扶著他上床躺好後，又去掀開馬桶蓋看了看，嗅嗅氣味，並親口嘗嘗味道，然後向夫差磕頭說：「恭喜大王！大王的病已經沒有什麼大礙了，再過幾天，就完全康復了。」

夫差問他：「你怎麼知道的？」

勾踐說：「我曾經跟名醫學過醫道，只要嘗一嘗病人的糞便，就能知病的輕重，剛才我嘗了大王糞便的味道，又苦又澀，知道那是肚裏的毒氣散發出來的原因。毒氣散完，病自然很快就好，大王不用太擔憂。」

沒過幾日，夫差的病果然好轉過來，夫差為勾踐的話語和行動所感動，惻隱之心一起，便把他放到越國去了。

勾踐回國後，不近女色，不觀歌舞，受撫群臣，教養百姓。他靠自己耕種吃飯，靠妻子親手織布穿衣，不吃山珍海味，不服綾羅綢緞。勾踐甚至褥子都不肯用，床上儘是些乾柴乾草，

並且用繩懸一苦膽。日日嘗之，問自己說：「你忘記了會稽之恥嗎？」以此提醒自己不要忘掉之前受的淩辱與苦難。他還常常到外地巡視，探望孤寡老弱病殘。

諸大夫對他更加愛戴，他便對他們講：「我預備同吳兵開戰，望諸位肝膽相照、奮勇爭先，我當與吳王頸臂相交，肉搏而死，此乃我一生夙願。如果這不能辦到，我將棄離國家，告別群臣，身帶佩劍，手舉利刀，改變容貌，更換姓名，去做奴僕，侍奉吳王，以找機會與吳開戰。我知道這要被天下人所羞辱，但我決心已定，一定要實現！」

整整過了 22 年「臥薪嚐膽」非人所能忍的日子，越國的國力軍力終於強壯起來，越王終於「堅忍」成事，一舉攻下吳國。夫差哭泣求降，乞求越王勾踐效仿當年，接受他的投降求和。但此時的勾踐相當清楚一個人在忍耐中所爆發出來的力量是無窮的，雖吳王已耄耋老矣，但是他的忍耐也許足以使他再次嘗到會稽之恥，於是不接受投降。夫差羞愧難當，唯向天長嘯，拔劍自刎。滅吳之後，越國勢力大大增強，民心歡悅，越國遂稱霸於諸侯，勾踐也成為春秋時期有名的霸主。

臥薪嚐膽是一種謀略，是善於把尖銳的思想感情含蓄起來的人的本領，行人所不能行，是成人所不能成之事的首要條件，是一種以退為進的行動策略，也是一種積蓄力量、待機而發的戰略戰術。

聖人韜光，能者晦跡，收斂鋒芒，隱藏才能，這一直是成大事者的必定策略。《忍經》中說：不能忍受挫折，不是害了別人，就是害了自己。所以我們在日常生活中碰到受氣之事時，

不如忍耐下來，慢慢觀察勝敗，千萬不要憑自己一時意氣用事，讓別人把自己連同自己東山再起的機會一併毀滅，那才是真正的沒柴燒了。

◎喜怒不形於臉色

喜怒哀樂是人的基本情緒，如果能做到喜怒哀樂不形於色，這種人是厲害的，也是可怕的。因為你不知道他對某件事的反應、對某個人的觀感，當人面對他時有不知如何應對的慌亂。

但在複雜人際交往中，做到喜怒不形於色是很重要的。這種以靜制動的功夫被稱為「深藏不露」、「綿裏藏針」，這是一種為人處世的大智慧，也是很多人追求的一種境界。

如果你的喜怒哀樂表達失當，有時會招來無端之禍。因此，高明的掌權者一般都不隨便表現自己的情緒，以免被人窺破弱點，給人以可乘之機。越是精於此術的人，城府便越深。

不輕易表露自己的觀點、見解和喜怒哀樂，這種方法稱為「大智若愚」、「大動若靜」，這是上司用以控制下屬的一種重要方法。有智慧的上司會把自己的思想感情隱藏起來，不讓別人窺出自己的底細和想法，這樣部下就難以鑽空子，就會對上司感到神秘莫測，就會產生畏懼感，也不容易暴露自己的真實面目。

民國初年，袁世凱一心想登上皇帝的寶座。他指使黨羽大造輿論，一時間謠言四起，勸進者絡繹不絕。袁世凱心中暗自

高興，但一有機會就向別人表白自己是擁護共和忠於民國的。即使在他的心腹大將馮國璋、段祺瑞面前也是如此。

據說，馮國璋曾專程趕到北京向袁世凱探聽虛實。袁世凱裝得一本正經:「華甫，你我是自己人，難道你不懂得我的心事？不妨對你明說，總統的權力和責任已經與皇帝沒有區別，除非為兒孫打算，實在沒有做皇帝的必要。我的大兒子身帶殘廢，老二想做名士，我給他們排長做都不放心，能夠承擔重任嗎？而且，中國一部歷史，帝王家總是沒有好結果的，即使為兒子打算，我更不忍把災害給他們。當然皇帝還可以傳賢不傳子，但總統同樣可以傳賢，在這個問題上總統與皇帝不就是一樣的嗎？」

馮國璋聽後插言道:「總統說的是肺腑之言。可是，將來總統功德巍巍，到了天與人歸的時候，只怕要推也推不掉那！」

袁世凱好像很生氣的樣子，堅定地說:「不，我絕不幹這種傻事！我有一個孩子在倫敦讀書，我叫他在那裏置了一點產業。如果有人一定要逼迫我，我就出國到倫敦，從此不問國事。」馮國璋聽了袁世凱如此誠懇和堅實的表白，自然也就不存在任何疑心了。

然而，馮國璋剛剛離開袁府，袁世凱就氣衝衝地回到書房，大罵馮國璋忘恩負義。連聲說:「馮華甫真是豈有此理！豈有此理！」老奸巨猾的袁世凱向來喜歡讓部下猜測自己的心思，由於城府過深，連心腹大將有時也難以領會他的真實意圖。馮國璋自恃跟隨袁世凱多年，他把袁世凱的一番假話當成了肺腑之言。

但紙是包不住火的，馮國璋回南京不久就聽到袁世凱稱帝的消息，馮不禁跳起腳來發火說:「老頭子真會做戲！他那裏還把我當做自己人。」從此與袁世凱分道揚鑣，真可謂「聰明反被聰明誤」。

◎「野心」不要輕易外露

成功起源於強大的野心，孕育於痛苦的掙扎，是尋找自我，最終超越自我的一種結果。我們在這裏所談論的「野心」，實際上是隱藏在個人心裏不宜讓別人知曉的一些「志向」和「企圖」。

有「野心」當然是件好事，這總比那些得過且過、安於現狀的平庸之輩要強得多。但在現實生活中，你的這些「志向」或「企圖」，即使是正當的，也不能表現得太明顯。因為「野心」在你身上得到表現的時候，總會有人感到受到威脅。他們可能會利用手中的權力和影響力，對你進行打擊，使你過去的一切努力都化為泡影，因此，你如果真的懷有某種「野心」的話，可千萬要謹慎點，切莫輕易外露，否則，你可能會因此而自毀前程。

有「心計」的人在形勢不利時，能把自己的真實意圖掩藏起來，等待時機有利時再圖大事。

俾斯麥 35 歲時，擔任普魯士議會的議員，這一年是他政治生涯的轉捩點。當時的德意志四分五裂，奧地利是普魯士南方強大的鄰國，如果普魯士企圖統一德意志，奧地利就要出兵干預。

俾斯麥一生都在狂熱地追求普魯士的強盛，他夢想打敗奧地利，統一德意志。他是個熱血沸騰的愛國志士和熱愛軍事的好戰分子。他最著名的一句話就是：「要解決這個時代最嚴重的問題並不是依靠演說和決心，而是依賴鐵和血。」

但是令所有人驚異的是，這樣一個好戰分子居然在國會上主張和平，他說：「沒有對於戰爭後果清醒的認識，卻執意發動戰爭，這樣的政客，請自己去赴死吧！戰爭結束後，你們是否有勇氣承擔農民面對農田化為灰燼的痛苦？是否有勇氣承受身體殘廢、妻離子散的悲傷？」其實這並不是他的真正意圖，他連做夢都想著統一德意志。

在國會上，他盛讚奧地利，為奧地利的行動辯護，這與他內心的強烈願望簡直是背道而馳。俾斯麥反對這場戰爭有別的企圖嗎？那些期待戰爭的議員迷惑了，其中好多人改變了主意。

幾個星期後，國王感謝俾斯麥為和平發言，委任他為內閣大臣。幾年之後，俾斯麥成了普魯士首相，他對奧地利宣戰，統一了德意志。

為什麼當初俾斯麥贊成和平，而後來卻主張戰爭呢？因為他意識到普魯士的軍力趕不上其他歐洲強權的實力，並不適合發動戰爭。如果戰爭失利，他的政治生涯就岌岌可危了。他渴望權力，對策就是發表那些違背自己意願的言論，瞞騙眾人。正是因為俾斯麥這席談話，國王才任命他為大臣，他才得以迅速爬升為宰相。一旦他獲得了權力，就用武力統一了德意志。

俾斯麥是有史以來頗有「心計」的政治家之一，他善於權謀。在主張和平這件事上，沒有人懷疑他的居心，如果他宣佈

了自己真正的意圖，就不會得到國王的支持，那麼也就不會有後來德意志的統一了。

正是由於俾斯麥能分清形勢，在時機不成熟的時候巧妙地掩藏起自己的真實意圖，才使自己掌握了政治主動權。

有句古訓：槍打出頭鳥。做人也一樣，在不利時機，不可太出風頭。古人強調「藏巧露拙」，就是這個道理。有的人只要有機會就把自己暴露在別人的面前，把自己的計劃與意圖全盤托出。他們這樣做有兩個原因：首先他們認為談論個人感受與未來計劃是自然而然的事，因而控制不了自己。其次，他們渴望得到別人的認同，展現自己的美好本質。

其實，直接表達自己的意圖並沒有錯，但是要考慮到不同的環境和不同的對象。如果在一個無法保密，有可能隱藏小人的地方，你大悌無恐的大談特談起你的計劃意圖，就極有可能惹禍上身了。那些認為能阻礙他升官發財的小人們就會提前給你設置阻礙，以阻止你的發展。雖說這種卑鄙手段對有德有才之人來說不會有大的麻煩，但是多一事不如少一事，謹慎一些就能避免的事，為何要大大咧咧自找麻煩。

人要是有心事，可以訴說出來，但不能隨便亂說。所謂隨便亂說，是指不看心事的內容，不區分說話的對象，見人就說，想說就說。

之所以建議你謹慎處理自己的心事，是因為傾吐心事會顯露一個人的脆弱點，這種脆弱點會改變他人對你的印象，雖然有人欣賞你人性的某些方面，但有的人卻會因此下意識地看不起你。最糟糕的是，一旦你的脆弱面被別人把握，在他日與你

爭鬥時，它們就成了你的致命傷，儘管這種情形不一定發生，但應該預防，俗話說：「害人之心不可有，防人之心不可無。」你是出於信賴才向對方道出心事，但可能對方是一個小人，你不就陷入麻煩了嗎？

歷史上，人們嘲笑劉備的兒子劉禪是「扶不起來的阿斗」，然而，卻是這個劉禪在危險的漩渦中保全了性命，為什麼？心事不為人知的原因。

劉備建立的蜀漢王朝只統治了 42 年，就被魏國滅掉了。後主劉禪做了俘虜，他的家庭和蜀國的一些大臣，都被東遷洛陽。劉禪受封為安樂公。當時，魏國雖是由曹操的後代做著皇帝，其實大權早落在了西晉的開創者司馬昭父子的手裏。

有一天，司馬昭和劉禪這個亡國之君聚宴，並且特地替他安排上演蜀地的音樂。在座的其他人都表現出很感傷的樣子，可這劉禪卻顯得高興，有說有笑的，司馬昭對他的心腹賈充說，「做人不動情感，竟然能夠達到這種地步麼！像這樣的人，即使諸葛亮活著，也不能保蜀國長治久安，何況才能遠不及諸葛亮的姜維呢？」

賈充說：「如果不是這樣，您怎麼能夠吞併蜀國？」

幾天後，司馬昭又來試探劉禪：「很想念蜀國嗎？」

劉禪說：「在這裏很快樂，不想念蜀國。」跟隨劉禪來到洛陽的前蜀國秘書令郤正聽到這裏，連忙借劉禪去廁所的機會跟出來，對劉禪說：如果以後晉王(指司馬昭)還這麼問你，你應該流著眼淚回答說：「父母親的墳墓都遠在蜀地，一想起這事兒，心裏就難過，沒有那一天不思念蜀國的。然後你就閉上眼

睛，做出深沉思念的表情。」

不久，司馬昭又問劉禪想不想蜀國，劉禪就如郤正說的那樣對答，然後閉上眼睛。司馬昭說：「怎麼竟像是郤正說的話呢？」劉禪驚奇地睜開雙眼，望著司馬昭說：「正如您所說的。」週圍的人都大笑起來。就這樣，司馬昭反而覺得劉禪憨厚可愛。劉禪活到了西元 271 年，在洛陽去世。

另一個亡國君王，就不是這種命運了，據說，南唐後主李煜作為亡國君主被俘到汴京，宋太宗派人監視他，發現李煜寫了好些懷念故國的詞，又後悔不該殺了替他保江山的大將。宋太宗覺得這李煜「賊心不死」，就用藥把他毒死了。

由此看來，劉禪當司馬昭跟他提起故國的時候，表現得如此無情，又毫無城府的樣子，說不定倒是他為了保全身家性命的一種韜晦與心機呢！

當然，讓你心事不可隨便與人說，並不是叫你心扉緊閉，心事不漏也並不完全是件好事。如果太過謹慎，會讓人感到你的城府太深，太有心計，不可捉摸，為此你會失去很多值得交往的朋友。如果你本性如此，那還沒有太大關係；如果不是，給人留下這種印象，豈不是太冤枉了？所以，最為有利的做法是，偶爾說說無關緊要的心事給你週圍的人聽，以減少他們對你的揣測與戒心。

◎隱藏自己的目標

低調不僅僅是一種使你能夠嘗試真實生活的人生格調，它

同樣是一種戰術，也就是說，它是我們實現自己目標的一個手段。這種戰術如果用於商場，其技巧和方法就是用「欺騙」的手段暗中行動，將你的企圖隱藏在明顯的事物中，以達到自己的目的。因為一般人對司空見慣的事物，往往不會懷疑，此計就是利用人們的這一錯覺，來掩蓋自己的真正意圖。

麥克唐納快餐館的董事長克羅克沒讀完中學就出來做工，以維持生存。後來，他在一家工廠當上了推銷員，在改善了生活的同時，也在推銷產品過程中交了許多朋友，積累了大量有關經營管理方面的寶貴經驗。

一年後，克羅克決定創辦自己的公司。通過市場調查，克羅克發現當時美國的餐飲業已遠遠不能滿足已變化了的時代要求，急需改革，以適應億萬美國人的速食需求。但是，克羅克面臨的首要問題就是資金問題，對於一貧如洗的克羅克來說，自己開辦餐館根本就不可能。

最後，他終於想出了一個好辦法，他在做推銷員工作時，曾認識了開餐館的麥克唐納兄弟，自己可以到他們的餐館中學習，最後實現自己的理想。

於是，克羅克找到麥氏兄弟，講述自己目前的窘境，最後博得了對方的同情，懇請麥氏兄弟幫忙，答應他留在餐館做工。

克羅克深知這兩位老闆的心理特點，為了儘早實現自己的目標，他又主動提出在當店員期間兼做原來的推銷工作，並把推銷收入的 5%讓利給老闆。

為取得老闆的信任，克羅克工作異常勤奮，起早貪黑，任勞任怨；他曾多次建議麥氏兄弟改善營業環境，以吸引更多的

顧客；並提出配製份飯、輕便包裝、送飯上門等一系列經營方法，擴大了業務範圍，增加服務種類，獲取更多的營業收入；還建議在店堂裏安裝音響設備，使顧客更加舒適地用餐；他還大力改善食品衛生，狠抓飲食品質，以維護服務信譽；認真挑選店堂服務員，儘量僱傭動作敏捷、服務週到的年輕姑娘當前方招待；而那些牙齒不整潔、相貌平常的人則安排到後方工作，做到人盡其才，確保服務品質，更好地招待顧客。

克羅克為店裏招徠了不少顧客，老闆對他更是言聽計從了。餐館名義上仍是麥氏兄弟的，但實際上餐館的經營管理、決策權完全掌握在克羅克的手中。不知不覺，克羅克已在店裏幹了6個年頭。時機終於成熟了，他通過各種途徑籌集到了一大筆貸款，然後跟麥氏兄弟攤牌。起初，克羅克先提出較為苛刻的條件，對方堅決不答應，克羅克稍作讓步後，雙方又經過激烈的討價還價，最終克羅克以270萬美元的現金，買下麥氏餐館，由他獨自經營。

第二天，該餐館裏發生了引人注目的主僕易位事件，店員居然炒了老闆的魷魚，這在當時可以說是當地特大的新聞，引起了巨大的轟動，而快餐館也借眾人之口，深入人心，大大提高了其在美國的知名度。克羅克入主快餐館後，經營、管理更加出色，很快就以嶄新的面貌享譽全美，經過20多年的苦心經營，總資產已達42億美元，成為國際知名餐館之一。

克羅克用低調的戰術取得了成功，僅以讓利5%就輕易打入了麥氏快餐館；隨後通過長時間的潛移默化，對老闆的刻意奉迎，換取了兄弟倆的信賴，使兄弟倆認為他處處替自己著想，

感到雙方利益一致，便自動消除了對他的猜忌，愉快地接受了他的多種建議。經過逐步滲透、架空，老闆本已「名存實亡」，最後一場交易，全部吃掉了麥克唐納快餐館。

低調的謀略首先就是隱藏自己的目標，使對手對自己不加防備，最後在時機成熟的時候，一蹴而就！

心得欄

圖書出版目錄

下列圖書是由憲業企管顧問（集團）公司所出版，以專業立場，為企業界提供最專業的各種經營管理類圖書。

1. 傳播書香社會，凡向本出版社購買（或郵局劃撥購買），一律 9 折優惠。
   服務電話 (02) 27622241　(03) 9310960　　傳真 (02) 27620377
2. 請將書款用 ATM 自動扣款轉帳到我公司下列的銀行帳戶。
   銀行名稱：合作金庫銀行　　帳號：5034-717-347447
   公司名稱：憲業企管顧問有限公司
3. 郵局劃撥號碼：18410591　　郵局劃撥戶名：憲業企管顧問公司
4. 圖書出版資料隨時更新，請見網站　www.bookstore99.com

經營顧問叢書

4	目標管理實務	320 元	47	營業部門推銷技巧	390 元
5	行銷診斷與改善	360 元	52	堅持一定成功	360 元
6	促銷高手	360 元	56	對準目標	360 元
7	行銷高手	360 元	58	大客戶行銷戰略	360 元
8	海爾的經營策略	320 元	60	寶潔品牌操作手冊	360 元
9	行銷顧問師精華輯	360 元	71	促銷管理（第四版）	360 元
13	營業管理高手（上）	一套	72	傳銷致富	360 元
14	營業管理高手（下）	500 元	73	領導人才培訓遊戲	360 元
16	中國企業大勝敗	360 元	76	如何打造企業贏利模式	360 元
18	聯想電腦風雲錄	360 元	77	財務查帳技巧	360 元
19	中國企業大競爭	360 元	78	財務經理手冊	360 元
21	搶灘中國	360 元	79	財務診斷技巧	360 元
25	王永慶的經營管理	360 元	80	內部控制實務	360 元
26	松下幸之助經營技巧	360 元	81	行銷管理制度化	360 元
32	企業併購技巧	360 元	82	財務管理制度化	360 元
33	新產品上市行銷案例	360 元	83	人事管理制度化	360 元
46	營業部門管理手冊	360 元	84	總務管理制度化	360 元

85	生產管理制度化	360 元	147	六步打造績效考核體系	360 元
86	企劃管理制度化	360 元	148	六步打造培訓體系	360 元
91	汽車販賣技巧大公開	360 元	149	展覽會行銷技巧	360 元
92	督促員工注重細節	360 元	150	企業流程管理技巧	360 元
94	人事經理操作手冊	360 元	152	向西點軍校學管理	360 元
97	企業收款管理	360 元	153	全面降低企業成本	360 元
100	幹部決定執行力	360 元	154	領導你的成功團隊	360 元
106	提升領導力培訓遊戲	360 元	155	頂尖傳銷術	360 元
112	員工招聘技巧	360 元	156	傳銷話術的奧妙	360 元
113	員工績效考核技巧	360 元	159	各部門年度計劃工作	360 元
114	職位分析與工作設計	360 元	160	各部門編制預算工作	360 元
116	新產品開發與銷售	400 元	163	只爲成功找方法，不爲失敗找藉口	360 元
122	熱愛工作	360 元	167	網路商店管理手冊	360 元
124	客戶無法拒絕的成交技巧	360 元	168	生氣不如爭氣	360 元
125	部門經營計劃工作	360 元	170	模仿就能成功	350 元
127	如何建立企業識別系統	360 元	171	行銷部流程規範化管理	360 元
129	邁克爾·波特的戰略智慧	360 元	172	生產部流程規範化管理	360 元
130	如何制定企業經營戰略	360 元	173	財務部流程規範化管理	360 元
131	會員制行銷技巧	360 元	174	行政部流程規範化管理	360 元
132	有效解決問題的溝通技巧	360 元	176	每天進步一點點	350 元
135	成敗關鍵的談判技巧	360 元	177	易經如何運用在經營管理	350 元
137	生產部門、行銷部門績效考核手冊	360 元	178	如何提高市場佔有率	360 元
138	管理部門績效考核手冊	360 元	180	業務員疑難雜症與對策	360 元
139	行銷機能診斷	360 元	181	速度是贏利關鍵	360 元
140	企業如何節流	360 元	183	如何識別人才	360 元
141	責任	360 元	184	找方法解決問題	360 元
142	企業接棒人	360 元	185	不景氣時期，如何降低成本	360 元
144	企業的外包操作管理	360 元	186	營業管理疑難雜症與對策	360 元
145	主管的時間管理	360 元	187	廠商掌握零售賣場的竅門	360 元
146	主管階層績效考核手冊	360 元	188	推銷之神傳世技巧	360 元

189	企業經營案例解析	360元	230	診斷改善你的企業	360元
191	豐田汽車管理模式	360元	231	經銷商管理手冊(增訂三版)	360元
192	企業執行力（技巧篇）	360元	232	電子郵件成功技巧	360元
193	領導魅力	360元	233	喬‧吉拉德銷售成功術	360元
197	部門主管手冊(增訂四版)	360元	234	銷售通路管理實務〈增訂二版〉	360元
198	銷售說服技巧	360元			
199	促銷工具疑難雜症與對策	360元	235	求職面試一定成功	360元
200	如何推動目標管理（第三版）	390元	236	客戶管理操作實務〈增訂二版〉	360元
201	網路行銷技巧	360元			
202	企業併購案例精華	360元	237	總經理如何領導成功團隊	360元
204	客戶服務部工作流程	360元	238	總經理如何熟悉財務控制	360元
205	總經理如何經營公司(增訂二版)	360元	239	總經理如何靈活調動資金	360元
206	如何鞏固客戶（增訂二版）	360元	240	有趣的生活經濟學	360元
207	確保新產品開發成功(增訂三版)	360元	241	業務員經營轄區市場（增訂二版）	360元
208	經濟大崩潰	360元			
209	鋪貨管理技巧	360元	242	搜索引擎行銷	360元
210	商業計劃書撰寫實務	360元	243	如何推動利潤中心制度（增訂二版）	360元
212	客戶抱怨處理手冊(增訂二版)	360元			
214	售後服務處理手冊(增訂三版)	360元	244	經營智慧	360元
215	行銷計劃書的撰寫與執行	360元	245	企業危機應對實戰技巧	360元
216	內部控制實務與案例	360元	246	行銷總監工作指引	360元
217	透視財務分析內幕	360元	247	行銷總監實戰案例	360元
219	總經理如何管理公司	360元	248	企業戰略執行手冊	360元
222	確保新產品銷售成功	360元	249	大客戶搖錢樹	360元
223	品牌成功關鍵步驟	360元	250	企業經營計畫〈增訂二版〉	360元
224	客戶服務部門績效量化指標	360元	251	績效考核手冊	360元
226	商業網站成功密碼	360元	252	營業管理實務（增訂二版）	360元
227	人力資源部流程規範化管理（增訂二版）	360元	253	銷售部門績效考核量化指標	360元
			254	員工招聘操作手冊	360元
228	經營分析	360元	255	總務部門重點工作（增訂二版）	360元
229	產品經理手冊	360元			

256	有效溝通技巧	360 元
257	會議手冊	360 元
258	如何處理員工離職問題	360 元
259	提高工作效率	360 元
260	贏在細節管理	360 元
261	員工招聘性向測試方法	360 元
262	解決問題	360 元
263	微利時代制勝法寶	360 元
264	如何拿到 VC（風險投資）的錢	360 元
265	如何撰寫職位說明書	360 元
267	促銷管理實務〈增訂五版〉	360 元
268	顧客情報管理技巧	360 元
269	如何改善企業組織績效〈增訂二版〉	360 元
270	低調才是大智慧	360 元
271	電話推銷培訓教材〈增訂二版〉	360 元
272	主管必備的授權技巧	360 元

《商店叢書》

4	餐飲業操作手冊	390 元
5	店員販賣技巧	360 元
10	賣場管理	360 元
12	餐飲業標準化手冊	360 元
13	服飾店經營技巧	360 元
14	如何架設連鎖總部	360 元
18	店員推銷技巧	360 元
19	小本開店術	360 元
20	365 天賣場節慶促銷	360 元
21	連鎖業特許手冊	360 元
29	店員工作規範	360 元

30	特許連鎖業經營技巧	360 元
32	連鎖店操作手冊（增訂三版）	360 元
33	開店創業手冊〈增訂二版〉	360 元
34	如何開創連鎖體系〈增訂二版〉	360 元
35	商店標準操作流程	360 元
36	商店導購口才專業培訓	360 元
37	速食店操作手冊〈增訂二版〉	360 元
38	網路商店創業手冊〈增訂二版〉	360 元
39	店長操作手冊（增訂四版）	360 元
40	商店診斷實務	360 元
41	店鋪商品管理手冊	360 元
42	店員操作手冊（增訂三版）	360 元
43	如何撰寫連鎖業營運手冊〈增訂二版〉	360 元
44	店長如何提升業績〈增訂二版〉	360 元
45	向肯德基學習連鎖經營〈增訂二版〉	360 元

《工廠叢書》

1	生產作業標準流程	380 元
5	品質管理標準流程	380 元
6	企業管理標準化教材	380 元
9	ISO 9000 管理實戰案例	380 元
10	生產管理制度化	360 元
11	ISO 認證必備手冊	380 元
12	生產設備管理	380 元
13	品管員操作手冊	380 元
15	工廠設備維護手冊	380 元
16	品管圈活動指南	380 元

17	品管圈推動實務	380 元
20	如何推動提案制度	380 元
24	六西格瑪管理手冊	380 元
30	生產績效診斷與評估	380 元
32	如何藉助 IE 提升業績	380 元
35	目視管理案例大全	380 元
38	目視管理操作技巧(增訂二版)	380 元
40	商品管理流程控制(增訂二版)	380 元
42	物料管理控制實務	380 元
43	工廠崗位績效考核實施細則	380 元
46	降低生產成本	380 元
47	物流配送績效管理	380 元
49	6S 管理必備手冊	380 元
50	品管部經理操作規範	380 元
51	透視流程改善技巧	380 元
55	企業標準化的創建與推動	380 元
56	精細化生產管理	380 元
57	品質管制手法〈增訂二版〉	380 元
58	如何改善生產績效〈增訂二版〉	380 元
59	部門績效考核的量化管理〈增訂三版〉	380 元
60	工廠管理標準作業流程	380 元
61	採購管理實務〈增訂三版〉	380 元
62	採購管理工作細則	380 元
63	生產主管操作手冊(增訂四版)	380 元
64	生產現場管理實戰案例〈增訂二版〉	380 元
65	如何推動 5S 管理（增訂四版）	380 元
66	如何管理倉庫（增訂五版）	380 元

67	生產訂單管理步驟〈增訂二版〉	380 元
68	打造一流的生產作業廠區	380 元
70	如何控制不良品〈增訂二版〉	380 元

《醫學保健叢書》

1	9 週加強免疫能力	320 元
2	維生素如何保護身體	320 元
3	如何克服失眠	320 元
4	美麗肌膚有妙方	320 元
5	減肥瘦身一定成功	360 元
6	輕鬆懷孕手冊	360 元
7	育兒保健手冊	360 元
8	輕鬆坐月子	360 元
10	如何排除體內毒素	360 元
11	排毒養生方法	360 元
12	淨化血液　強化血管	360 元
13	排除體內毒素	360 元
14	排除便秘困擾	360 元
15	維生素保健全書	360 元
16	腎臟病患者的治療與保健	360 元
17	肝病患者的治療與保健	360 元
18	糖尿病患者的治療與保健	360 元
19	高血壓患者的治療與保健	360 元
21	拒絕三高	360 元
22	給老爸老媽的保健全書	360 元
23	如何降低高血壓	360 元
24	如何治療糖尿病	360 元
25	如何降低膽固醇	360 元
26	人體器官使用說明書	360 元

27	這樣喝水最健康	360 元
28	輕鬆排毒方法	360 元
29	中醫養生手冊	360 元
30	孕婦手冊	360 元
31	育兒手冊	360 元
32	幾千年的中醫養生方法	360 元
33	免疫力提升全書	360 元
34	糖尿病治療全書	360 元
35	活到 120 歲的飲食方法	360 元
36	7 天克服便秘	360 元
37	為長壽做準備	360 元
38	生男生女有技巧〈增訂二版〉	360 元
39	拒絕三高有方法	360 元

《培訓叢書》

4	領導人才培訓遊戲	360 元
8	提升領導力培訓遊戲	360 元
11	培訓師的現場培訓技巧	360 元
12	培訓師的演講技巧	360 元
14	解決問題能力的培訓技巧	360 元
15	戶外培訓活動實施技巧	360 元
16	提升團隊精神的培訓遊戲	360 元
17	針對部門主管的培訓遊戲	360 元
18	培訓師手冊	360 元
19	企業培訓遊戲大全（增訂二版）	360 元
20	銷售部門培訓遊戲	360 元
21	培訓部門經理操作手冊（增訂三版）	360 元
22	企業培訓活動的破冰遊戲	360 元
23	培訓部門流程規範化管理	360 元

《傳銷叢書》

4	傳銷致富	360 元
5	傳銷培訓課程	360 元
7	快速建立傳銷團隊	360 元
9	如何運作傳銷分享會	360 元
10	頂尖傳銷術	360 元
11	傳銷話術的奧妙	360 元
12	現在輪到你成功	350 元
13	鑽石傳銷商培訓手冊	350 元
14	傳銷皇帝的激勵技巧	360 元
15	傳銷皇帝的溝通技巧	360 元
17	傳銷領袖	360 元
18	傳銷成功技巧（增訂四版）	360 元

《幼兒培育叢書》

1	如何培育傑出子女	360 元
2	培育財富子女	360 元
3	如何激發孩子的學習潛能	360 元
4	鼓勵孩子	360 元
5	別溺愛孩子	360 元
6	孩子考第一名	360 元
7	父母要如何與孩子溝通	360 元
8	父母要如何培養孩子的好習慣	360 元
9	父母要如何激發孩子學習潛能	360 元
10	如何讓孩子變得堅強自信	360 元

《成功叢書》

1	猶太富翁經商智慧	360 元
2	致富鑽石法則	360 元
3	發現財富密碼	360 元

《企業傳記叢書》

| 1 | 零售巨人沃爾瑪 | 360 元 |

2	大型企業失敗啟示錄	360 元
3	企業併購始祖洛克菲勒	360 元
4	透視戴爾經營技巧	360 元
5	亞馬遜網路書店傳奇	360 元
6	動物智慧的企業競爭啟示	320 元
7	CEO 拯救企業	360 元
8	世界首富　宜家王國	360 元
9	航空巨人波音傳奇	360 元
10	傳媒併購大亨	360 元

《智慧叢書》

1	禪的智慧	360 元
2	生活禪	360 元
3	易經的智慧	360 元
4	禪的管理大智慧	360 元
5	改變命運的人生智慧	360 元
6	如何吸取中庸智慧	360 元
7	如何吸取老子智慧	360 元
8	如何吸取易經智慧	360 元
9	經濟大崩潰	360 元
10	有趣的生活經濟學	360 元

《DIY 叢書》

1	居家節約竅門 DIY	360 元
2	愛護汽車 DIY	360 元
3	現代居家風水 DIY	360 元
4	居家收納整理 DIY	360 元
5	廚房竅門 DIY	360 元
6	家庭裝修 DIY	360 元
7	省油大作戰	360 元

《財務管理叢書》

1	如何編制部門年度預算	360 元
2	財務查帳技巧	360 元
3	財務經理手冊	360 元
4	財務診斷技巧	360 元
5	內部控制實務	360 元
6	財務管理制度化	360 元
8	財務部流程規範化管理	360 元
9	如何推動利潤中心制度	360 元

為方便讀者選購，本公司將一部分上述圖書又加以專門分類如下：

《企業制度叢書》

1	行銷管理制度化	360 元
2	財務管理制度化	360 元
3	人事管理制度化	360 元
4	總務管理制度化	360 元
5	生產管理制度化	360 元
6	企劃管理制度化	360 元

《主管叢書》

1	部門主管手冊	360 元
2	總經理行動手冊	360 元
4	生產主管操作手冊	380 元
5	店長操作手冊（增訂版）	360 元
6	財務經理手冊	360 元
7	人事經理操作手冊	360 元
8	行銷總監工作指引	360 元
9	行銷總監實戰案例	360 元

《總經理叢書》

1	總經理如何經營公司(增訂二版)	360 元
2	總經理如何管理公司	360 元
3	總經理如何領導成功團隊	360 元

| 4 | 總經理如何熟悉財務控制 | 360 元 |
| 5 | 總經理如何靈活調動資金 | 360 元 |

《人事管理叢書》

1	人事管理制度化	360 元
2	人事經理操作手冊	360 元
3	員工招聘技巧	360 元
4	員工績效考核技巧	360 元
5	職位分析與工作設計	360 元
7	總務部門重點工作	360 元
8	如何識別人才	360 元
9	人力資源部流程規範化管理（增訂二版）	360 元
10	員工招聘操作手冊	360 元
11	如何處理員工離職問題	360 元

《理財叢書》

1	巴菲特股票投資忠告	360 元
2	受益一生的投資理財	360 元
3	終身理財計劃	360 元
4	如何投資黃金	360 元
5	巴菲特投資必贏技巧	360 元
6	投資基金賺錢方法	360 元
7	索羅斯的基金投資必贏忠告	360 元
8	巴菲特為何投資比亞迪	360 元

《網路行銷叢書》

1	網路商店創業手冊〈增訂二版〉	360 元
2	網路商店管理手冊	360 元
3	網路行銷技巧	360 元
4	商業網站成功密碼	360 元
5	電子郵件成功技巧	360 元
6	搜索引擎行銷	360 元

《企業計畫叢書》

1	企業經營計劃	360 元
2	各部門年度計劃工作	360 元
3	各部門編制預算工作	360 元
4	經營分析	360 元
5	企業戰略執行手冊	360 元

《經濟叢書》

| 1 | 經濟大崩潰 | 360 元 |
| 2 | 石油戰爭揭秘(即將出版) | |

建立企業圖書館

當市場競爭激烈時：

培訓員工，強化員工競爭力
是企業最佳對策

「人才」是企業最大的財富。如何提升人才，是企業永續經營、戰勝對手的核心競爭力。積極培訓公司內部員工，是經濟不景氣時期的最佳戰略，而最快速的具體作法，就是**「建立企業內部圖書館，鼓勵員工多閱讀、多進修專業書籍」**

建議您：請一次購足本公司所出版各種經營管理類圖書，作為貴公司內部員工培訓圖書。 使用率高的（例如「贏在細節管理」），準備 3本；使用率低的（例如「工廠設備維護手冊」），只買 1本。

如何藉助流程改善，
提升企業績效呢？

敬請參考下列各書，內容保證精彩：

- 企業流程管理技巧（360元）
- 工廠流程管理（380元）
- 商品管理流程控制（380元）
- 如何改善企業組織績效（360元）

　　上述各書均有在書店陳列販賣，若書店賣完，而來不及由庫存書補充上架，請讀者直接向店員詢問、購買，最快速、方便！

　　請透過郵局劃撥購買：

　　郵局戶名：**憲業企管顧問公司**
　　郵局帳號：**18410591**

最暢銷的企業培訓叢書

	名稱	說明	特價
1	培訓遊戲手冊	書	360 元
2	業務部門培訓遊戲	書	360 元
3	企業培訓技巧	書	360 元
4	企業培訓講師手冊	書	360 元
5	部門主管培訓遊戲	書	360 元
6	團隊合作培訓遊戲	書	360 元
7	領導人才培訓遊戲	書	360 元
8	部門主管手冊	書	360 元
9	總經理工作重點	書	360 元
10	企業培訓遊戲大全	書	360 元
11	提升領導力培訓遊戲	書	360 元
12	培訓部門經理操作手冊	書	360 元
13	專業培訓師操作手冊	書	360 元
14	培訓師的現場培訓技巧	書	360 元
15	培訓師的演講技巧	書	360 元

上述各書均有在書店陳列販賣，若書店賣完，而來不及由庫存書補充上架，請讀者直接向店員詢問、購買，最快速、方便！

請透過郵局劃撥購買：

戶名：憲業企管顧問公司

帳號：18410591

最暢銷的《企業制度叢書》

	名稱	說明	特價
1	行銷管理制度化	書	360 元
2	財務管理制度化	書	360 元
3	人事管理制度化	書	360 元
4	總務管理制度化	書	360 元
5	生產管理制度化	書	360 元
6	企劃管理制度化	書	360 元

　　上述各書均有在書店陳列販賣，若書店賣完，而來不及由庫存書補充上架，請讀者直接向店員詢問、購買，最快速、方便！

　　請透過郵局劃撥購買：

　　　　郵局戶名：憲業企管顧問公司

　　　　郵局帳號：18410591

經營顧問叢書 ㉗⁰　　　　售價：360 元

低調才是大智慧

西元二〇一一年九月

初版一刷

編著：謝凱輝　黃憲仁

策劃：麥可國際出版有限公司（新加坡）

編輯：蕭玲

校對：洪飛娟

發行人：黃憲仁

發行所：憲業企管顧問有限公司

電話：（02）2762-2241　　（03）9310960　　0930872873

臺北聯絡處：臺北郵政信箱第 36 之 1100 號

銀行 ATM 轉帳：合作金庫銀行　　帳號：5034-717-347447

郵政劃撥：18410591　　憲業企管顧問有限公司

江祖平律師顧問：紙品書、數位書著作權與版權均歸本公司所有

登記證：行政業新聞局版台業字第 6380 號

本公司徵求海外版權出版代理商（0930872873）

本圖書是由憲業企管顧問（集團）公司所出版，以專業立場，為企業界提供最專業的各種經營管理類圖書。

圖書編號 ISBN：978-986-6084-19-5